LA CARA OCULTA DE LA GEOPOLÍTICA MUNDIAL

RAÚL OJEDA

Este libro no podrá ser reproducido. Ni total ni parcialmente, sin el previo permiso escrito del autor. Todos los derechos reservados.

Raúl Ojeda, primera edición 2016.
ojeda.raul.antonio@gmail.com
ISBN-13: 978-1519094605
ISBN-10: 1519094604

Mirelvis Nazareth Gutiérrez
Revisión General
Ilustración de la cubierta
Diagramación
mirelvisgutierrez@gmail.com

Para mis familiares
y a todos aquellos que
han sido víctimas del
Nuevo Orden Mundial

¿POR QUÉ DE ESTE LIBRO?

«Nada en Geopolítica ocurre por casualidad, y si ocurre ha sido previamente planificado» Franklin Delano Roosevelt

La razón es simple: si estás en la duda sobre lo que pasa en el mundo, si amas el bien y la verdad, este libro es un buen comienzo. El mundo necesita conocer la realidad sobre la cara oculta de la '**Geopolítica Mundial**'; debe saber que detrás de cada evento mundial hay organizaciones muy poderosas que previamente lo han planificado, -nada ocurre por casualidad-. Es necesario que el mundo entero despierte su conciencia dormida por la invasión de nuestras mentes a través de los medios de comunicación y demás armas de destrucción psicológica.

Usted deberá conocer como 'los poderosos' han creado e implantado el *«***Nuevo Orden Mundial***»* a través de las Escuelas de Pensamientos Estratégicos (*Think Tank*), entre las cuales se abordarán: - el **Club Bilderberg**, - **la Nueva Centuria Americana** (*en inglés Project for the New American Century ó PNAC*), - la **Comisión Trilateral** (*Trilateral Commission, en inglés*), la **Troika Europea** (*conformada por la Comisión Europea, el Banco Central Europeo y el Fondo Monetario Internacional*)**,** y - el **Consejo de Relaciones Exteriores** (*CFR*); además deberá entender la verdad sobre el Sionismo Israelí, las Falsas Banderas y el Financiamiento de los Terroristas para desestabilizar al Continente Africano y el Medio Oriente. A su vez con la misma importancia geoestratégica usted deberá conocer como el imperialismo estadounidense intenta desestabilizar los gobiernos progresistas de América Latina a través de la reedición del '**Nuevo Plan Cóndor'**.

Y anhelo dejar claro en este libro: *«Sí somos Palestinos, sí somos Iraquíes, sí somos Libios, sí somos Sirios, sí somos Afganos, sí somos Africanos, sí somos Americanos, sí somos hermanos y sí somos humanistas»*, y nadie podrá detener nuestra lucha contra un sistema implantado desde los Grandes Poderes Mundiales, y mucho menos evitar el despertar de las millones de conciencias dormidas y esclavas al sistema actual.

Estimado lector: es hora de entender que vivimos en un mundo en donde lo material importa más que lo espiritual, en donde el aspecto físico importa más que los sentimientos. Vivimos en un mundo en donde existe un Premio Nobel de la Paz que se adjudica a un genocida, vivimos en un mundo en donde los Organismos Internacionales aprueban resoluciones para crear caos en la sociedad actual, vivimos en un mundo en donde el egoísmo es el principal sentimiento a flor de piel, vivimos en un mundo en donde a todo un pueblo se le arrebata su tierra y casi 70 años después sigue sufriendo los más grandes abusos al cual puede ser sometido un ser humano, como decía el gigante de América Latina **Eduardo Galeano** en su libro «*Patas arriba, la escuela del mundo al revés*»:

"*El mundo al revés nos enseña a padecer la realidad en lugar de cambiarla, a olvidar el pasado en lugar de escucharlo y a aceptar el futuro en lugar de imaginarlo: así practica el crimen, y así lo recomienda. En su escuela, escuela del crimen, son obligatorias las clases de impotencia, amnesia y resignación*"

¡Palestina Existe y Resiste!

El Autor

INDICE

Termino de 'Guerra Fría'   14
Clasificación de la guerra fría
    Interpretación soviética   18
    Interpretación occidental   21
Un Mundo Bipolar   22
    El Bloque occidental   24
    El Bloque comunista   25
    El Movimiento de los Países No Alineados   26
EE.UU. planeó borrar del mapa a la URSS con un masivo ataque   30
Proyecto A119   34
La clave secreta del arsenal nuclear de EE.UU.   36
Ocho billones de dólares para la guerra ideológica   38
Medallas bipolares   39
Crisis y colapso de la URSS   40
El fin de la guerra fría y sus repercusiones en el mundo
    El Oriente Medio: La guerra del Golfo)1990-1991)   52
    El proceso de Paz Árabe-Israelí   53
Creación e implantación de un Nuevo Orden Postguerra Fría   53
Nuevo Orden Mundial
    Definición   53
    La élite transnacional y el Nuevo Orden Mundial   62
    El plan de la élite para un Nuevo Orden Social Mundial   71
Sionismo Israelí
    ¿Qué son los sionistas?   81
    Establecimiento del Estado de Israel   87
    Comité de Asuntos Públicos Estados Unidos-Israel   89
    Israel y los Estados Unidos: una profunda   93

relación
- Cárceles — 96
- Muro del Apartheid — 96
- Programa de visita al país — 97
- Ley del retorno — 98
- La construcción de un mito como verdad — 100
- El sionismo y las consecuencias de la política del estado de Israel — 100

Escuela de Pensamientos Estratégicos
- Dime a qué 'think tank' citas y te diré quién te manipula — 107
- Estudios pagados por los lobbies del petróleo — 108
- Los hispanos no llegarían al Coeficiente Intelectual (*CI*) de los blancos — 109
- Los donantes secretos del Think Tank de Obama — 110

Club Bilderberg
- Definición — 112
- Participación en la Reunión 2016 — 117
- Los creadores del Club Bilderberg — 119
- Temas tratados en la agenda oculta del 2016 — 119
- Citas malvadas de algunos miembros del Club — 124
- Invitación de Hugo Chávez al Club Bilderberg — 124

Council On Foreign
- Miembros encumbrados del CFR — 132
- El rol especial de los Estados Unidos de Norteamérica — 142
- ¿Qué es la Globalización? — 143

Comisión Trilateral
- Definición — 146
- Breve reseña histórica — 147
- David Rockefeller: El hombre más poderoso del mundo — 149
- El poder oculto en EE.UU. — 150
- Organización y características de la Comisión — 152

Trilateral
    El Control de los Medios de Comunicación   **154**
    La política comercial de la Unión Europea   **154**
    Españoles en el Imperialismo Trilateral   **168**

TROIKA Europea
    Definición   **157**
    ¿Quién está detrás de la TROIKA Europea?   **162**
    El PE sienta a la TROIKA en el banquillo de los acusados   **165**
    La Unión Europea saquea los pueblos del sur de Europa   **166**

Nueva Centuria Americana
    ¿Pax Americana?   **169**
    El poder de la maquinaria bélica del imperio   **180**
    Proyecto para la Nueva Centuria Americana   **182**
    Los propósitos de la guerra
    Proyecto Nueva Centuria Americana y la OPEP   **188**
    Proyecto de Centuria Americana y el Petróleo de Venezuela   **191**
    La codicia y los peligros latentes del lucrativo negocio de la guerra   **195**
    Las compañías que más armas venden   **199**
    ¿Por qué EE.UU tiene unas 800 bases militares por todo el mundo?   **200**

Nuevo Plan Cóndor en América Latina
    ¿América Latina, el patio trasero de los estados unidos de Norteamérica?   **203**
    Plan Cóndor   **218**
    Golpe Parlamentario   **235**
    Nuevo Plan Cóndor galopea a Latinoamérica   **223**
    EE.UU intenta retomar el control de América Latina con el apoyo de las fuerzas de la derecha   **233**
    EE.UU. aumenta presencia militar en Latinoamérica con unidad especial en Honduras y proyecto en Argentina   **237**

Financiación del Terrorismo

Operación de Rusia contra el 'EI' en Siria	244
Cosas sobre ISIS y Al-Qaeda que no quieren que sepas	246
Falsas Banderas	**258**
La verdadera cara de la guerra en Siria	
Contexto histórico	275
El estallido de la contienda	277
La Intervención Internacional	278
Intervención de grupos radicales: Hezbollah y El Estado Islámico	280
La llegada del terror: El Estado Islámico	281
Balance hasta la fecha	282
Mártires del siglo XXI	283
Acuerdo de Dayara	285
Turquía intensifica su ofensiva en Siria contra el Estado Islámico	286
Geopolítica: Gasoducto, ¿Causa de la guerra en Siria? 50.000 muertos y 11 millones de desplazados sirios	287

PRÓLOGO

El mundo que conocemos en mapa, libros y noticieros es el resultado de los sueños, luchas y traiciones a las aspiraciones de los pueblos. En salones de reuniones, despachos de bancos, embajadas y gobierno lejos de las cámaras de televisión, la prensa y las redes sociales se tejen de manera oscura los destinos de naciones y sus procesos sociales, sin considerar en la mayoría de los casos los intereses reales y legítimos de los mismos pueblos.

A este juego de alianzas e intrigas públicas y privadas donde se mesclan los intereses económicos, políticos e ideológicos involucrando a las diferentes naciones del mundo se denomina geopolítica y existen dentro de las necesarias relaciones, entre las diferentes naciones del mundo real, sin embargo hay una cara oculta que explica que nada o casi nada de cuanto ocurre en la escena internacional es el resultado de la casualidad, por el contrario es la consecuencia lógica del accionar de múltiples actores e intereses contrapuestos: La guerra fría, la caída del bloque socialista que quiso dar paso " al fin de la historia" y al mal llamado "nuevo orden mundial" trato de imponer para el beneficio de USA una visión única en lo económico y en lo político regido por las grandes corporaciones e instituciones financieras multilaterales que como el FMI y el BM con el apoyo de los "poderes fácticos" crean una matriz mediática de buenos y malos gobiernos, de buenos y malos líderes mundiales en las mentes de las personas y pueblos, son una demostración de la manipulación de la geopolítica en su cara más oculta.

Hoy se pretende justificar los golpes de estado, las guerras legales e ilegales, las intervenciones militares para imponer la paz, que veamos como normal las injustificadas vergüenzas del siglo XXI como el nuevo apartheid contra el pueblo palestino o el olvido al que son sometido los Saharauis mientras esperan en los campos de refugiados por un apoyo de la ONU que nunca vendrá.

La cara oculta de la geopolítica mundial de nuestro joven e inquieto Raúl Ojeda, es entonces un esfuerzo honesto por entender y conocer el resultado de las intrigas políticas de las grandes potencias contra la lucha de los pueblos, por ser libres y soberanos de los tutelajes de los poderes externos y que como individuos críticos debemos dar a conocer a un colectivo ajeno a las manipulaciones de un mundo global.

Pedro Luis Martínez
Alcalde del Municipio Bolivariano de Guanipa
Estado: Anzoátegui - Venezuela

EL MUNDO DESPUÉS DE LA GUERRA FRÍA

«Por allá se acabó la guerra fría, pero por acá sigue la guerra caliente»
Jaime Garzón

Iniciaré comentando algo interesante que capaz no sabían: **Adolf Hitler** "predijo" la Guerra Fría. El documento conocido con el nombre original **Bormann Vermerke** (*Apuntes Bormann*) ha sido publicado en distintos idiomas. Aquí se presenta con el título del francés, el testamento político de Hitler. En efecto, son notas que **Martín Bormann** (*secretario privado de Adolf Hitler*) tomara de expresiones que Adolf Hitler dijera entre 1941-1944 y constituyen parte importante del pensamiento del Führer sobre el futuro de Alemania. El hecho de ser transcritas y anotadas por Bormann confiere mayor vigor a estas disposiciones, dada la intimidad y la confiabilidad que por él sentía Hitler.

En ese documento se contienen las últimas reflexiones sobre la guerra que, en el momento de ser hechas, ya se había perdido; así como la certeza de la realización de un Reich que duraría para siempre. Pero, no es un "testamento oficial"; es la entraña misma del hombre volcándose en palabras recogidas por el último y más fiel hombre de confianza; por aquel que no hubiera osado cambiar nada a los dictados de su ídolo.

Martín Bormann firmó estos documentos para cerrar la posibilidad de que algo fuera añadido. El testamento, el pensamiento y el carácter hitlerianos habían sido expuestos y nada ni nadie podría modificarlos.

Esta cita fue extraída del trabajo de **François Genoud en 1961, "El Testamento de Adolf Hitler: los documentos de Hitler-Bormann.**

«Seguirán existiendo en el mundo únicamente dos grandes potencias capaces de enfrentarse la una a la otra: los Estados Unidos y la Unión Soviética. Las leyes de la historia y de la geografía obligarán a estas dos potencias a una prueba de fuerza, ya sea militar o en los campos de la economía y la ideología. Estas mismas leyes hacen que sea inevitable que ambos poderes se conviertan en enemigos de Europa. Y es igualmente cierto

que estas dos potencias buscarán tarde o temprano el apoyo de la única gran nación que sobrevive en Europa, el pueblo alemán» [Extracto]

Ahora bien, es justo y necesario realizar un recuento de aquella época, ya que para muchas personas alrededor del mundo especialmente los estadounidenses y soviéticos, la Guerra Fría fue una realidad que acompañó su día a día durante varias décadas, y su fin en los noventa representó el inicio de un "Nuevo Orden Mundial" concebido e impuesto por EE.UU. (*ahora como única súper potencia*).

Pero, **¿Qué fue la polémica guerra fría**? -Se puede destacar por la ausencia de batallas directas, despliegue de ejércitos o grandes pérdidas humanas. Consistió en un largo periodo de aparente tensa calma entre los Estados Unidos y la Unión Soviética, un enfrentamiento económico, geopolítico e ideológico desde el final de la Segunda Guerra Mundial hasta principios de la década de los noventa. El conflicto se materializó en una carrera armamentística. Nació el concepto de superpotencia, y ambos países compitieron por ser los más poderosos en términos de armamento nuclear, así como en tecnología espacial. Incapaces de enfrentarse directamente (*hubiera supuesto el fin de la raza humana dadas las características de los misiles*), emprendieron pequeñas rencillas, gestos provocativos como el apoyo de EE.UU. a los insurgentes Muyahidines en conflicto afgano, o la crisis de los misiles en Cuba.

1 TERMINO DE 'GUERRA FRIA'

Es imperante la necesidad de señalar que las principales diferencias en las propuestas historiográficas de la 'Guerra Fría', radican especialmente, en el área de la cronología y las causalidades. Con el objetivo de estructurar las principales tendencias historiográficas, éstas han sido organizadas en dos grandes grupos. En el primero de ellos se incorporan todos los autores que consideran la Guerra Fría como el conflicto promovido entre EE.UU. y la URSS tras la Segunda Guerra Mundial, mientras que en el segundo grupo se ubican los autores que consideran como punto de partida de la Guerra Fría el año 1917. En primer lugar, serán explicadas de modo general cada una de estas tendencias historiográficas, para luego introducir las propuestas de los autores seleccionados, intentando destacar las particularidades, puntos en común y diferencias entre cada uno de ellos.

Es interesante saber que el término de 'Guerra Fría' se universalizó en el año 1945 para denominar las tensiones geopolíticas (*políticas, económicas, sociales, militares, informativas e incluso deportivas*) entre el llamado bloque Occidental (*Capitalista*) liderado por EE.UU y el bloque Este (*Comunista*) liderado por la URSS. Por primera vez apareció el 19 de octubre de 1945 en un artículo de **George Orwell** titulado 'Usted y la bomba atómica' en el diario británico 'Tribune', donde sostenía: «*Uno puede inferir a partir de varios síntomas que los Rusos no poseen el secreto de la fabricación de la bomba atómica. Por otra parte, la opinión general es que lo poseerán en unos pocos años. Lo que tenemos ante nosotros, por tanto, es el proyecto de dos o tres monstruosos súper estados, que poseen un arma con la que millones de personas pueden ser borradas de la faz de la tierra en unos pocos segundos, y que se dividen el mundo entre ellos*» A dicha situación Orwell la denominó "guerra fría". No obstante, en el sentido específico de señalar las tensiones geopolíticas entre la Unión Soviética y Estados Unidos, el término Guerra Fría ha sido atribuido al financiero estadounidense y consejero presidencial Bernard Baruch. El 16 de abril de 1947, Baruch dio un discurso en el que dijo «*No nos engañemos: estamos inmersos en una guerra fría*». El término fue divulgado también por el columnista Walter Lippmann con la edición en 1947 de un libro titulado 'Guerra fría'.

El historiador estadounidense **Ronald Powaski** sintetiza las escuelas historiográficas de la Guerra Fría en tres grandes tendencias: **ortodoxa, revisionista y posrevisionista.**

1.- Ortodoxa: la Unión Soviética es considerada la principal culpable en las escuelas historiográficas occidentales, y Estados Unidos no tuvo más opción que refrenar y, donde fuera posible, trastocar la expansión de un estado comunista agresivo que ambicionaba por encima de todo derribar el capitalismo, la democracia y otros aspectos de la cultura occidental.

2.- Revisionistas: Estados Unidos de América fue el país responsable de la Guerra Fría y la URSS se vio forzada a reaccionar ante la agresividad de un país que estaba decidido a fomentar la expansión del capitalismo asegurándose el acceso ilimitado a los mercados y los recursos del mundo resuelto a aplastar a los movimientos revolucionarios y de izquierda que amenazan su interés.

3.- Posrevisionista: considera que tanto EE.UU. como URSS son responsables de la tensión al fin de la segunda Guerra Mundial, ya que sus actuaciones ineludiblemente provocaron reacciones hostiles de ambos bandos y esto creó una especie de ciclo acción-reacción en el que el nivel de "animosidad" se elevaba periódicamente hasta niveles peligrosos e incluso llegaba al borde de una guerra nuclear total que ninguno de los bandos deseaba.

PERO, ¿QUÉ ESTABLECE LA HISTORIOGRAFÍA?

En el grupo de historiadores que consideran la Guerra Fría como resultado de la Segunda Guerra Mundial, se identifican claramente dos vertientes. La occidental que se caracterizó por experimentar una evolución progresiva hacia la objetividad interpretativa y la soviética que mantuvo por mucho tiempo su rigidez y ortodoxia.

De acuerdo a la disertación de **Juan Pereira** *(Pereira Castañeda, Juan, Los Orígenes de la Guerra Fría, Editorial Arco, Madrid 1997)*, la firmeza de las interpretaciones soviéticas se mantuvo hasta fines de la década de los setenta y principios de la década de los ochenta donde finalmente hubo una relajación de la tensión y mejora de las relaciones entre Moscú y Washington, permitiendo darle matices a las interpretaciones históricas en el contexto de la Guerra Fría. Sin embargo, fue con la propuesta de la Perestroika de Mijaíl Gorbachov, lo que contribuyó a una interpretación más crítica de la actuación soviética durante este período.

No obstante, para la **interpretación soviética** la Guerra Fría es un prisma de la lucha de clases trasplantada a nivel internacional, según ésta, el capitalismo mundial y los países que lo representan habrían comenzado un ataque en todos los frentes contra el mundo socialista. Los analistas soviéticos establecen una postura oficial en la que se insiste en el carácter unilateral de las causas de la guerra Fría, culpando a lo que ellos llaman 'capitalismo salvaje norteamericano'. Como ya se ha señalado, la crítica interna sólo se evidenció con la llegada de Mijaíl Gorbachov al poder en la década de los ochenta.

Para los fines de este libro se han considerado las definiciones y propuestas planteadas en las siguientes obras: **'Compendio de Historia de la URSS' (1966), 'Gran Enciclopedia Soviética' (1970), 'Historia de la Política Exterior de la URSS' (1971), y 'En Confianza: El embajador de Moscú ante los seis presidentes norteamericanos de la guerra fría' (1998)**. De estas obras, sólo la última podría ser considerada como un análisis crítico que intenta buscar respuestas de una manera más objetiva, ya que al contrario de las anteriores, no se encuentra sometida a las demandas impuestas por el Estado Soviético, quien se encargaba de establecer las orientaciones de la historiografía, teniendo ésta que ajustarse estrictamente a la interpretación oficial.

En el caso de la **interpretación occidental,** ésta experimentó una notable evolución a lo largo de los años en los que se extiende la Guerra Fría. En los primeros años, los estudios dedicados a la Guerra Fría guardaban una gran conexión a la tendencia ortodoxa, estableciendo explicaciones indiscutiblemente unilaterales, donde las causas principales radicaban, esencialmente, en la agresividad soviética y su afán expansionista sobre el resto del orbe. Desde esta perspectiva, Estados Unidos se considera legítimo defensor del **'MUNDO LIBRE'**, al cual debía supuestamente proteger, evitando de esta manera el notable avance de las fuerzas comunistas que amenazaban con extenderse por todo el mundo.

Según esta vil perspectiva, la Guerra Fría es un instrumento del comunismo mundial, que espera poder lograr la subversión de las masas en los países occidentales, para obtener sus objetivos, el mundo comunista utilizaba preferentemente medios no militares, por ejemplo, la propaganda. No obstante, la utilización de medios militares no se descartaba. De este modo el actuar de Estados Unidos se explica como parte de la legítima defensa ante un inminente peligro que significa para el mundo occidental los afanes agresivos y expansionistas del mundo comunista.

Para una mejor compresión crítica se analizará la obra más antigua que fue publicada en 1989, cuando aún la Unión Soviética se encontraba en pie, aunque ya padeciendo muchos de los síntomas que la condujeron al colapso. La evolución experimentada por la historiografía occidental se conocerá a partir de las obras ya mencionadas de **Juan Pereira Castañeda** a través de *'Historia y Presente de la Guerra Fría'* (1989) y *'Orígenes de la Guerra Fría'* (1997), en ambas obras se presentan a grandes rasgos la evolución experimentada por la historiografía referida a la Guerra Fría desde 1947 hasta el momento en que se edita cada libro. Autores tales como **Rafael Aracil** y **Eric Hobsbawm**, aportarán un análisis general acerca de los aspectos más relevantes de la Guerra Fría. Mientras que a través de **Henry Kissinger** y **George Kennan** se podrá conocer las percepciones de dos protagonistas destacados de la Guerra Fría, los cuales, a través de sus obras intentan aproximarse de manera analítica al estudio del período en que por diversas circunstancias se vieron directamente implicados. Veamos.

INTERPRETACIÓN SOVIÉTICA

De acuerdo a ésta el capitalismo mundial y los países que lo representaban habrían comenzado un ataque en todos los frentes contra el mundo socialista. Los análisis soviéticos son oficiales e insisten en la unilateralidad de las causas de la Guerra Fría, culpando al que ellos llaman 'capitalismo imperialista norteamericano'. Como ya se ha señalado, la crítica interna sólo se evidenció con la llegada de **Mijaíl Gorbachov** al poder en la década del ochenta. En la *Gran Enciclopedia Soviética* se hace notable la unilateralidad explicativa acerca de las causas que originaron el conflicto denominado Guerra Fría.

«La Guerra Fría constituye un rumbo político agresivo que tomaron los círculos reaccionarios de las potencias imperialistas, bajo la dirección de Estados Unidos e Inglaterra, a raíz de la Segunda Guerra Mundial 1939-1945 (...) La Guerra Fría esta orientada a no permitir la coexistencia pacífica entre Estados de diferentes sistemas sociales, a agudizar la tensión internacional y a crear las condiciones para el desencadenamiento de una nueva guerra mundial (...) En la práctica la política de Guerra Fría se ha hecho patente en la creación de bloques político-militares agresivos, en la carrera de armamentos, en el establecimiento de bases militares en el

territorio de otros Estados, en la histeria de la guerra, en la intimidación de los pueblos amantes de la paz (...), en la desorganización de las relaciones económicas pacíficas, en los intentos de sustituir por la violencia y la dictadura las normas generalmente reconocidas de las relaciones diplomáticas entre los Estados»

En correspondencia a esta definición el conflicto lo originó Estados Unidos y está dirigido contra los países que no comparten su mismo sistema social, es decir, contra los países socialistas, los cuales propugnan la coexistencia pacífica. No obstante, ésta última se ve directamente afectada por el constante clima de tensión internacional que genera un permanente peligro de desencadenar una tercera guerra Mundial.

Con el desarrollo de la Guerra Fría, el gobierno estadounidense autorizó la implementación de operativos encubiertos en tiempos de paz, siendo las operaciones psicológicas uno de sus pilares. Así, con la Ley de Seguridad Nacional de 1947, se crearon una serie de instituciones que legalizan un Estado de Seguridad Nacional y de secreto (*en pro de la seguridad pública*) en el que las operaciones psicológicas encarnaron la articulación entre objetivos de seguridad, el expansionismo económico de las transnacionales y la creación de espacios académicos, teorías y publicaciones que justificaban el enfrentamiento a la gran 'amenaza soviética'. La teoría de la modernización, el realismo en las relaciones internacionales y las diversas teorías de comunicación funcionalista-sistémicas son parte de este plan. Pero, indiscutiblemente el verdadero objetivo del gobierno y parte del sector privado estadounidense era garantizar el flujo de recursos, materias primas y acceso a mercados en el exterior, para expandir y garantizar el 'modo de vida americano'. La guerra psicológica debía orientarse a 'conquistar los corazones y las mentes' a favor de dicho modo de vida (*cosa que lograron*).

ANATOLI FIÓDOROVICH DOBRYNIN, EL DIPLOMÁTICO RUSO, QUE EJERCIÓ COMO EMBAJADOR ANTE LOS SEIS PRESIDENTES ESTADOUNIDENSES DURANTE LA GUERRA FRÍA

Anatoli Fiódorovich Dobrynin (*Ruso: Анатолий Фёдорович Добрынин*) arribó a Washington en 1962 y con sólo 42 años era el Embajador más joven de Moscú (*Rusia*), permaneció como tal durante los mandatos de **Kennedy, Johnson, Nixon, Ford, Carter** y **Reagan**, llegando a ser el principal canal de comunicación entre la Casa Blanca y el Kremlin, protagonizando sucesos como la Crisis de los misiles en Cuba en 1962. En su libro 'En Confianza', aporta detalles de las circunstancias que rodean las grandes pugnas entre Estados Unidos y la Unión Soviética en el periodo de la Guerra Fría. Dorbryn fue un personaje crucial en la preparación de todos los encuentros de alto nivel entre los líderes de las dos naciones, desde el primero que tuvo lugar en 1955, hasta el último entre **Gorbachov** y **Bush** en 1990.

En la obra se establecía el interés por equilibrar la mayor cantidad de elementos involucrados, con el fin de presentar una estructura explicativa más coherente y desapegada de los tradicionales parámetros impuestos por las interpretaciones oficiales que establecía la Unión Soviética. No obstante, cada hombre es hijo de su circunstancia, por tanto, es lógico que también intente exponer la explicación y en muchos casos justificación de los procederes del mundo al cual perteneció, la Unión Soviética, y también de sus propios actos en calidad de primer representante de ese mundo frente a su principal enemigo, Estados Unidos.

Es sugestiva la apreciación acerca de la Guerra Fría, al referirse a ésta como una 'perversión temporal, fundamentada en la ideología y no en los intereses nacionales'. Esto último lo afirma en su interés por destacar las posibilidades de entendimiento que tienen Rusia y Estados Unidos tras el fin de la Guerra Fría, ya que al no existir choque de intereses entre ambas, y al haberse apartado de la ideología comunista, el futuro presenta grandes posibilidades de un acercamiento y cooperación efectiva entre ambos países. A lo largo de su obra, Anatoli Dorbryn expresa una gran crítica hacia la sobrecarga ideológica con la que fueron impregnadas las relaciones soviético-norteamericanas.

Los grandes aportes de este libro pueden ser comparados a los dispuestos a las obras de **Henry Kissinger** y **George Kennan**, estos dos último en calidad de representantes del bloque occidental, liderado por Estados Unidos. Los puntos en común radican esencialmente en el hecho que estos tres autores al escribir sobre la Guerra Fría no sólo lo hacen respondiendo a su interés por un período relevante del siglo XX, sino que a su vez están intentando poner en perspectiva histórica su propio actuar dentro de ese período, ya que todos ellos se vieron involucrados en los acontecimientos que narran y explican.

INTERPRETACIÓN OCCIDENTAL

Expresa la definición establecida en el *Manual de Temas Militares de la República Federal Alemana* en 1963:

«La Guerra Fría es la forma procedente del agresivo comunismo mundial, de la confrontación político-espiritual y psicológico-propagandística con el mundo no-comunista. En la Guerra Fría, el comunismo mundial quiere, en primer lugar, dominar la conciencia de las masas. Por tanto, el mismo trata de que su influencia penetre en todos los ámbitos vitales de la sociedad en los Estados no-comunistas. La meta suprema de la guerra fría radica en el completo dominio, descubierto u oculto, del mundo no comunista. A tal efecto se utilizan preferentemente medios no militares. Pero, de vez en cuando también puede recurrirse a medios militares. Los éxitos comunistas en la Guerra Fría pueden conducir a situaciones revolucionarias»

De acuerdo a esto, la Guerra Fría es un instrumento del comunismo mundial, que espera poder lograr la subversión de las masas en los países occidentales. Para obtener sus objetivos, el mundo comunista utilizaba preferentemente medios no militares, por ejemplo el 'marketing político'. No obstante, la utilización de medios militares no se encuentra descartada. De este modo, el actuar de Estados Unidos se explica como parte de la legítima defensa ante el inminente peligro que significa para el mundo occidental los afanes agresivos y expansionistas del mundo comunista. En Occidente la interpretación ortodoxa se fue matizando y orientando hacia estudios más objetivos que intentaban poner en perspectiva los diversos factores involucrados en las causas que originaron la denominada Guerra Fría.

Para comprender sistemáticamente esta evolución se puede mencionar el análisis propuesto por Jean Duroselle, en su libro *'Europa de 1815 a Nuestros días'* (1967). En este libro se evidencia el claro interés por aproximarse a un estudio crítico y no ortodoxo del conflicto sostenido por las dos superpotencias. Para el referido autor, el conflicto entre dos ideologías político-sociales se transformó en el fenómeno más sobresaliente de la posguerra. Durante la guerra, las necesidades de permanecer unidos habían disfrazado las profundas diferencias entre los principales componentes de la coalición, pero una vez que la conflagración terminó las divergencias se hicieron insalvables.

Más aún, debido a que la guerra había contribuido a consolidar en la calidad de superpotencias militares tanto a Estados Unidos como a la Unión Soviética. Desde este enfoque, las condiciones para que se produjera la Tercera Guerra Mundial ya estaban generadas. Pero la conflagración no se llevó a cabo, debido esencialmente, a los que Duroselle denomina 'equilibrio del terror', el cual se explica a partir del hecho que la tecnología militar utilizada por ambos bandos había sobrepasado por primera vez los límites de la destrucción total.

Ante tales condiciones, dar comienzo a un conflicto directo, habría significado sentenciar a muerte a la propia población, cuestión a la que ninguno de los dos bandos en pugna llegó arriesgarse. Así había sido hasta 1967, año en que se edita por primera vez la obra citada de Duroselle, y así continuó siendo hasta el final de la Guerra Fría.

3 UN MUNDO BIPOLAR: EE.UU. Y LA URSS

La primera zona de confrontación entre las dos superpotencias vencedoras de la Segunda Guerra Mundial (*Estados Unidos y la URSS*) fue precisamente el país germano. Tras su capitulación en abril de 1945, Alemania fue ocupada militarmente por los aliados. En adelante, cada bloque defendió su zona de influencia frente al avance del bloque contrario. Washington y Moscú utilizaron diferentes mecanismos para conseguir estos objetivos. Mientras tanto, los nuevos países que nacían del proceso de descolonización trataron infructuosamente de crear un movimiento que escapara de esta lógica bipolar (*más adelante se hablará sobre el Movimiento de los Países no Alineados*).

Históricamente la división de Alemania ocurrió desde el 4 al 11 de noviembre de febrero de 1945 cuando se reunieron en la ciudad de Yalta (*Crimea*) los líderes **Winston Churchill** (*Reino Unido*), **Franklin D. Roosevelt** (*Estados Unidos*) e **Iósif Stalin** (*Unión Soviética*). Los vencedores dividieron el territorio alemán en cuatro zonas de ocupación: la oriental fue controlada por la URSS, y la occidental por Francia, Gran Bretaña y Estados Unidos. La ciudad de Berlín, situada dentro de la zona de ocupación soviética, reproducía el mismo esquema de división.

En 1947 Estados Unidos y Gran Bretaña decidieron una unión económica del territorio alemán creándose la Bizona (*ó bizonia*), con sede en Fráncfort. En abril de 1949 se uniría el sector francés llamándose así la trizona, aunque Francia sentía grandes recelos sobre propiciar la unificación alemana.

En Junio de 1948 los aliados occidentales llevaron a cabo una reforma monetaria unilateral emitiendo un nuevo marco revaluado, distinto del utilizado en la zona soviética.

El 23 de junio de 1948 las autoridades soviéticas llevaron a cabo el cierre de todos los accesos de comunicación (*ferrocarril, autopistas y canales*), así como los suministros de gas y de electricidad de Berlín. La ciudad quedó aislada de la Alemania Occidental.

El 26 de junio de 1948 las potencias occidentales respondieron al bloqueo con un puente aéreo para abastecer a los dos millones de personas que habitaban Berlín occidental. Se realizaron vuelos día y noche para transportar mercancías (*alimentos, carbón y petróleo*). Este tráfico aéreo intentó eludir los efectos del bloqueo, que se levantó finalmente el 12 de mayo de 1949.

El 8 de mayo de 1949 se aprobó en Alemania Occidental el texto constitucional que ratificaba la creación de la **República Federal Alemana** (*RFA*), con capital en Bonn. Los partidos mayoritarios fueron el demócratacristiano y el Socialdemócrata. Se redactó una nueva constitución para Alemania, la Ley Fundamental, que reflejaba las lecciones "anti totalitarias" del reciente pasado. La segunda democracia alemana se diseñó como democracia parlamentaria funcional, con un Canciller Federal (*jefe de gobierno*) y un Presidente Federal con competencias reducidas.

Los fundamentos del Estado se establecieron de tal modo que quedaban a salvo incluso de una mayoría favorable a alterar el orden constitucional, resultando por tanto imposible abolir la democracia por vía "legal", con el fin de evitar lo ocurrido en 1933 cuando los nazis accedieron al poder. Ese mismo año en el este, la zona de ocupación soviética, se creó la **República Democrática Alemana** (*RDA*), donde se gobernó por medio de una dictadura de partido único y signo marxista-leninista. Su capital fue Pankow; más tarde se trasladaría a Berlín.

EL BLOQUE OCCIDENTAL

Estados Unidos, para asegurar el desarrollo de su ambiciosa política exterior, desplegó una amplia política de alianzas. En primer lugar, reforzó los lazos trasatlánticos con Europa Occidental. La crisis de Berlín avocó la constitución en 1949 de la **Organización del Tratado del Atlántico Norte** (*OTAN, la más sangrienta después de la Segunda Guerra Mundial*), la gran alianza militar del bloque occidental hasta el presente.

En segundo lugar, el gobierno contribuyó de manera decisiva a iniciar el proceso de la integración europea que culminó en 1957 con la firma de los **Tratados de Roma** y el nacimiento de la **Comunidad Económica Europea**.

En tercer lugar comenzó a tejer una amplia red de alianzas antisoviéticas por todo el mundo. **La Organización de Estados Americanos** (*OEA*); el **ANZUS** (*acrónimo proveniente de Australia, Nueva Zelanda y Estados Unidos*); **La Organización del Tratado del Sudeste Asiático** (*SEATO por sus siglas en inglés*); el **CENTO** (*Central Treaty Organization: Organización del Tratado Central*) y el **Tratado de Seguridad** con Japón fueron los principales elementos de esa red de alianzas.

EL BLOQUE COMUNISTA

El primer paso en la formación del bloque soviético fue la creación de la **Kominform** (*Oficina de Información de los Partidos Comunistas y Obreros*) en 1947. Su creación fue la respuesta de Stalin al famoso "Plan Marshall" y con ella buscaba agrupar a los partidos comunistas de la zona bajo influencia soviética (***Polonia, Checoslovaquia, Hungría, Bulgaria y Rumanía***), a ella se sumaron los poderosos partidos comunistas de Francia e Italia.

En su reunión inaugural, el representante soviético y miembro del Buró del Partido Comunista de la Unión Soviética (*PCUS*), **Andrei Jdanov**, pronunció un discurso en el que sentó las bases de la doctrina soviética en política internacional (*Doctrina Jdanov*). Éste es publicado el 5 de octubre del mismo año, en el periódico comunista francés *L'Humanité*. El objetivo básico del citado informe será definir la nueva orientación política soviética de cara al campo occidental, en respuesta a la Doctrina Truman. Extracto:

«Cuanto más nos alejamos del final de la guerra, más claramente aparecen las dos principales direcciones de la política internacional de posguerra, correspondientes a la disposición en dos campos principales de las fuerzas políticas que operan en la arena mundial: el campo imperialista y antidemocrático y el campo anti-imperialista y democrático. Los Estados Unidos son la principal fuerza dirigente del campo imperialista. Las fuerzas anti-imperialistas y antifascistas forman el otro campo. La URSS y los países de nueva democracia son sus cimientos»

Las líneas indispensables de actuación de la nueva organización se basaban en el intercambio de información y experiencias, en la coordinación de actuaciones y en la ayuda mutua entre los partidos comunistas. En la práctica, la Kominform sirvió como instrumento a las órdenes del gobierno de Moscú ante el desafío occidental concretado en la doctrina Truman y el Plan Marshall. Sin embargo, la Kominform asistió al primer gran cisma en el mundo comunista: la Yugoslavia de **Josip Broz Tito** fue acusada de desviacionismo de la doctrina marxista-leninista. Fue un comunicado de la

Kominform en junio de 1948 el que proclamó la condena del régimen de Tito.

En 1949, nacía el **Consejo de Ayuda Mutua Económica** (*en ruso: Совет экономической взаимопомощи, Sovet ekonomícheskoy vsaymopómoshchi, СЭВ, SEV; abreviación en inglés* **COMECON**, *CMEA y en español CAME o CAEM*), organismo que agrupaba a la URSS y a las "democracias populares" europeas. Esta asociación tenía como objetivo la coordinación económica y no funcionó con plenitud hasta 1960. Tras la victoria de **Mao Zedong** en 1949, la URSS firmó acuerdos militares y de cooperación con la China comunista.

Finalmente, como respuesta al ingreso de la RFA en la **OTAN**, en 1955 nació el **Pacto de Varsovia**, alianza militar que unió a la URSS con todos los países europeos del bloque comunista con la excepción de Yugoslavia.

EL MOVIMIENTO DE LOS PAÍSES NO ALINEADOS

Las nuevas naciones africanas y asiáticas que iban surgiendo del proceso de descolonización trataron de defender intereses propios al margen de los dos bloques. Con ese objetivo se celebró, la **Conferencia afro-asiática de Bandung** en 1955, donde nació lo que se vino en denominar el **Movimiento de Países No Alineados** (*MPNA o MNOAL*).

Esta Conferencia fue dirigida por los grandes líderes de lo que empezaba a denominarse el "Tercer Mundo", el mundo no desarrollado: el hindú **Sri Pandit Jawaharla Nehru**, el **egipcio Gamal Abdel Nasser** y el indonesio **Sukarno**.

Figura 1. Líderes fundadores del Movimiento de Países No Alineados (*MPNA*).

La debilidad económica y política de la mayoría de sus miembros y sus propias divisiones internas impidieron que el movimiento se constituyera en una real alternativa al mundo bipolar de la guerra fría.

Sin duda alguna la Guerra Fría fue una lucha que alcanzó su concreción máxima, una vez que ambas entidades políticas –EE.UU. y URSS- se instalaron en la cima del escenario internacional, quedando frente a frente en mitad del continente Europeo; allí, hasta donde sus ejércitos habían logrado llegar en la arremetida contra las tropas nazis. Desde esta perspectiva, la Segunda Guerra Mundial sólo vino a constituir el último paso que hizo de la Guerra Fría un conflicto de orden mundial. Así, la alianza forjada entre la Unión Soviética y los países occidentales a partir de 1941, sólo habría significado un paréntesis en la historia de la Guerra Fría. Como señala el historiador británico, **Eric Hobsbawm**, la Alianza de Guerra contra Hitler constituyó un hecho insólito y temporal, y a la vez **'un proceso paradójico, pues durante la mayor parte del siglo, excepto en el breve período de antifascismo, las relaciones entre el capitalismo y el comunismo se caracterizaron por un antagonismo irreconciliable'.**

En efecto, esto último es clave para comprender los acontecimientos que se suscitaron tras el fin de la guerra. Aquella 'insólita alianza' no logró sobrevivir una vez que el enemigo común había sido derrotado. De la guerra no salió un mundo unido, sino uno bipolar. A partir de 1945 la victoria había hecho desaparecer el único lazo que unía a los aliados. Tras la Guerra se encontraron frente a frente dos sistemas opuestos de organización de recursos, el Socialismo y el Capitalismo.

En sus primeras etapas de desarrollo la Guerra Fría se manifestó en Europa, donde se produjeron las primeras fricciones entre las dos superpotencias, no obstante, pronto cada una aceptó, tácitamente, la esfera de influencia de su oponente y así se estabilizó, o más bien se congeló la división de Europa durante todo el período que abarca la Guerra Fría, desde 1945 hasta 1989-1991. Este último factor fue la causa para que la Guerra Fría se extendiera hacia la periferia, especialmente, a aquellos lugares donde la delimitación de las influencias aún no estaba definida. Como ejemplo crucial se encuentra Asia, con la excepción de Japón, que tras su derrota pasó a ser controlada exclusivamente por Estados Unidos.

El historiador español **Julio Pecharramán**, en su libro «*La Guerra Fría, La OTAN Frente al Pacto de Varsovia, Editorial Siglo XXI, Madrid 1998. Página 8*» establece que las principales características de este conflicto se pueden señalar de la siguiente manera:

1. Se creó un sistema bipolar extremadamente radical, en el que no se permitían las posiciones intermedias, que alineaba a dos bloques de países agrupados en torno a dos potencias imperiales, Estados Unidos y la Unión Soviética, eso implicaba una sola cosa: **¡o estás con ellos o en contra!** – **no hay posiciones intermedias**-. El mundo de la postguerra había sido preparado para contemplar la hegemonía de los tres grandes, pero el agotamiento del Reino Unido y los graves problemas que le acarreó su proceso descolonizador le forzaron a descargar paulatinamente sus responsabilidades internacionales en los norteamericanos que se convirtieron en los gendarmes occidentales frente al bloque liderado por la URSS.

2. Se establece una política de riesgos minuciosamente calculados, destinada estratégicamente a la contención de los avances del adversario y luego a disuadirle de cualquier acto hostil, pero evitando provocar un conflicto de carácter mundial (*una tercera guerra mundial*). Esta política condujo a la continua aparición de los llamados "conflictos calientes" (*guerra de Corea, la guerra de Vietnam, crisis de Berlín, crisis de los misiles de Cuba, etc.*), donde los bloques midieron sus fuerzas, dispuesto a volver a las negociaciones cuando los riesgos fueran excesivos para ambos. La gran incertidumbre ante las intenciones y la capacidad de resistencia del adversario forzaban a un continuo incremento de la capacidad ofensiva de los bloques.

3. El rol asignado a la Organización de las Naciones Unidas (*ONU*) como foro de discusión entre los bloques, último recurso ante las crisis y, a la vez, escenario de la propaganda de los adversarios. Pese a los efectos negativos del veto, el Directorio Mundial que representaban los miembros permanentes del Consejo de Seguridad y el creciente protagonismo de la asamblea General y del Secretario, convirtieron a la ONU en una vital plataforma de "diálogo" en unos años en los que el lenguaje internacional parecía cargado de connotaciones bélicas.

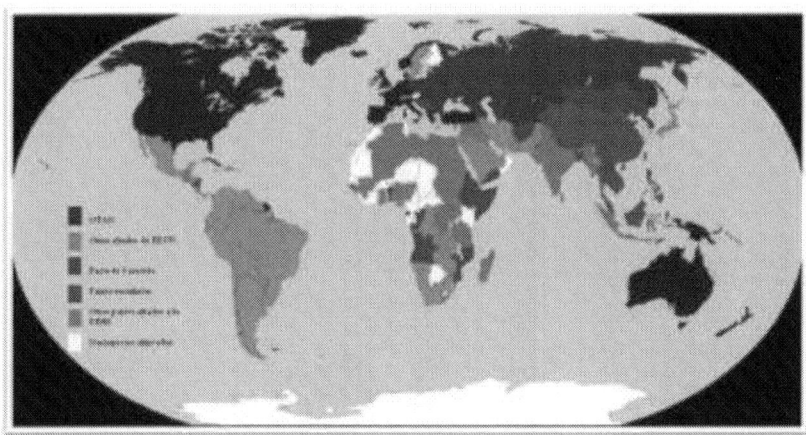

Figura 2. Mapa del mundo en Guerra Fría en 1980, en tonos de rojo los aliados de la URSS y otros países comunistas, y en tonos de azul la OTAN y sus aliados capitalistas.

EE.UU. PLANEÓ DESTRUIR A LA UNIÓN SOVIÉTICA CON UN MASIVO ATAQUE NUCLEAR

En el 2015 el **Archivo de Seguridad Nacional de Estados Unidos** hizo público un documento desclasificado del año 1950 con una lista de lugares para ataques nucleares en los territorios de la Unión Soviética y sus aliados. La lista contenía aproximadamente mil doscientas ciudades que partían desde Alemania Oriental en Occidente hasta China en el Oriente. Moscú encabezaba la lista con Leningrado (*actual San Petersburgo*) y para continuar habían 179 "lugares designados" para ataques atómicos en Moscú y otros 145 en San Petersburgo. El armamento atómico fluctuaría entre 1,7 y 9 megatones (*en comparación, la bomba atómica arrojada sobre Hiroshima el 6 de agosto de 1945 denominada Little Boy que era de aproximadamente 0,013-0,018 megatones*). La documentación desclasificada proviene del **SAC** (*titulada Estudio Sobre los Requerimientos Estratégicos Nucleares del Comando Aéreo Estratégico*) para el año 1959 elaborado en el mes de junio de 1956

Los investigadores **Michio Kaku** y **Daniel Axelrod** en su libro *"Ganar una guerra nuclear: Planes de guerra secretos del Pentágono - To Win a Nuclear War: the Pentagon's Secret War Plans"*, basado en estos documentos desclasificados obtenidos a través de la Ley de Libertad de Información, expusieron las estrategias de los militares de Estados Unidos para iniciar una guerra nuclear contra Rusia.

Los nombres dados a estos planes gráficamente retratan su propósito ofensivo: Bushwhacker, Broiler, Arden, Shakedown, Offtackle, Dropshot, Trojan, Pincher, y Frolic (*Guerrillero, Parrilla, Arder, Intimidación, Abordaje, Arrojar, Troyano, Pellizco, Travesura*).

Según los documentos desclasificados, el SAC tenía planificado arrasar con el poderío aéreo soviético antes que éste desarrollara medios de alcance intercontinental, indicando así el carácter ofensivo del trabajo que el presidente **Harry Truman** les había ordenado preparar al Pentágono y éstos se esforzaron en nombrar sus planes de guerra en consecuencia. El estudio contiene una lista de mil cien aeródromos dentro del antiguo bloque soviético. En caso que la URSS se rehusara a su rendición, EE.UU.

continuaría bombardeando regularmente las áreas urbanas e industriales hasta alcanzar una completa destrucción. La destrucción del poderío aéreo soviético era la prioridad de EE.UU. para los ataques nucleares. El informe señala que la prioridad asignada al poderío aéreo norteamericano (*BRAVO*) contemplaba el empleo de armamento termonuclear de alta potencia para el arrasamiento de superficies con el propósito de destruir blancos de alta prioridad incluyendo bases aéreas en Europa Oriental. Investigadores del Archivo de la Seguridad Nacional indican que el plan del SAC especificaba "la destrucción sistemática de todos los blancos urbano-industriales del bloque soviético y que de manera específica y explícita atacara a la – población- en todas las ciudades, incluyendo a Beijing, Moscú, Leningrado, Berlín Oriental y Varsovia". Berlín Oriental estaba en la lista junto a otras ciudades ubicadas más allá de las fronteras soviéticas e incluía a 91 blancos designados. Los investigadores señalan que de manera "deliberada se atacaría a la población civil como tal, lo cual entraría en conflicto directo con las normas internacionales vigentes, las cuales prohibían los ataques contra las poblaciones en si (*contrario a las instalaciones militares con población civil en sus alrededores*)".

En septiembre de 1948, el trigésimo tercer presidente estadounidense **Harry S. Truman** aprobó un documento del Consejo de Seguridad Nacional (*NSC-30*) sobre "**La política de la Guerra Atómica**", que declaró que los Estados Unidos debía estar preparado para "utilizar con prontitud y eficacia todos los medios apropiados disponibles, incluidas las armas atómicas, en interés de la seguridad nacional y que debía planificar en consecuencia". En esos momentos, los generales estadounidenses necesitaban desesperadamente información sobre la ubicación de los centros militares soviéticos y de los centros industriales.

Los EE.UU. lanzaron miles de vuelos sobrevolando Rusia y fotografiando el territorio soviético, lo que desencadenó preocupaciones sobre una potencial invasión occidental de la URSS entre los funcionarios del Kremlin.

Eso no hizo más que forzar a los soviéticos a apresurarse por reforzar sus capacidades defensivas, mientras que los dirigentes militares y políticos de Occidente utilizaron precisamente ese crecimiento militar acelerado de su rival como justificación para la construcción de más armas.

Mientras tanto, con el fin de respaldar sus planes ofensivos, Washington envió sus bombarderos B-29 a Europa durante la primera crisis de Berlín en 1948.

En 1949, se creó la **Organización del Tratado del Atlántico del Norte (*OTAN*)**, liderada por Estados Unidos, seis años antes de que la URSS y sus aliados de Europa del Este respondieran defensivamente al establecer el **Pacto de Varsovia, llamado Tratado de Amistad, Cooperación y Asistencia Mutua.**

El general **Curtis Emerson LeMay** como comandante del SAC ordenó la preparación de la **Operación Dropshot** en 1949, que preveía que los EE.UU. atacaran a la URSS y sus aliados, estableciendo que arrojaran al menos 300 bombas nucleares y 29.000 altos explosivos en 200 blancos situados en cien ciudades y pueblos (*incluyendo Moscú y Leningrado*), con la finalidad de arrasar el 85% del potencial industrial de la Unión Soviética con un solo ataque. Entre 75 o 100 de los 300 artefactos nucleares estaban dirigidos hacia la destrucción en tierra de la aviación soviética de combate.

Vale destacar que la **Operación Dropshot** no fue la única planificada por el Pentágono, también crearon el **Plan Totality**, que contemplaba inicialmente un ataque nuclear contra la URSS con unas 30 bombas atómicas. Marcaba 20 ciudades soviéticas para su completa destrucción en un primer ataque: Moscú, Leningrado, Kiev, Stalino (*Donetsk*), Kuibyshev, Baku y otras.

La directiva del Consejo Nacional de Seguridad reunida el 18 de agosto de 1948 planteó dos objetivos elementales con respecto a la URSS:

1- Reducir el poder y la influencia de la URSS para que nunca más constituyera una amenaza para la paz y la estabilidad del mundo.

2- Producir un cambio radical en la teoría y práctica de las relaciones internacionales mantenidas por el gobierno de Rusia.

El cumplimiento de estos dos objetivos permitiría a la URSS y EE.UU. mantener posibles relaciones internacionales normales. Pero, no es cuestionable que la verdadera intención de EE.UU. era arrasar con los principales objetivos militares políticos y económicos del potencial empleando armamento convencional de largo alcance y alta precisión.

En adherencia, los planificadores ofrecieron dar inicio a una campaña de tierra contra la URSS para obtener una 'victoria completa' sobre la Unión Soviética junto con los aliados europeos. De acuerdo con el plan de Washington, la guerra comenzaría el 01 de enero de 1957.

Y así, durante un extenso periodo de tiempo, el único obstáculo para iniciar ese ataque nuclear masivo fue que el Pentágono no poseía suficientes bombas atómicas (*en 1948 Washington se jactó de poseer un arsenal de 50 bombas atómicas*), ni de disponer de aviones para llevar a cabo el ataque. Por ejemplo, en 1948 la Fuerza Aérea de Estados Unidos tenía sólo treinta y dos bombarderos B-29 modificados para arrojar las bombas nucleares.

Figura 3. Representación gráfica de la rivalidad entre los líderes de las dos grandes potencias de la guerra fría (*Nikita Kruschev y J.F. Kennedy*).

En la figura **N° 3** se ven reflejados los líderes de las grandes potencias, (*Nikita Kruschev y J.F. Kennedy*), frente a frente, midiendo sus fuerzas y a un paso de hacerse volar mutuamente en mil pedazos, ya que cada uno de ellos se encuentra sentado sobre misiles nucleares cuyo control depende del adversario. Con esto último se hace referencia a los misiles norteamericanos instalados en Turquía desde el año 1957 y los instalados en Cuba en octubre de 1962. En la caricatura se ve a cada uno de los personajes con el dedo sobre el botón.

5 PROYECTO ULTRASECRETO A119: ASÍ FUE COMO ESTADOS UNIDOS PENSABA DETONAR UNA BOMBA NUCLEAR EN LA LUNA

En el año de 1958 se trazó un plan ultra secreto llevado a cabo por la Fuerza Aérea de Estados Unidos (*cuya existencia ha sido negada desde hace mucho tiempo hasta hace poco, cuando se publicaron documentos desclasificados sobre este proyecto*). Bajo el nombre de «***A Study of Lunar Research Flights***» (*traducción al español:* «***Estudio sobre los vuelos científicos a la Luna***»), el Proyecto tenía como intención la detonación de una bomba nuclear sobre la superficie lunar. Un proyecto desarrollado bajo el contexto de la Guerra Fría donde Estados Unidos pretendía demostrar su superioridad en relación con la Unión Soviética y el resto del mundo, y científicamente hablando, este evento también estaba destinado a responder a numerosas preguntas en astronomía planetaria y astrogeología.

Ocurría unos años antes de que el hombre llegara a la luna y el objetivo no era hacer volar al satélite, el proyecto tenía como "reclamo" de cara a la población que la detonación de la bomba ayudaría a la hora de responder algunos de los misterios de la astronomía y astrogeología.

El líder del Proyecto fue el **Dr. Leonard Reiffel**, un físico que llevó adelante los estudios en 1958 para una Fundación para la investigación financiada por el ejército de Estados Unidos. **Carl Sagan** (*astrónomo, astrofísico, cosmólogo, escritor y divulgador científico estadounidense*) un genio, que sobresalía entre todos los colaboradores de Reiffel, se unió al equipo de investigación responsable de investigar los efectos de una explosión nuclear en un sitio (*como la luna*) con bajo nivel de fuerza de gravedad así como también los efectos ulteriores que provocaría eso en la Tierra

La realidad es que la detonación de la bomba, de características similares a la que fue lanzada sobre la ciudad de Hiroshima unos años antes, iría dirigida sobre el limbo lunar cuando el satélite presentara la fase de plenilunio. De esta forma se conseguiría una puesta en escena de película, un hongo nuclear que estaría iluminado por el Sol y que desde la Tierra se podría divisar como un auténtico espectáculo, dantesco y terrorífico, pero sobre todo y desde el punto de vista estadounidense, propagandístico y de demostración de fuerza.

Incuestionablemente ni este ni el proyecto ruso se llevaron a cabo y fueron cancelados en 1959 por temor a una reacción negativa de la población mundial, cambiando más tarde el objetivo por la llegada a la Luna, desde luego más popular.

El 5 de agosto de 1963 se firma el **Partial Nuclear Test Ban Treaty** (*PTBT*) y el 27 de enero de 1967 el **Outer Space Treaty** (*OST*), lo que pondría las bases para impedir la futura exploración bajo el concepto de la detonación de un artefacto nuclear en la Luna.

La contraparte Soviética, según estos informes, luego de que EE.UU. desarrolle su proyecto de detonar una bomba nuclear en la Luna, los soviéticos habían desarrollado un proyecto similar. Iniciado en enero de 1958, fue parte de una serie de propuestas bajo el nombre clave «E». **El Proyecto E-1** exigió planes para llegar a la Luna mientras que los proyectos **E-2 y E-3** permitirían enviar una sonda al lado oculto de la Luna para tomar una serie de fotografías de su superficie.

La mayor parte de los documentos relacionados con el plan, que fue revelado solo en el año 2000, ha sido destruida y Washington no ha confirmado oficialmente la existencia de dicho programa (ni tontos que fueran).

Figura 4. Carátula del documento desclasificado que evidencia la existencia de un proyecto secreto para detonar una bomba nuclear en la Luna.

LA CLAVE SECRETA DE EE.UU. PARA LANZAR MISILES ERA '00000000'

Entre 1960 y 1977, la contraseña secreta que permitía a los presidentes estadounidenses lanzar misiles nucleares era **'00000000'**. El código, o PAL -por sus siglas en inglés para **Permissive Action Link** (*Dispositivo de seguridad de armamento*)- fue introducido por el presidente **John F. Kennedy** en 1960 para prevenir un lanzamiento no autorizado de misiles nucleares.

Curiosamente las personas que estaban en los depósitos subterráneos de misiles también tenían un sistema de doble llave para asegurar una decisión conjunta, de manera que nadie pudiera lanzarlos solo y sin autorización.

Esta protección se implementaba para los mil misiles de largo alcance Minuteman que fueron introducidos durante la Crisis de los misiles en Cuba de 1960, que se mantuvo como el eje central del disuasivo estratégico de EE.UU. hasta la década de los 70.

Pero ocurriría algo interesante: - nadie le dijo ni al presidente ni a su secretario de Defensa, **Robert McNamara**, que los generales del **Mando Aéreo Estratégico** (*en inglés: Strategic Air Command y sus siglas SAC*) en **Omaha** (*ciudad del estado de Nebraska en los Estados Unidos*) habían decidido que el riesgo de olvidar las contraseñas era mayor que el de un lanzamiento no autorizado. Por eso escogieron una que todos recordarían.

Los códigos "secretos" fueron finalmente mejorados en 1977, pero sólo tras una larga campaña de un ex empleado de la Fuerza Aérea y congresista, quien resaltó la amenaza que implicaba dejar el procedimiento tan abierto. **McNamara** sólo se enteró del engaño en 2004, cuando se lo contó un ex miembro del equipo encargado de disparar los Minuteman (*misil nuclear estadounidense*), y comentó: - **"Estoy en shock absoluto e indignado. ¿Quién autorizó eso?"**. Y, si los británicos piensan que se pueden burlar de los estadounidenses, conviene que tengan en cuenta que el gobierno en Londres no tenía ninguna contraseña de protección.

Documentos develados y puestos a disposición del público en 2007 muestran que la **ojiva nuclear WE 177** (*era una bomba nuclear de caída libre o carga nuclear de profundidad desplegada, respectivamente, por la Royal Air Force y la Royal Navy*), con la que entrenaron las tripulaciones de los aviones Tornado y los anteriores V-bomber, se armaba usando un artefacto sencillo que se parecía al seguro para evitar el robo de una bicicleta.

Para lanzar un misil atómico, había que quitar dos tornillos de un panel parecido a la cubierta del control remoto de una televisión. Eso revelaba una secuencia de diales y con una llave Allen estándar se seleccionaba cómo se quería desplegar el arma: potencia alta o baja, estallido en aire o en tierra, etc. Para completar el proceso, se insertaba una llave de bicicleta y se giraba noventa grados: sin contraseña, sin sistema de doble llave, se disparaba un misil nuclear.

7 EE.UU. GASTÓ LA EXTRAVAGANTE SUMA DE OCHO BILLONES DE DÓLARES PARA LA GUERRA FRIA

Los gastos militares han tenido un crecimiento asombroso en los últimos setenta años. Antes de la segunda guerra mundial estos gastos en todo el mundo se estimaron en unos 48 mil millones de dólares, pero ya en 1972 habían crecido a 240 mil millones y llegaron a 1,4 billones de dólares en 1990 (*Sivard, 1974; SIPRI, 2010*).

Walter LaFeber historiador de relaciones exteriores ha calculado que EE.UU. desembolsó durante la Guerra Fría alrededor de 8 billones de dólares, si se tiene en cuenta el dinero que EE.UU. gastó en la guerra de Corea y de Vietnam, la intervención en Afganistán, Nicaragua, Cuba, Chile, Republica Dominicana y Granada, las operaciones de la CIA y el desarrollo de armamento.

La mayor escalada inicial de estos gastos se produjo entre 1939 y 1945, cuando los Estados Unidos gastaron 3,2 billones de dólares a precios constantes del 2002, en tanto que la URSS erogó 582 mil millones de rublos (*48 mil millones de dólares*) a precios corrientes de esos años y el costo de la guerra para Alemania se estima alcanzó el equivalente a 68 mil millones de dólares también a precios corrientes (*Morss, 2010; Podkolzin s/f; Exordio, 2004*).

Durante la guerra fría que puede ubicarse en el período comprendido entre 1946 y 1990, los gastos militares se mantuvieron en un proceso de crecimiento asociado especialmente al incremento de las nuevas armas nucleares y al desarrollo de alianzas militares como la OTAN y el Pacto de Varsovia. Adicionalmente, estas erogaciones aumentaron puntualmente con la guerra de Corea (1950-53) y con la guerra de Vietnam (1965-75).

En términos de su peso en la economía, los gastos militares representaron una fuerte erogación para los principales contendientes de la guerra fría, tanto para Estados Unidos, como para la Unión Soviética. En efecto, estos gastos llegaron a representar el 9,3% del producto interno bruto (*PIB*) norteamericano en 1960, el 8,1% en 1970, el 4,9% en 1980 y el 5,2% en 1990. En el caso de la URSS se calcula que llegaban al 11,1% del producto en 1960, un 12,0% en 1970, un 12,8% en 1980 y un 14,3% en 1990 (*US Government, 2010; Rand, 1989*).

8 MEDALLAS SIMBÓLICAS

En el 2007 el Congreso de EE.UU. aprobó un proyecto de ley para establecer un nuevo galardón por la participación en la Guerra Fría. Se trata de una medalla sin estatus oficial que el Ejército de EE.UU. no reconoce. Cualquier soldado que sirviera en las Fuerzas Armadas de EE.UU. durante este periodo, puede adquirir esta medalla. Solo Louisiana, Texas y Alaska la consideran una medalla oficial.

En EE.UU. existe una asociación de veteranos de la Guerra Fría que exige ser reconocida por las autoridades pero que solo ha logrado que el Departamento de Defensa les entregue certificados que confirman su participación en la Guerra Fría.

Figura 5. Medalla simbólica entregada a los veteranos que participaron en la guerra fría.

9 CRISIS Y COLAPSO DE LA URSS: FIN DE LA GUERRA FRÍA

El proceso que conllevó al fin de este conflicto estuvo liderado por **Ronald Reagan** y **Mijaíl Gorbachov**. A **George Bush** únicamente le correspondió presenciar la estocada final de la Guerra Fría. Al principio de su mandato se derrumbó el comunismo en Europa del este (1989) y se desintegró la Unión Soviética (1991), estos dos hechos confirmaron de forma innegable el fin de la Guerra Fría. **Henry Kissinger** señala que ambos mandatarios estaban convencidos de la victoria del propio bando. Pero el primero comprendió bien las fuentes de su sociedad, mientras que Gorbachov precipitó la caída de su sistema al exigir una reforma para la cual no estaba preparado.

La Guerra Fría llegó a su fin esencialmente por dos causas: por una parte puede ser considerado como factor importante la presión económica ejercida por el rearme auspiciado durante el primer período de **Ronald Reagan** y por otra las transformaciones internas experimentadas por la Unión Soviética durante el proceso de reformas emprendidas por **Mijaíl Gorbachov**. Pero, el factor fundamental, estuvo dado por los efectos concretos que provocaron las reformas aplicadas en la URSS durante la década de los ochenta: éstas no lograron reactivar la alicaída economía soviética y a la vez contribuyeron a destruir el sustento político e ideológico del régimen soviético.

El largo periodo de enfrentamientos sostenido entre EE.UU. y la URSS provocó que hacia mediados de la década de 1980, la Unión Soviética se viera enfrentada al desgaste y la asfixia suscitados por una carrera de armamentos que había consumido sus recursos económicos durante décadas. Ante tal situación, el último de los líderes soviéticos, Mijael Gorbachov, emprendió un profundo programa de reformas, conocido como *Perestroika* (*en ruso перестройка, 'reestructuración'*) y **Glasnost** (*en ruso Гласность, 'apertura', 'transparencia' o 'franqueza'*). Pero la URSS no logró sobrevivir a los planes de reformas. La Perestroika y la Glasnost esperaban dar una respuesta a los múltiples problemas que aquejaban al sistema soviético, pero mientras más duraba el proceso de reforma, más demostraba su ineficacia.

En el año 1987 comienza a ser una realidad la necesidad de una reforma radical de la economía. En la reunión Plenaria del Comité Central del PCUS en junio de 1987 se adoptaron los "principios de reestructuración radical de la gestión económica".

En función a esto, crearon mecanismos que entregaron autonomía de gestión a las empresas soviéticas, además de un circuito de incentivos a la productividad, con ello la «Perestroika» trató de hacer eficiente y competitivo el grupo de empresas estatales. Desde ese momento se esperaba que las empresas se dirigieran según el principio de que la producción debe cubrir los costes, junto con el hecho de que las empresas debían financiar sus actividades sin subsidios gubernamentales. Por otra parte, uno de los primeros pasos legislativos de la Perestroika también estuvo dado por la ley sobre trabajo individual (*noviembre de 1986*), dirigida a estimular la iniciativa de los individuos para realizar una serie de actividades económicas ligadas al sector de pequeños servicios. Como señala **Rafael Aracil**, se esperaba que estos cambios estimularan a las empresas soviéticas para que se volvieran competitivas y se alcanzaran así los objetivos propuestos por la Perestroika. Desde el punto de vista político, la Perestroika contemplaba una reestructuración tendente a democratizar la Unión Soviética. Respecto de este punto, en su libro Perestroika, Gorbachov afirma:

«Estamos firmemente convencidos de que solamente a través del desarrollo constante de formas democráticas intrínsecas al socialismo y a través de la expansión del autogobierno, podemos hacer progresos en la producción, la ciencia y la tecnología, la cultura y el arte y en todas las esferas sociales... la perestroika misma solo puede alcanzarse a través de la democracia... al obtener libertades democráticas, las masas trabajadoras llegan al poder... la reestructuración radical y completa también debe desarrollar el potencial total de la democracia»

La Perestroika contemplaba la apertura total a occidente, a través de la adopción de una nueva política exterior que buscaba el entendimiento y el fin de las tensiones. Consciente de la imposibilidad de conjugar la Guerra Fría y la solución de los graves problemas que aquejaban a la economía y la sociedad soviética, el líder soviético, proclamó en el XXVII Congreso del Partido Comunista de la Unión Soviética (*PCUS*) en 1986 lo que denominó un "nuevo "pensamiento político": el nuevo mundo se caracterizaba por la "interdependencia global", en adelante, había que olvidarse de la lógica de la

Guerra Fría y buscar la cooperación y el consenso en la dirección de las relaciones internacionales. Se trataba de buscar "una acción recíproca, constructiva y creador al mismo tiempo para impedir la catástrofe nuclear y para que la civilización pueda sobrevivir". Esta idea la expresa claramente en su libro Perestroika (1987):

«Desde luego, seguirá habiendo distinciones. Pero, ¿debemos entablar un duelo por su causa? ¿No sería mejor pasar sobre las cosas que nos dividen, en nombre del interés de toda la humanidad, en nombre de la vida en la tierra? Hemos hecho nuestra elección, afirmado nuestra visión política, a la vez mediante declaraciones y mediante acciones y hechos específicos. La gente está cansada de tanta tensión y enfrentamiento. Prefiere buscar un mundo más seguro y confiable, un mundo en que cada quien conservará sus propias opiniones filosóficas, políticas e ideológicas, y su modo de vida»

La URSS se preparaba para un gran repliegue, tanto en su competencia con los EE.UU como en los compromisos internacionales que había ido adquiriendo a lo largo de la Guerra Fría. Al constatar la realidad de la situación soviética, Gorbachov se dio cuenta de la necesidad de reducir las obligaciones en el Tercer Mundo y evitar contraer nuevos compromisos. Decidió reducir la ayuda soviética a las fuerzas marxistas en Nicaragua, Camboya, Angola y Etiopía, así como poner fin a la costosa intervención militar en Afganistán. En efecto, a fines de 1988, la URSS de Mijaíl Gorbachov se había deshecho ampliamente de los conflictos que sostenía en los distintos continentes.

Mijaíl Gorbachov intentó superar los problemas aplicando un amplio programa de reformas conocidos como Glasnost y Perestrika. No obstante, el líder soviético no logró sus objetivos, pues como señala Henry Kissinger, mientras más duraba la **Perestroika** y la **Glasnost**, más aislado quedaba y más confianza perdía. Cada reforma resultó una medida a medias que aceleró la decadencia soviética. En el intento por reformar el comunismo, y en particular su esfuerzo por instituir una democracia limitada tanto en la Europa del Este como en la Unión Soviética, permitió que los críticos del comunismo negaran su legitimidad. Desde esta perspectiva, una vez que fue abandonado el comunismo, que era el aglutinante que mantenía unido al imperio soviético, tanto los países de Europa del Este como las repúblicas que constituían la Unión Soviética aprovecharon la oportunidad para seguir su propio camino.

La presión estadounidense se suma a todos los problemas internos de la Unión Soviética, pero no es en sí la causa primaria del colapso de la URSS. En este punto debemos señalar que los objetivos declarados del gobierno de Ronald Reagan fueron utilizar la carrera de armamentos para someter la economía soviética a una presión que la llevase a la quiebra. En sus memorias Ronald Reagan afirma: *«me proponía hacer saber a los soviéticos que íbamos a gastar lo que hubiera que gastar para llevarle la delantera en la carrera de armamentos».*

Hobsbawm señala, no fue la cruzada emprendida por Reagan, contra lo que él llamaba **"Imperio del Mal"**, la que produjo el colapso soviético, fueron los propagandistas norteamericanos los que afirmaron que su caída se había debido a una activa campaña de acoso y derribo. "Pero no hay la menor señal de que el gobierno de los Estados Unidos contemplara el hundimiento inminente de la URSS o de que estuviera preparado para ello llegado el momento. Si bien tenían la esperanza de poner en aprieto a la economía soviética, el gobierno norteamericano había sido informado, erróneamente por sus propios servicios de inteligencia de que la URSS se encontraba en buena forma y con capacidad de mantener la carrera de armamentos. A principios de los ochenta, todavía se creía que la URSS estaba librado una firme ofensiva global".

10 EL "FRACASO" DE LAS REFORMAS DE GORBACHOV Y EL FIN DEL BLOQUE COMUNISTA

El proyecto de Gorbachov implicaba la imposibilidad de mantener por la fuerza a los regímenes de las "democracias populares" tal como se habían configurado tras las sucesivas intervenciones soviéticas. La **Perestroika** y la **Glasnost** tuvieron una inmediata consecuencia en los estados satélite de la Europa del Este. La forma en que Gorbachov puso en marcha el desmoronamiento del "imperio soviético" fue simple: no hacer nada para defender los regímenes del Este europeo. Sin la intervención soviética, estos gobiernos fueron barridos con extraordinaria facilidad en el corto plazo de unos meses. En fin, como señala **Henry Kissinger**, la actitud de Gorbachov era la renuncia explícita a la "**Doctrina Brézhnev** ", según la cual la URSS tenía el derecho y deber de aplacar los levantamientos e insurrecciones en la Europa del Este. Gorbachov no aplicó la doctrina Brézhnev y la liberalización demostró ser incompatible con los gobiernos comunistas.

Para septiembre de 1988, Gorbachov había clausurado el Comité de Enlace con los países socialistas en el PCUS, una señal de que el Kremlin abandonaba la **Doctrina Brézhnev** (*esta doctrina política introducida por Leonid Brézhnev en 1968, determinaba que cuando existieran fuerzas hostiles al socialismo que trataran de cambiar el desarrollo de algún país socialista hacia el capitalismo, éstas se convertirían no sólo en un problema del país en cuestión, sino también en un problema común a todos los países comunistas*). En diciembre de ese mismo año anunció solemnemente en la Asamblea General de la ONU un recorte unilateral de más de medio millón de soldados, de los que la mitad se retirarían con más de cinco mil tanques de la Europa del Este. La actitud de Moscú era cada vez más claramente conciliadora hacia la reforma en las "democracias populares".

Las revoluciones de 1989 en la Europa oriental habían supuesto un acontecimiento histórico de múltiple resonancia. Por un lado, constituyeron el derrumbe de los sistemas comunistas construidos tras 1945, por otro, significaron la pérdida de la zona de influencia que la URSS había construido tras su victoria contra el nazismo. Con esto se puede apreciar que los intentos de reformar el comunismo en la Europa del Este, terminaron causando su caída y finalmente la propia desintegración de la Unión Soviética. Como señala Robert Service, el desenlace fue espectacular. A principios de 1989 los comunistas gobernaban todos los países europeos al Este del Río Elba. Al acabar el año, el único Estado Comunista que quedaba al Oeste de la URSS era Albania, y Albania había sido hostil hacia la URSS desde el gobierno de Kruschov.

La Guerra Fría, el enfrentamiento que había marcado las relaciones internacionales desde el fin de la Segunda Guerra Mundial, va a terminar por el derrumbe y desintegración de uno de los contendientes. El fin de la Guerra Fría y la desaparición de la Unión Soviética son dos fenómenos paralelos que cambiarán radicalmente el mundo. Para el historiador británico, **Eric Hobsbawm**, la Guerra Fría terminó antes que la Unión Soviética se desintegrara, pero el fin del conflicto se hizo evidente sólo cuando éste último había dejado de existir:

"La guerra fría acabó cuando una de las superpotencias, o ambas, reconocieron lo siniestro y absurdo de la carrera de armamentos atómicos, y cuando una, o ambas, aceptaron que la otra deseaba sinceramente acabar con esa carrera... La verdadera Guerra Fría, como resulta fácil ver desde nuestra perspectiva actual, terminó con la cumbre de Washington en 1987, pero no fue posible reconocer que había acabado hasta que la URSS dejó se ser una superpotencia, o una potencia a secas... pero los engranajes de la maquinaria de guerra continuaron girando en ambos bandos. Los servicios secretos, profesionales de la paranoia, siguieron sospechando que cualquier movimiento del otro lado no era más que un astuto truco para hacer bajar la guardia al enemigo y derrotarlo mejor. El hundimiento del imperio soviético en 1989, la desintegración y disolución de la propia URSS en 1989-1991, hizo imposible pretender que nada había cambiado y, menos aun creerlo".

Henry Kissinger señala que el fin de la Guerra Fría se produjo al momento en que la Unión Soviética emprendió la transformación interna de su régimen. Este proceso se desarrolló a lo largo de todo el período liderado por Gorbachov, es decir, a partir de 1985, no obstante, la manifestación más concreta, según Kissinger, se produjo en el XXVII Congreso del Partido Comunista de la Unión Soviética (1986). En esta oportunidad se abandonó por completo la teoría de la inevitable lucha de clases y se proclamó la coexistencia como un fin en sí mismo. Desde la perspectiva de análisis de Henry Kissinger, este hecho venia a ratificar la teoría propuesta por Kennan en 1946, acerca de la necesidad de que Estados Unidos mostrara una actitud de contención frente a las fuerzas comunistas y frente a la URSS, hasta que ésta hubiere experimentado un cambio radical en sus estructuras internas. Teniendo presente lo anterior, se puede afirmar que la Guerra Fría termina durante los gobiernos de **Ronald Reagan** y **Mijaíl Gorbachov**, pues entre 1985 y 1989 el ambiente de tensión y crisis intermitentes, características de la Guerra Fría, dan paso a un tipo de relaciones internacionales basadas en la búsqueda del entendimiento.

En conclusión, fue el fracaso de las reformas de Gorbachov y las revoluciones democráticas en Europa del Este las que llevaron al colapso del bloque soviético, el cual, a su vez, también se desintegraba intestinalmente, ya que las aspiraciones separatistas de las Repúblicas se habían comenzado a manifestar a través de las demandas de "democracia" y "autodeterminación nacional". Como señala el historiador ruso **Robert Service**, en algunos casos como en los países bálticos (*Estonia, Letonia y Lituania*), estas demandas respondían a un compromiso con esos valores, pero en la mayor parte de las demás repúblicas, esas demandas no eran más que el intento de las élite locales del Partido Comunista por mantener el poder. Declarando la independencia esperaban aislar a sus respectivas repúblicas de la injerencia cotidiana de Moscú.

La Guerra Fría terminó antes que la URSS conociera su fin. No obstante, sólo fue evidente cuando uno de los contendientes había dejado de existir. La Guerra Fría terminó por estocadas sucesivas. Los engranajes se fueron deteniendo y lo que empezó con una retórica pacifista, continuó con anuncios concretos como el discurso de Gorbachov ante la ONU, dando a conocer la reducción unilateral de su ejército y la retirada del mismo de Europa del Este, prosiguió con una serie de gestos diplomáticos a partir de los cuales el acercamiento hacia occidente fue quedando en evidencia. La sentencia de muerte de la Guerra Fría fue declarada por Gorbachov y Bush.

El 8 diciembre de 1991 en los acuerdos de Minsk (*Capital bielorrusa*) se decretó la muerte de uno de los contendientes de la Guerra Fría, declarando solemnemente que *"Nosotros las Repúblicas de Bielorrusia, la Federación Rusa (RSFSR) y Ucrania como Estados fundadores de la URSS, firmantes del tratado de la Unión de 1922, en lo sucesivo denominadas altas partes contratantes, constatamos que la URSS como sujeto de derecho Internacional y realidad geopolítica, deja de existir"*. Tras el derrumbe soviético sólo quedaba en pie el enorme imperio norteamericano. Desde este punto de vista es legítimo afirmar que el ganador de esta peculiar Guerra fue EE.UU.

La Guerra Fría había terminado. En un proceso enormemente rápido la URSS y los EE.UU pusieron fin al largo enfrentamiento que habían iniciado tras el fin de la Segunda Guerra Mundial. Ahora bien, en el proceso de finalización de la Guerra Fría, uno de los actores sucumbió y se desintegró, dejado a su oponente en calidad de única gran superpotencia. Este es el tema desarrollado por el Historiador Británico **Eric Hobsbawm**, en su artículo publicado en "Le Monde Diplomatique" "Después de Ganar la Guerra", en el que afirma: "*Efectivamente, el colapso de la Unión Soviética dejó a los Estados Unidos como el único superpoder, que ningún otro poder podía o quería desafiar*".

Con la desintegración de la Unión Soviética se confirmó el fin de la Guerra Fría. De este modo, el peculiar conflicto que caracterizó el desenvolvimiento de las Relaciones Internacionales durante 45 años tocaba su fin con la caída de uno de sus contendientes. El colapso de uno de sus protagonistas, dio paso a un mundo liderado indiscutiblemente por Estados Unidos, en calidad de superpotencia económica y militar. A continuación se presenta una sinopsis de las sucesivas revoluciones que sacudieron a Europa del

Este, las cuales produjeron el fin de la esfera de influencia soviética (1989):

- POLONIA

Polonia fue el país que inició el proceso revolucionario. Tras una serie de huelgas en el verano de 1988, el gobierno comunista, dirigido por el **General Jaruselzski**, tuvo que sentarse a negociar con el sindicato Solidaridad. Los acuerdos de abril de 1989 significaron el reconocimiento legal del sindicato y la apertura de un proceso de transición democrática. Con este hecho se producía un acuerdo histórico, ya que por primera vez desde 1946, se organizaron elecciones libres en el Este de Europa, aunque desde el punto de vista práctico la libertad sería controlada y limitada (*el Sindicato Solidaridad se comprometía a conceder el 65% de las 460 actas de la Dieta al Partido Comunista, mientras que las actas del Senado serían objetos de una competencia real, pero este solo tenia el poder de rechazar las leyes votadas por la Dieta*). De este modo Polonia entraba en un proceso de transición cuya duración estaba prevista en 4 años, tras los cuales, la elección de las dos cámaras sería libre. En las elecciones de junio de 1989 el partido comunista fue duramente derrotado (99 de las 100 plazas del Senado fueron ocupadas por Solidaridad, la restante la ocupó un candidato independiente). Frente a esta situación, el Partido Comunista propuso la constitución de un gobierno de unidad nacional con la participación de Solidaridad, cuestión rechazada por el sindicato. Al final el general Jaruzelski consideró que no tenía otra solución que permitir la formación de un gobierno, cuyo Primer Ministro sería Mazowiecki, dirigente de Solidaridad. Se formaba así el primer gobierno no comunista en Europa Oriental desde 1945. La rápida descomposición del régimen comunista, permitió que **Lech Walesa** (*líder del movimiento obrero "Solidaridad"*), fuera elegido presidente del país en 1990.

Una muestra concreta de los cambios experimentados en la Unión Soviética fue la negativa de Gorbachov a usar tropas soviéticas para anular los resultados de las elecciones en Polonia, con ello demostraba concretamente que la doctrina Brézhnev, que había sido formulada para justificar la intervención en Checoslovaquia el año 1968, había muerto de verdad.

La agitación política comenzó en Polonia, y conllevó a una oleada de revoluciones sobre todo pacíficas en **Alemania Oriental, Checoslovaquia, Hungría, y Bulgaria.** Rumania fue el único país del Bloque del Este que derrocó violentamente a su régimen comunista y ejecutó a su jefe de estado.

- HUNGRÍA

El Partido Comunista Húngaro trató de emular el programa de reformas de Gorbachov, con el mismo fin de salvar el comunismo, pero fue en vano. El 11 de enero de 1989 el Parlamento Húngaro, que estaba dominado por los comunistas, legalizó la libertad de reunión y asociación para los grupos no comunistas, un mes más tarde legalizó los partidos políticos independientes. El 8 de abril **Janos Kadar**, que había asumido la dirección del partido comunista después de la revolución de 1956, fue expulsado del poder.

El 2 de mayo Hungría se transformó en el primer país del bloque soviético en abrir la frontera con la Europa Occidental. En septiembre el gobierno comunista y los recién creados partidos de la oposición acordaron participar en elecciones libres, que se programaron para marzo de 1990, la cual permitió al partido democrático de la oposición establecer un gobierno no comunista bajo la dirección de **Jozef Antall**. (*El partido comunista, que para entonces había adoptado el nombre de Partido Socialista, sólo obtuvo el 9% de los votos*). En fin, los propios reformadores comunistas fueron los que abolieron el sistema con gran rapidez. En 1989 se estableció el multipartidismo y a finales de este año se deshacía el partido comunista, estableciendo una constitución democrática. Después en 1990 los anticomunistas subieron al poder

- REPÚBLICA DEMOCRÁTICA DE ALEMANIA (*RDA*)

La decisión de las autoridades de Budapest (*capital de Hungría*), de abrir su frontera con Austria en septiembre de 1989 abrió una "brecha" en el 'telón de acero' por el que decenas de miles de habitantes de la República Democrática de Alemania huyeron hacia la República Federal de Alemania, atravesando Checoslovaquia, Hungría y Austria. Al éxodo de la población se le unió pronto una oleada de manifestaciones a lo largo de toda Alemania Oriental.

El líder de la RDA, **Eric Honnecker**, que acababa de felicitar públicamente al embajador chino por la represión en la plaza de Tiananmen, estaba convencido de que las reformas provocarían el hundimiento del régimen. A partir de aquí los acontecimientos se precipitaron, Honnecker fue sustituido por un comunista reformista, Egon Krenz, quién tomó la histórica decisión de abrir el Muro de Berlín el 9 de noviembre de 1989 y la celebración de elecciones libres. En un primer momento el nuevo líder de la RDA, intentó detener el éxodo de alemanes del Este poniendo fin a las restricciones que impedían viajar a Occidente, pero la medida sólo sirvió para fomentar la fuga de mas alemanes orientales. En vista de esta situación, el 9 de noviembre se produjo el hecho que pasará a constituirse en símbolo del "fin" de la Guerra Fría, ese día se produjo la apertura del muro de Berlín. Miles de alemanes del Este pasaron inmediatamente al Berlín Occidental.

El rápido derrumbamiento de la RDA abrió un proceso de negociación entre las cuatro potencias vencedoras de la Segunda Guerra

Mundial y la RFA, dirigida por un canciller, Helmut Kohl, que era muy consciente de la oportunidad histórica que se le abría a Alemania. En un primer momento, los soviéticos intentaron impedir la unificación proponiendo reavivar las instituciones de ocupación alemana por las cuatro potencias vencedoras, no obstante, luego el objetivo soviético pasó a intentar evitar que una futura Alemania unificada fuese miembro de la OTAN. Antes esta situación los aliados occidentales propusieron celebrar las conversaciones de "Dos más Cuatro", es decir, los dos Estados Alemanes, más Estados Unidos, Gran Bretaña, Francia y la Unión Soviética.

Finalmente el 14 de julio de 1990 Gorbachov aceptó la unificación Alemana, así como su pertenencia a la OTAN. A cambio, el canciller de Alemania Occidental, Helmut Col, prometió conceder grandes empréstitos y otras formas de ayuda económica a la Unión Soviética. También accedió a limitar las fuerzas militares de Alemania reunificada a 370.000 personas y aseguró a Gorbachov que no habría armas biológicas, nucleares, ni químicas en el arsenal alemán. También se prometió aportar con 8.000 millones de dólares para el mantenimiento y la retirada de las fuerzas soviéticas de Alemania.

Ronald Powaski señala, con la concreción de los acuerdos de la unificación alemana, se estaba llevando a cabo el último tratado pendiente de la Segunda Guerra Mundial en Europa. El 23 de agosto el parlamento de Alemania oriental fijó el 3 de octubre como fecha para la fusión con la República Federal. El 12 de septiembre de 1990 las cuatro potencias aliadas de la Segunda Guerra Mundial y las dos Alemanias firmaron el "Tratado sobre la Resolución Final con Respecto a Alemania". El 1 de octubre los vencedores de la Segunda Guerra Mundial renunciaban oficialmente a sus derechos y responsabilidades sobre Alemania y Berlín. El 3 de octubre Alemania quedaba reunificada.

- CHECOSLOVAQUIA

El 17 de noviembre de 1989, miles de jóvenes se congregaron en la principal plaza de Praga para exigir el reconocimiento de sus derechos. Dos días después, aproximadamente 200.000 personas se manifestaron en la capital para exigir elecciones libres y la dimisión de los líderes comunistas. El 24 de noviembre dimitió el Secretario General del Partido Comunista, **Milos Jakes**. Luego de 4 días, después de una huelga general, el gobierno permitió organizar partidos no comunistas. El 10 de diciembre un nuevo gabinete, en el cual los no comunitas eran mayoría, prestó juramento. El 29 de diciembre de 1989 se creó un gobierno provisional con Vaclav Havel como presidente. El nuevo gobierno convocó a elecciones libres para junio de 1990 y abrió la frontera con Austria. En las elecciones el partido comunista obtuvo el 14% de los votos, el democristiano el 12% y el Foro Cívico (*liderado por Havel*), el 47%. Este último procedió a crear un gobierno de coalición con el nuevo partido democristiano y en el nuevo gobierno no hubo cabida para ningún comunista.

- BULGARIA

También se vio afectada por los acontecimientos del resto de Europa del Este. El 9 de noviembre de 1989, el día en que se produjo la apertura del Muro de Berlín, el Politburó comunista de Bulgaria destituyó a **Todor Zhikov**, que había sido líder del Partido desde 1961. En su lugar quedó **Petar Toshev Mladenov**, con mayor propensión a llevar a cabo las reformas, no obstante, después de un año el comunismo también era vencido en las urnas.

- RUMANIA

En este país la transición del comunismo a la democracia fue más violenta. El 21 diciembre de 1989 las fuerzas de seguridad del estado (*la Securitate*, policía secreta del régimen) asesinaron en la ciudad de Timisoara a centenares de rumanos que se manifestaron contra el intento del gobierno de desahuciar a un sacerdote disidente. La matanza provocó aún más manifestaciones. El 22 de diciembre el líder comunista rumano ó **Conducator** (*título que el mismo se había otorgado*), **Nicolae Ceausescu**, intentó huir del país al darse cuenta que las unidades militares comenzaron a apoyar a los manifestantes. No obstante, fue capturado y ejecutado sumariamente por el ejército el 25 de diciembre. En **1990 Ion Iliescu**, ganó las elecciones presidenciales.

- EL ORIENTE MEDIO: LA GUERRA DEL GOLFO (1990-1991)

Cuando **Saddam Hussein** invadió el 2 de agosto de 1990 el pequeño y rico estado de Kuwait para tratar de paliar las enormes pérdidas ocasionadas por la guerra que había enfrentado a Irak con Irán no tuvo en cuenta la nueva situación creada con el fin de la guerra fría. Esta guerra también fue llamada por el líder iraquí como «*la Madre de todas las batallas*».

La ONU, siguiendo las propuestas de EE.UU. condenó la agresión, decidió sanciones económicas y, finalmente, autorizó la intervención militar. La URSS, tradicional aliada de Irak, no tenía fuerza suficiente para vetar en el Consejo de Seguridad las directrices de la política norteamericana. Así, el presidente George Bush pudo articular una gran coalición internacional. Además de sus aliados tradicionales en la OTAN, la URSS y los nuevos regímenes de Europa oriental, Egipto y una mayoría de los países árabes, Japón y los nuevos países industrializados de Asia buscaron la alianza y la amistad con la superpotencia.

El desenlace la guerra era previsible. Hussein apenas pudo lanzar algún misil Scud sobre Israel, en su mayoría interceptados por los misiles antimisiles norteamericanos Patriot. Tras un intensísimo bombardeo iniciado el 15 de enero de 1991 cuando concluía el ultimátum lanzado por la ONU, las tropas de la coalición liberaron con gran facilidad el territorio kuwaití. Para la sorpresa de muchos, las tropas norteamericanas no continuaron su camino hacia Bagdad y permitieron que Saddam continuara en el poder. El 28 de febrero se acordó un alto el fuego en un conflicto inacabado que no iba a concluir aquí.

- EL PROCESO DE "PAZ" ÁRABE-ISRAELÍ

Tras el estallido de la **Intifada** (*revuelta palestina contra la ocupación sionista israelí*) en 1987 en Gaza y Cisjordania, La Organización para la Liberación de Palestina (*OLP*) y su líder **Yasir Arafat** consiguieron consolidarse en la dirección de la resistencia palestina. En ese contexto, se reunió el Consejo Nacional Palestino (*CNP*) en Argel en 1988 y acordó la proclamación de la independencia del Estado Palestino, aceptando el acuerdo de la ONU de noviembre de 1947 que decidió la partición de Palestina en dos estados, lo que implicaba el reconocimiento del Estado de Israel. **Mijaíl Gorbachov** había recibido a Arafat en abril de 1988 y le había solicitado que tomara en consideración "los intereses de la seguridad de Israel".

El fin de la guerra fría facilitó que EE.UU. y la URSS convocaran una Conferencia sobre la Paz en Oriente Próximo en Madrid en octubre de 1991. En la capital de España se abrió un difícil proceso de paz basado en el principio de "paz por territorios". Tras arduas negociaciones secretas en Oslo, en septiembre de 1993 se firmó en Washington la "Declaración de principios sobre los arreglos provisionales de autonomía" que daba el pistoletazo de salida a un proceso de paz que desgraciadamente terminó fracasando. Este tema será ampliado más adelante.

11 CREACIÓN E IMPLANTACIÓN DE UN NUEVO ORDEN POSTGUERRA FRÍA

En el pasado, los nuevos órdenes internacionales se establecían como resultado de grandes guerras – por el **Tratado de Westphalia**, que fueron dos acuerdos alcanzados en las ciudades de Osnabrück y Münster en 1648, uno el 15 de mayo y el otro el 24 de octubre. Según estos tratados, se ponía fin a la guerra entre los estados beligerantes en Alemania, príncipes protestantes por un lado y Sacro Imperio y católicos por otro, y se concluía también el enfrentamiento que durante ochenta años enfrentaba a España con la República de los Siete Países Bajos. Fue, en resumen, el tratado que puso fin a la Guerra de los Treinta Años, iniciada en 1618 con la Defenestración de Praga; por el **Congreso de Viena** "*La Restauración*", después de la derrota definitiva de Napoleón, los monarcas absolutos del continente europeo buscaron regresar a la etapa anterior a la Revolución Francesa, lo que significó la supresión de las medidas sociales, políticas y económicas dictadas por los ideales revolucionarios del siglo XVIII, principalmente las referentes a las constituciones y al postulado de la soberanía nacional, para dar paso otra vez al poder ilimitado de los reyes, devolver a la nobleza y al clero sus privilegios, reconstruir el mapa de Europa que había sido desfigurado por las conquistas y anexiones ocasionadas por la guerra, y replantear la vida internacional con base en un sistema de seguridad conjunta y equilibrada que no permitiera más revoluciones ni intentos de cualquier país por lograr la hegemonía continental); por el **Tratado de Versalles** luego de la Primera Guerra Mundial, en Yalta (*Crimea*) y Potsdam (*una ciudad alemana, capital del estado federado de Brandeburg*) después de la Segunda Guerra Mundial.

Continuando el paso de la historia, un nuevo orden mundial debió ser establecido luego de la Guerra Fría. Entre los políticos contemporáneos que se refirieron a la necesidad de un nuevo orden mundial estuvo por ejemplo el primer presidente **George Bush**. Desde el verano de 1990 hasta marzo de 1991, utilizó el término **"nuevo orden mundial" 43 veces**.

El final de la Guerra Fría sólo creó más inestabilidad, más desafíos de seguridad y fuentes de conflicto internacional. Por otro lado, también creó oportunidades extraordinarias para resolver muchos problemas, resultado de la tensión inherente de un sistema mundial bipolar.

El politólogo estadounidense **Francis Fukuyama** a principios de los noventa, llamó al final de la Guerra Fría "el fin de la historia", algunos pensaron en desafiar esa idea. Pronto fue claro, sin embargo, que en lugar de "final de la historia" estábamos en realidad frente a "una vuelta de la historia", es decir, un revival de fuentes tradicionales, históricas de tensión y conflicto internacional. El curso es irónicamente llamado el "regreso al futuro". Este es el diagnóstico general. La terapia de larga duración sería la creación e implantación de un nuevo orden mundial.

Se debía definir las tendencias de económicas, tecnológicas, militares y sociopolíticas que decidirían el futuro de las relaciones internacionales. Esto incluye todas las transformaciones dramáticas que están teniendo lugar como resultado del fin de la Guerra Fría –la disgregación del sistema mundial bipolar y la cooperación, en lugar de confrontación, entre recientes adversarios ideológicos. El término "**Nuevo Orden Mundial**" también cubre el emergente sistema internacional y la necesidad de crear un nuevo balance de poder, así como nuevas estructuras.

Un rol importante en el nuevo orden global debería ser jugado por las Naciones Unidas –reformada y adaptada al nuevo balance mundial de poder, y a nuevos desafíos y amenazas. El nuevo orden mundial debe estar equipado con un instrumento efectivo con la forma de una fuerza militar internacional. Esa fuerza debe constituirse para enfrentar cualquier agresor potencial que piense utilizar su ejército como herramienta para perseguir objetivos políticos.

El nuevo orden mundial también significa un rol más importante de la diplomacia y técnicas diplomáticas para resolver conflictos internacionales. Significa cambiar el énfasis de los métodos militares a los diplomáticos. La reducción de armas continuará siendo un componente importante de la agenda del nuevo orden mundial.

El primer presidente Bush a menudo expresó la importancia del Fondo Monetario Internacional y el Banco Mundial en modelar el nuevo orden global. Reuniones del Grupo de los Ocho países más industrializados han reemplazado las viejas conferencias de los jefes de estado.

El nuevo orden mundial a menudo es visto como una manera de proveer al mundo más estabilidad y seguridad. Pero la democratización y la creciente lucha por la soberanía en varias partes del mundo han contribuido a crear más tensiones y conflictos, más internas que internacionales (*como en Yugoslavia, la ex Unión Soviética y África*), que a estabilizar la situación.

Y a partir de ese "**Nuevo Orden Mundial**", el gobierno de Estados Unidos tiene larga experiencia en materia de derrocar gobiernos adversarios - por muy legítimos que éstos sean- mediante la promoción de guerras civiles; invasiones directas o de terceros; golpes militares, parlamentarios o financieros; magnicidios y demás variantes conocidas y secretas- que constantemente incorporan a su repertorio intervencionista. Radicalmente EE.UU. se ha convertido en una súper potencia macabra e intervencionista.

Por lo tanto, es necesario conocer las innumerables similitudes que presentan en distintos países las acciones y procedimientos de las fuerzas armadas de EE.UU. dirigidas a desestabilizar gobiernos que no son de su agrado para causar el derrocamiento de sus autoridades legítimas y la promover dirigentes afines a la dominación imperial. – Todo esto, con la finalidad de implementar el Nuevo Orden Mundial.

Es asombroso comparar estas características con las tácticas empleadas para la preparación y ejecución de los golpes -efectivos o fallidos- en muchos países del hemisferio occidental y del mundo. Por ejemplo, en Chile contra Salvador Allende, contra la Nicaragua sandinista, contra el **Frente Farabundo Martí para la Liberación Nacional** (*FMLN*) en El Salvador, en Ecuador, Honduras y Venezuela, los métodos practicados por Estados Unidos tienen mucho en común. Y lo mismo puede decirse respecto a las similitudes de éstos con lo utilizados en Afganistán, Irak, Egipto, Pakistán, Libia y Siria en fechas recientes.

La revisión sistemática del "**Manual de Capacitación de Fuerzas Especiales del Ejército de EE.UU. en Guerra No Convencional**" (*"U.S. Army Special Forces Unconventional Warfare Training Manual"*) publicado en noviembre de 2010 coloca al descubierto el motivo real de estas "extrañas" coincidencias en el origen y propósito de tales acciones. Este bochornoso documento está disponible en el sitio de Internet: **https://info.publicintelligence.net/USArmy-UW.pdf**

En sus noventa y siete páginas explica las acciones que han sido o están siendo ejecutadas por estas fuerzas estadounidenses en esos países. En el primer capítulo de este manual del ejército norteamericano se definen las actividades que les están orientadas al **Comando de Operaciones Especiales de los Estados Unidos** (*Special Operations Command*) y su apoyo brindado al **Mando de Operaciones Especiales de los Estados Unidos** (*en inglés United States Special Operations Command y sus siglas en inglés «USSOCOM»*), para promover movimientos de resistencia o de insurgencia llamadas a coaccionar, interrumpir o derrocar a un gobierno legítimo operando a través de fuerzas clandestinas, auxiliares y guerrilleras.

En él se definen los conceptos de guerra generalizada, guerra de guerrillas, guerra limitada, insurgencia, movimientos de resistencia y subversión. Se fundamenta el papel de la guerra no convencional (***guerra de cuarta generación***) en la estrategia nacional de Estados Unidos y sobre la viabilidad del patrocinio norteamericano.

El manual orienta crear condiciones que dividan o debiliten los mecanismos de organización de que disponga el gobierno que se pretende derrocar para mantener su control sobre la población civil y cómo organizar un núcleo mínimo de dirección de las actividades clandestinas de la resistencia.

El manual genocida estadounidense consiste en "usar todos los medios disponibles -tanto los que impliquen uso de la fuerza de las armas como los que no las impliquen, así como medios que acarreen bajas y de medios que no las acarreen- para imponer al enemigo los intereses propios. Esto incluye la aparición de "actores no estatales que disponen de conocimientos y tecnologías de alto nivel que pueden llevar a cabo ataques asimétricos con la intención de promover intereses individuales o grupales".

Esta guerra sin límites consiste en ataques contra todas las áreas de vulnerabilidad: **Guerra Cultural**, influenciando los puntos de vista culturales de la nación adversaria; **Guerra de las Drogas**, invadiendo a la nación adversaria con drogas ilegales; **Guerra de la ayuda económica**, empleando la dependencia a la ayuda financiera para controlar al adversario; **Guerra ambiental**, destruyendo los recursos ambientales de la nación adversaria; **Guerra Financiera**, subvirtiendo o dominando el sistema bancario del adversario y su mercado de valores; **Guerra Legal Internacional**, subvirtiendo o dominando las políticas de las organizaciones internacionales o multinacionales y ejerciendo un fuerte Boicot en contra de una nación; **Guerra Mediática**, manipulando los medios de prensa extranjeros; **Guerra en Internet y Redes sociales**, mediante el dominio o destrucción de los sistemas informáticos transnacionales; **Guerra Psicológica**, dominando la percepción de las capacidades de la nación adversaria; **Guerra de Recursos**, controlando el acceso a los recursos naturales escasos o manipulando su valor en el mercado; **Guerra de Contrabando**, invadiendo el mercado del adversario con productos ilegales;

Guerra Tecnológica, ganando ventaja en el control de tecnologías civiles y militares claves, y la **Guerra Terrorista** contra de la población civil.

Un verdadero manual para el genocidio es el que tiene en ejecución el gobierno de Estados Unidos contra quienes no simpaticen con su política exterior.

Estimado Lector: ¿Está usted preparado la Guerra de Quinta Generación?

NUEVO ORDEN MUNDIAL

«Estamos al borde de una transformación global. Todo lo que necesitamos es una gran crisis y las Naciones aceptarán el Nuevo Orden Mundial»
David Rockefeller

12 DEFINICIÓN

La primera aparición de este término como autártico se dio en 1920 en el libro «*The New World Order*» de **Frederick C. Hicks**, pero equívocamente se cree que el primer antecedente fue el libro del mismo nombre escrito por **H.G. Wells** en 1940. Anteriormente la frase había sido empleada por **Nicholas Murray Butler** (*político, filosofo y Premio Nobel de la Paz en 1931*) en su obra «*A World in Ferment*» (1917). También fue mencionada en un ensayo de 1940 escrito por la practicante del esoterismo y escritora inglesa **Alice Bailey**, el cual fue incluido en el libro recopilatorio póstumo «*The Externalisation of the Hierarchy*» (1957). **Hicks, Wells y Bailey** se referían con un "Nuevo Orden Mundial" a una pacífica utopía socialista democrática que, esperaban, debía emerger pronto como reacción natural a la barbarie de la sociedad occidental (*Capitalismo*), mientras que Butler se refería a la Primera Guerra Mundial que entonces se estaba librando. Sin embargo, los creyentes en esta supuesta conspiración aseguran que el término tiene su origen en **Cecil Rhodes y Lionel Curtis**, en 1909.

La frase «*Nuevo Orden Mundial*» entró en el léxico conspiranoico en 1972, con la publicación del libro «*None Dare Call It Conspiracy*» (traducción al español: «*Nadie se atreve a llamarle conspiración*»), escrito por la organización ultraderechista estadounidense **John Birch Society**. Según el libro, «*Nuevo Orden Mundial*» era la "palabra clave" que usaría el movimiento comunista al iniciar su una conspiración entre los soviéticos y los multimillonarios del mundo y cuyo objetivo era controlar la humanidad e imponer un socialismo en el que los "súper-ricos" tendrían el poder absoluto.

La primera vez que un político de alto perfil empleó la frase fue el miércoles 30 de enero de 1991, durante un discurso que el presidente de EE.UU. **George Herbert Walker Bush** pronunció ante el Congreso tras el fin de la Guerra Fría. En este discurso, Bush se refería *«El Nuevo Orden Mundial se aproxima ante nuestros ojos»*. [Citas claves del texto del discurso del Estado de la Unión por el Presidente Bush en enero de 1991]:

«Sr. Presidente del Senado, Sr. Presidente de la Cámara de Representantes, miembros del Congreso de los Estados Unidos. Vengo a esta casa del pueblo para hablarles a ustedes y a todos los americanos con la certeza de estar en una hora de definición. En el otro lado del mundo estamos enfrascados en una gran lucha en los cielos, en el mar y en la arena. Sabemos por qué estamos allí. Somos Americanos: parte de algo mayor que nosotros mismos. Por dos siglos hemos trabajado por la libertad. Esta noche estamos a la cabeza del mundo al enfrentarnos con una amenaza contra el decoro y la humanidad. Lo que está en juego es algo más que un pequeño país, es una gran idea: un Nuevo Orden Mundial - donde diversas naciones se unen por una causa común para lograr las aspiraciones universales de la humanidad: paz y seguridad, libertad y el gobierno por la ley. Tal es el mundo merecedor de nuestra lucha y digno del futuro de nuestros hijos. La comunidad de naciones se ha unido resueltamente para condenar y repeler toda agresión ilegal. La invasión sin provocación de Saddam Hussein - su impía y sistemática violación de un vecino pacífico - infringió todo lo que la comunidad de naciones más estima. El mundo ha dicho que esta agresión no puede mantenerse - y no se mantendrá. Juntos hemos resistido la trampa de conciliación, cinismo y aislamiento que causa tentación a los tiranos. El mundo ha respondido a la invasión de Saddam con 12 resoluciones de las Naciones Unidas, comenzando con la demanda de que Iraq se retire de forma inmediata e incondicional - apoyada por fuerzas de 28 países, de seis continentes. Excepto por unos pocos, el mundo está unificado. Triunfaremos en el golfo. Y cuando lo hagamos, la comunidad mundial le habrá mandado un mensaje duradero a todo dictador y déspota del presente o del futuro que piense llevar a cabo una agresión ilegal. El mundo puede, entonces, tomar esta oportunidad para realizar la vieja promesa de un Nuevo Orden Mundial - donde la brutalidad carecerá de recompensa y la agresión encontrará resistencia colectiva»

El nuevo orden como ellos lo conciben no es un reordenamiento del mundo en función de lograr equilibrios sociales, políticos y económicos, al contrario se pretende establecer nuevos mecanismos para mantener la hegemonía de las actuales estructuras de poder global a través del control psicológico intensivo, la guerra permanente y amenaza militar a todo aquello que se oponga a sus intereses geoestratégicos y económicos. En razón de estos planes el **Departamento de Defensa Estadounidense** y la **NSA** (*Agencia Nacional de Seguridad*) delinearon estrategias para manejar los retos que deberían enfrentarse como potencia dominante en el mundo, en una parte de estas estrategias se plantea que uno de los objetivos principales de los Estados Unidos será evitar a cualquier costo el ascenso de cualquier superpotencia emergente en Asia, Europa, Medio Oriente o de cualquier parte del territorio de la ex-Unión Soviética. Diseñaron para ello el desarrollo de un amplio y sofisticado poder militar como elemento primordial que garantice su perpetua supremacía y como mecanismo para disuadir a cualquier nación o grupo de naciones si desafían su predominio económico, tecnológico o militar.

El ideólogo de esta política fue **Paul Wolfowitz**, Subsecretario de Defensa (2001-2005) de la administración de George W. Bush, reconocido miembro del Grupo Bilderberg y de la Comisión Trilateral, incluso Wolfowitz fue el décimo presidente del Banco Mundial, y fue obligado a dimitir de esta institución en junio de 2007, tras un escándalo de nepotismo.

Bajo la aprobación del **General Henry H. Shelton** (*Presidente de la Jefatura del Comando Conjunto)*, la **Dirección de Políticas y Planes Estratégicos del Ejército de los EE.UU.**, **J5 División de Estrategia** en junio del 2000 (*Defense Technical Information Center*) elaboró un documento llamado [**Joint Vision 2020**] que traducido al español es [**Visión Conjunta 2020**], en donde se establece que esta visión está firmemente anclada en la idea de que el ejército de los EE.UU. debe ser una fuerza conjunta capaz de lograr la dominación de espectro total. Se basa en cuatro pilares: los intereses globales de los Estados Unidos y la continuación de la existencia de un amplio espectro de amenazas potenciales a esos intereses; la centralidad de las tecnologías de la información para la evolución, no sólo de nuestro propio ejército, sino también para las capacidades de otros actores en todo el mundo; el énfasis que un continuado amplio espectro de operaciones militares pondrá sobre la integración exitosa de los socios multinacionales e inter-agencias y la interoperatibilidad de los procesos, las organizaciones y los sistemas; y nuestra confianza en la fuerza conjunta como la base de las futuras operaciones militares de los EE.UU.

Visión Conjunta 2020 está construida sobre ese fundamento y mantiene el momento establecido con Visión Conjunta 2010. Confirma la dirección de la transformación en curso de las capacidades operativas, y hace énfasis en la importancia de más experimentación, ejercicios, análisis, y pensamiento conceptual, especialmente en las áreas de las operaciones informacionales, el comando y control conjunto, y las operaciones multinacionales e inter- agencias.

Al mismo tiempo, hace énfasis en que la innovación tecnológica debe estar acompañada por la innovación intelectual que lleve a cambios en la organización y la doctrina. Sólo entonces podremos lograr desarrollar todo el potencial de la fuerza conjunta - capacidades contundentes en todo el espectro de las operaciones militares. Tal visión depende de las habilidades, la experiencia y la capacitación de la gente que compone la Fuerza Total y sus líderes.

Las grandes innovaciones necesarias para operar en el entorno descrito aquí sólo pueden ser alcanzadas a través del reclutamiento, el desarrollo y la retención de hombres y mujeres con el coraje, la determinación y la fuerza para asegurar que seamos persuasivos en la paz, decisivos en la guerra y superiores en cualquier forma de conflicto.

13 LA ÉLITE TRANSNACIONAL Y EL NUEVO ORDEN MUNDIAL

La élite transnacional (*TE por sus siglas en inglés*) se define como una red interconectadas que controlan cada campo importante de la vida social (*político, económico, social, ideológico, etc.*) y su función es similar a la de la élite nacional en la era pre-globalización del "Estado-Nación" (*el estado-nación es una forma históricamente específica de la organización social mundial que está en proceso de ser trascendida por la globalización capitalista*). Se demuestra que una economía de mercado transnacional necesita sus propias élites políticas y económicas transnacionales para controlar exactamente de la misma manera que cuando la economía de mercado se debió principalmente "nacional", cuando la función de hacer cumplir las normas del mercado fue asignado al "Estado-Nación"- a través de su monopolio de la violencia – y las élites políticas y económicas que controlan. Como conclusión se tiene que, contrariamente a la propaganda sistémica, la concepción de la élite transnacional (*así como el Nuevo Orden Mundial*) no tiene nada que ver con "conspiraciones" de ningún tipo.

En días recientes miles de ciudadanos en toda Europa han participado en manifestaciones contra el Nuevo Orden Mundial (*New World Order, NWO por sus siglas en inglés*) de la globalización neoliberal y la élite transnacional (TE), principalmente la red de las élites transnacionales con sede en los países del Grupo de los Siete (*numerónimo G7 ó G-7*), lo que lo ejecuta. La razón fue el último plan de TE para un acuerdo comercial trasatlántico llamado **"Comercio transatlántico y Asociaciones de Inversiones"** (*TTIP*). Las negociaciones de este nuevo acuerdo son de hecho muy avanzadas y han tenido lugar entre los representantes de las élites políticas y económicas de EE.UU. y la Unión Europea (*UE*). **El 05 de octubre de 2015 se firmó un acuerdo similar llamado el Tratado Trans-Pacífico (*TTP*) entre las naciones de la Cuenca del Pacífico (Canadá, Estados Unidos, Japón, Australia, Nueva Zelanda, Chile, Vietnam, Perú, México, Singapur, Corea del Sur, Malasia, Taiwán y Brunei).**

«El TTP es un enorme acuerdo comercial; una especie de súper tratado de libre comercio. Y cuando digo "libre" me refiero a sin reglas, cero regulaciones, en él todo es posible. Ni más ni menos que el tipo de mercado que siempre soñaron los grandes capitalistas y oligarcas: es ése que no les limita de nada y brinda todas las garantías para hacer negocio con prácticamente todo lo que se les ocurra. Pero como en Estados Unidos ya saquearon hasta lo invisible, entonces van por los recursos de otros países» - *¡Vaya que descaro, vienen con plena libertad a robar al pueblo!*

Rusia y **China** (*nuevas economías emergentes, miembros de los llamados BRICS*) están excluidas deliberadamente de estas negociaciones, que en cambio se llevan a cabo exclusivamente entre los miembros de la ET, y los que integren plenamente en el **Nuevo Orden Mundial** como asociado o miembros subordinados de la misma. Como se ha intentado mostrar en un artículo del periódico Pravda (*en ruso: Правда, la verdad*), Rusia no está integrada plenamente en el Nuevo Orden Mundial, a pesar de su reciente adhesión a la Organización Mundial del Comercio (*OMC*), cuyo objetivo es integrar plenamente al nuevo orden neoliberal muchos países del mundo como sea posible, siempre y cuando estén de acuerdo plenamente en la liberalización de sus mercados para los productos básicos, de modo que las **empresas transnacionales** (*de ahora en adelante ETN*) no tienen ninguna tarifa u otras barreras que restringen sus actividades.

Vale destacar que el Proyecto Neoliberal aceleró a fondo en 1995, con el establecimiento de la **Organización Mundial de Comercio** (*OMC*), sustituyendo al **Acuerdo General sobre Tarifas y Comercio** (*GATT*).

La OMC prontamente lanzó una campaña sistemática para aumentar el poder de las corporaciones, por medio de tratados de "libre comercio" que son obligatorios para todos los miembros de la OMC, incluyendo por supuesto a la Unión Europea. El efecto total del Proyecto Neoliberal ha sido disminuir el nivel de vida, socavar la soberanía nacional, desestabilizar las finanzas nacionales y, en general, destruir todo lo que el sistema de Bretton Woods estaba destinado a proteger.

Aunque la Organización Mundial de Comercio tuvo un supuesto gran éxito en los mercados de apertura y de liberalización de bienes, no tuvo tanto éxito en la apertura de los mercados de servicios, **dado que muchos países todavía tratan de proteger servicios de necesidades básicas como salud, educación, transporte y comunicaciones**, todavía se caracterizan como los servicios sociales y no son, por tanto, queda libre para convertirse en presa fácil para las empresas transnacionales y sus actividades lucrativas. Esto es a diferencia del caso de Estados Unidos, donde la satisfacción de estas necesidades básicas depende de las fuerzas del mercado (*es decir, del grosor de la cartera del ciudadano*), y no en las decisiones sociales colectivas tomadas democráticamente.

Además de esto, la Organización Mundial del Comercio no fue particularmente exitoso en la apertura y la liberalización de algunos sectores de la producción en el "Sur" (*por ejemplo, el sector de la agricultura*), que siguen siendo los principales sectores de producción (*al menos en términos de creación de empleo*) a muchos de esos países.

La Organización Mundial del Comercio no ha demostrado ser tremendamente popular. Incluso, **la organización se ha utilizado principalmente como un vehículo para forzar a las economías vulnerables y así hacer más ricos a los ricos y más pobres a los pobres en todo el mundo** –*Simplemente se encarga del asedio al pueblo trabajador.*

Una vez más como era de esperarse, las conversaciones sobre nuevas medidas de liberalización en el marco global de la Organización Mundial de Comercio se han estancado. Una de las formas más relativas para hacer esto, es mediante la búsqueda de la institucionalización de lo que se conoce como **el arbitraje de diferencias estado-inversor** (*ISDS del inglés Investor-state dispute settlement*) dentro del marco de los acuerdos.

Sin discusión alguna, estos acuerdos son parte de un mismo proceso que se inició con la aparición del **Nuevo Orden Mundial** a raíz de la expansión masiva de las empresas transnacionales en los últimos treinta años más o menos – lo cual es un fenómeno nuevo en la historia de la economía de mercado capitalista – y al colapso del bloque soviético. Como resultado de la expansión masiva de las empresas transnacionales, que, para el año 2009, contaba con más de 80.000, lo que representa alrededor de dos tercios del comercio mundial, varios expertos en el área ya hablan sobre una híper globalización. Un estudio de la revista inglesa **New Scientist** ha mostrado, que en la actualidad tan sólo 1.318 ETN, a través de titularidades de enclavamiento, poseen el 80% de los ingresos globales y 147 empresas fuera de ellos (*es decir, menos del 1% de la red*) forman una "entidad" que controlar 40% de la riqueza de toda la red. Esta vasta expansión de las empresas transnacionales habría sido imposible sin haber abierto y liberalizado los mercados de productos básicos y de capital, que se han establecido en todo el mundo en los últimos treinta años o así por los gobiernos de todas las tendencias: democristianos, socialdemócratas, liberales y cualquier combinación entre ellos. Este no fue el resultado de una conspiración por los economistas y los políticos de turno, que explotan cualquier tipo de crisis, de acuerdo a lo sugerido por algunos autores. En su lugar, esto fue sólo el efecto inevitable, que siguió al colapso del modelo social y democrático en que se basó el modelo de los mercados nacionales, y que no era compatible con más de la creciente internacionalización de la economía de mercado. En fin, los gobiernos en el nuevo marco tenían que seguir las políticas neoliberales para que sus economías fueran competitivas y capaces de un crecimiento continuo y la expansión de la sociedad de consumo.

Sin embargo, una economía transnacional necesita sus propias élites políticas y económicas para controlarlo. A pesar de que el monopolio estatal de la violencia aún permanece en la economía de mercado internacionalizada, ahora se complementa con una forma transnacional de la violencia, que se aplica no sólo por un estado – incluso si esto pasa a ser el último "imperio" en el sentido clásico de la palabra (*EE.UU.*) – sino por las principales potencias militares en el G7 es decir, Francia, Reino Unido, Estados Unidos (*los poderes "FUKUS"*).

Por lo tanto, a pesar de que el poder económico se extiende hoy en día entre unos pocos cientos de empresas transnacionales, que se originó, principalmente, en los países del G7 (*es decir FUKUS más Alemania, Japón, Canadá e Italia*), los EE.UU; debido a su supremacía militar inequívoca, tiene una posición de líder – pero no es el emperador. En otras palabras, el Nuevo Orden Mundial es un "imperio", en el sentido de un mundo unipolar, pero sin un emperador – a excepción que se considere como "emperador" a toda la ET.

En función a esto se puede perfectamente definir la "**élite transnacional**" **como aquella que obtiene su amplísimo poder (económico, político y social) al operar a nivel transnacional – un hecho que implica que no expresa, exclusivamente, ni siquiera principalmente, los intereses de un estado en particular. Consiste en una red de élites interconectadas que controlan cada campo importante de la vida (económico, político, ideológico, etc.).** Por lo tanto, las siguientes élites constituyen los principales componentes de la élite transnacional:

1. Las élites transnacionales económicas a cargo de la globalización económica, controlan las principales ETN (*directores corporativos, directores ejecutivos y los principales accionistas de las principales ETN*), así como las direcciones de las principales organizaciones económicas internacionales (*FMI, Banco Mundial y la Organización para la Cooperación y el Desarrollo Económicos*).

2. Las élites políticas transnacionales encargadas de la globalización política, controlan la clara dimensión político-militar del NOM y consisten en la globalización de los burócratas y los políticos profesionales que operan ya sea dentro de las principales organizaciones internacionales o en las máquinas de estado de las principales economías de mercado (*principalmente los países del G7*).

3. Las élites de propaganda transnacionales encargadas de promover la ideología del Nuevo Orden Mundial, a través de su control de los medios de comunicación transnacionales (*por ejemplo, CNN, BBC, ABC NEWS, NBC, FOX, abc*), así como las élites que participan en la aplicación de esta ideología en el tratamiento de la protección de los derechos humanos, etc. (*los cuadros dirigentes de las organizaciones no gubernamentales internacionales financiados por las élites económicas transnacionales, como Human Rights Watch, Amnistía Internacional, etc.*). Medios transnacionales y organizaciones no gubernamentales internacionales, así como las "redes sociales" (*Facebook, Twitter, Instagram, etc.*) han desempeñado un papel crucial en la fabricación de "noticias" (*y de la legitimidad de "insurgentes"*), y han creado una magnífica propaganda sobre el supuesto papel progresivo de las organizaciones criminales como la OTAN.

Actualmente se conoce, por ejemplo, que la **Agencia de Proyectos de Investigación Avanzados de Defensa** (*DARPA, agencia del Departamento de Defensa de EE.UU.*) ha revelado a la revista "Scientific American" algunos detalles sobre Memex, su buscador avanzado que permite revelar información que circula por la "Deep Web", segmento oculto de Internet.

El sistema ha sido desarrollado para las necesidades de las agencias de inteligencia con el fin de descubrir a los individuos involucrados en el tráfico de drogas, armas, personas y otros servicios ilegales. El buscador dispone de características avanzadas que permiten descubrir datos de los clientes, realizar el seguimiento de los usuarios en la red oscura y analizar la información recopilada.

Para crear Memex, DARPA ha trabajado en conjunto con unos 17 grupos de investigación de empresas privadas y universidades. El buscador no será accesible al usuario común y la mayoría de la información sobre él sigue siendo clasificada.

4. Las élites académicas transnacionales, es decir, los prominentes académicos sistémicos en diversas organizaciones transnacionales (*fundaciones, institutos, centros de investigación y otros*) a cargo de la creación / mejora de la ideología del Nuevo Orden Mundial y la globalización, "científicamente" que **justifica la necesidad de la globalización, y así crear en las personas una suprema desorientación sobre las causas reales de la actual crisis multidimensional.**

5. Las élites transnacionales culturales, a saber, la industria del cine (*controlado principalmente por las élites transnacionales y sionistas que manejan la poderosa industria cinematográfica de Hollywood*), que desempeña un papel crucial en la propagación de los valores de la globalización y la forma "normal" de la vida (*la cual "por coincidencia" pasa a ser el uno el modo de vida burgués y consumista*) y la industria de la música (*especialmente la industria del pop que también está controlada por las ETN*) y así sucesivamente.

Indudablemente el proceso de globalización dirigida por la ET ya ha dado lugar a una concentración sin precedentes de riqueza e ingresos, y que según el informe de **crédito Swisse** (*empresa de servicios financieros, con sede principal en la ciudad de Zúrich, Suiza*) muestra que el 1% de la élite ahora posee el 48,2% de la riqueza del mundo, por encima de 46% reportado en el 2015, mientras que la mitad inferior de la población mundial posee menos de 1% de la riqueza total.

El doble objetivo de la ET desde la implementación del Nuevo Orden Mundial ha sido:

En primer lugar, para expandir la globalización en los países que aún no han perdido soberanía nacional y económica dentro del proceso de globalización, principalmente Rusia y también países aún controlados por gobiernos que llegaron al poder a través de los movimientos de liberación nacional (*Siria e Irán, tras la destrucción de la misma ET de países como Irak y Libia*) o, alternativamente, a través de los movimientos socialistas y progresista de América Latina (*Cuba, Bolivia, Ecuador, Venezuela y otros*). Los medios empleados para lograr este objetivo eran violencia económica, como por ejemplo, con respecto a los países periféricos de la UE, o la violencia física, ejercida directamente por la ET (*como por ejemplo, en el hervidero del Medio Oriente*), o alguna combinación de las dos formas de violencia.

En segundo lugar, para profundizar el proceso de globalización en áreas aún no cubiertas por las rondas de la OMC y en particular la circulación de capitales, cuya libertad completa para moverse, hasta ahora, sólo se ha fijado dentro de la **Unión Europea** y el **Tratado de Libre Comercio de América del Norte** (*North American Free Trade Agreement, NAFTA por sus siglas en inglés, firmado en 1994 por EE.UU., Canadá y México*) y en lo que respecta a otros países principalmente a través de acuerdos bilaterales. **Es importantísimo recalcar que el TLC debilitó las economías y la soberanía de las tres naciones. Su pretexto del "libre comercio", se trataba realmente de potenciar a las corporaciones a costa de las naciones, es decir, la revolución Reagan-Thatcher en esteroides. De acuerdo a tales tratados, las corporaciones tienen el derecho de demandar a los gobiernos si las regulaciones debilitan las ganancias corporativas.** Los nuevos acuerdos (*TTIP y TTP*) proponen cláusulas que crearán mecanismos universales para resolver los conflictos entre las empresas transnacionales y los estados. Por lo tanto, a diferencia de ofertas individuales sobre el desarrollo de los recursos naturales específicos, el *TTIP y TTP* cubren un amplio rango de lo que se considera que son las inversiones en los estados. Así que, "la incorporación de estas cláusulas significaría que si un país más tarde hace una ley que contravenga los términos del TTIP o PTT, por ejemplo, en pro de la protección de la salud pública, una empresa que sufre daños (*por ejemplo, debido a que han estado haciendo un producto que sea contraria a la nueva regla*) **puede demandar al estado para el cumplimiento del tratado, sin pasar por el sistema judicial normal de ese país**. En otras palabras, las empresas extranjeras se colocan encima de la ley del Estado de acogida a través de estos acuerdos".

Por tanto, las empresas transnacionales con una participación en el servicio de salud del Reino Unido, por ejemplo, podrían demandar al gobierno si éste decidiera seguir un programa de nacionalización. No es de extrañar que **Gail Cartmail,** Secretario General Adjunto de "Unite" (*el* *mayor sindicato británico con 1,4 millones de afiliados*) instó a los delegados del congreso en la última Confederación sindical del Reino Unido (*TUC*) para oponerse al apoyo del TTIP y propuso una manifestación entre las personas en el Reino Unido para reclamar al ex primer ministro, David Cameron, a mantener los servicios de salud de Gran Bretaña fuera del TTIP acuerdo. Y así lo dijo:

"*Está claro que este gobierno pensó que podían hacer este acuerdo en secreto – un acuerdo que significaría la venta masiva de nuestro Servicio Nacional de Salud (NHS) a Estados Unidos*", dijo Cartmail. "Financieros de Wall Street como Blackrock e Invesco ya están fuertemente invirtiendo en el NHS – más del 70% de los nuevos contratos están ahora en manos privadas. Más de 11 millones de euros de nuestro dinero están en manos de los capitalistas de casino", agregó.

No es de extrañar que una vez que se envíe este acuerdo a la legislación de la UE y luego se abra paso a los parlamentos nacionales (*como se sabe,* **al menos, el 75% de la legislación de cada país de la UE tiene su origen en la Comisión Europea**), entonces podría abrir el camino a la privatización de cualquier servicio social todavía disponible, tras la embestida del Nuevo Orden Mundial de la globalización neoliberal y la legislación neoliberal masiva adoptada en los últimos 30 años por ambas democristianos y los partidos conservadores, socialdemócratas en el poder. Los ecologistas también están preocupados de que el procedimiento de solución de diferencias podría ser utilizado por las empresas transnacionales para bloquear medidas para proteger el medio ambiente. El desarrollo de las negociaciones también es discutible. Los activistas dicen que son secretos y antidemocráticos, ya que por supuesto es de esperar, son de hecho (*a pesar de los trámites*) llevado a cabo entre **electos burócratas de Estados Unidos y la UE, que deben sus puestos a las élites políticas y económicas transnacionales, y los representantes de ETN**.

Por ejemplo, en Gran Bretaña (*que se caracteriza como "la capital de la creación de empleo de las economías occidentales"*)*,* oculta el hecho de que **"el desempleo es bajo en gran parte porque los trabajadores británicos han estado dispuestos a soportar la mayor reducción salarial real desde la era victoriana"** – todo esto como resultado de la globalización. No es de extrañar, por tanto, que incluso el periódico conservador **Times** de Londres tuvo que reconocer este hecho para explicar las razones por la cual la derecha nacionalista bajo el liderazgo de **Nigel Farage,** del Partido de la Independencia del Reino Unido (*en inglés, United Kingdom Independence Party o UKIP*) está aumentando rápidamente.

La aparición y rápida expansión de las empresas multinacionales (*un fenómeno nuevo en la historia de la economía de mercado capitalista*), ha llevado inicialmente a una abertura informal y la liberalización de los mercados que más tarde fue institucionalizada por el thatcherismo y reaganomía. Fue este desarrollo, que, **junto con el cambio en las condiciones subjetivas, es decir, la decadencia de la mano de obra y los movimientos socialistas en las consecuencias de la desindustrialización en Occidente, marcó el colapso de la democracia social y el aumento de la globalización neoliberal.** *Consideraciones: este artículo se basa en extractos de libro de próxima publicación del autor subyugar el Oriente Medio: La integración en el nuevo orden mundial, Vol.1: La democratización Pseudo (Prensa Progresiva, 2014).*

14 EL PLAN DE LA ÉLITE TRANSNACIONAL PARA UN NUEVO ORDEN SOCIAL MUNDIAL

Richard K. Moore trabajó durante 30 años en importantes firmas de software en Silicon Valley (*siendo él al parecer un ingeniero con grado de doctor*), y luego en 1994 (*al jubilarse*) se trasladó a Irlanda para proseguir su "trabajo real". Desde entonces él ha estado estudiando los problemas que la Humanidad está enfrentando, y explorando los caminos a su solución. Él es un prolífico escritor, con un grandioso blog (*cyberjournal.org*) creado para tratar de comprender cómo funciona el mundo y cómo podemos mejorarlo. Muchos años de investigación y escritura culminaron en su libro ampliamente aclamado «***Escaping the Matrix: How We the People Can Change the World***» (2005). Este artículo fue publicado primeramente en la revista bimensual New Dawn (**www.newdawnmagazine.com**) de Septiembre de 2014. Veamos que piensa al respecto:

En la Revolución Industrial en Gran Bretaña, a fines de los años 1700, se podía generar grandes negocios invirtiendo en fábricas e industrias, abriendo nuevos mercados, y obteniendo el control de fuentes de materias primas. Es interesante saber que los que tenían más capital para invertir, no se encontraban tanto en Gran Bretaña sino más bien en Holanda. Este último país había sido la mayor potencia occidental en los años 1600, y sus banqueros eran los principales capitalistas. A la busca de beneficios, el capital holandés fluyó hacia el mercado bursátil británico, y así los holandeses financiaron el ascenso de Gran Bretaña, que luego eclipsó a Holanda económica y geopolíticamente.

Así la industrialización británica llegó a ser dominada por inversionistas acaudalados, y el capitalismo se convirtió en el sistema económico dominante. Gran Bretaña había sido esencialmente una sociedad aristocrática, dominada por familias terratenientes. A medida que el capitalismo llegaba a ser económicamente dominante, los capitalistas llegaron a ser dominantes en la política. Las estructuras tributarias y las políticas de importación-exportación fueron gradualmente modificadas para favorecer a los inversionistas por sobre los terratenientes.

El negocio redondo del capitalista es la administración de la inversión, y ese control es manejado generalmente a través de la mediación de bancos y casas de corretaje. No sería sorprendente que los banqueros de inversión llegaran a ocupar la cúspide de la jerarquía de la riqueza y el poder. Y de hecho, hay un puñado de familias de banqueros, incluidos los **Rothschild** y los **Rockefeller**, que ha llegado a dominar los asuntos económicos y políticos en el mundo occidental.

A diferencia de los aristócratas, los capitalistas no están ligados a un sitio, o al mantenimiento de un lugar. El capital es desleal y móvil – fluye a donde se puede encontrar el mayor crecimiento, tal como fluyó de Holanda a Gran Bretaña, luego de Gran Bretaña a EE.UU., y hace poco de todas partes a China. Tal como una mina de cobre puede ser explotada y luego abandonada, bajo el capitalismo toda una nación puede ser explotada y luego abandonada, y eso se observa en las áreas industriales deterioradas de EE.UU. y Gran Bretaña.

Un capitalista provoca una guerra a fin de lograr beneficios, y de hecho las familias bancarias de nuestra élite han financiado ambos lados de la mayoría de los conflictos militares desde por lo menos la Primera Guerra Mundial. Por ello los historiadores tienen problemas para 'explicar' la Primera Guerra Mundial en términos de motivación y objetivos nacionales. Y sin ir muy lejos, la industria bélica es una de las más lucrativas del mundo (*según SIPRI anualmente se gastan cerca de 1,5 billones de dólares*).

En los días pre-capitalistas la guerra era como el ajedrez: cada lado trataba de ganar. Bajo el capitalismo la guerra es más bien como un casino, en el cual los jugadores participan mientras pueden conseguir dinero para más chips, y el ganador siempre resulta ser la banca– los banqueros que financian la guerra y deciden quién será el último en resistir. Las guerras no son solo las más lucrativas de todas las empresas capitalistas, sino al elegir a los vencedores, y administrar la reconstrucción, las familias bancarias de la élite logran, con el pasar del tiempo, adecuar la configuración geopolítica para que sirva sus propios intereses. Millones mueren en las guerras, infraestructuras son destruidas, y mientras el mundo se lamenta, los banqueros cuentan sus ganancias y hacen planes para sus inversiones en la reconstrucción de post guerra.

Desde su posición de poder, como financistas de gobiernos, las élites bancarias han perfeccionado con el tiempo sus métodos de control. Manteniéndose siempre entre bastidores, tiran las cuerdas que controlan a los medios, los partidos políticos, las agencias de inteligencia, los mercados bursátiles, y las oficinas gubernamentales. Y tal vez la mayor palanca de poder es su control sobre las monedas. Mediante su timo de los bancos centrales, causan ciclos de auge y ruina, imprimen dinero de la nada y luego lo prestan con intereses a los gobiernos. El poder de la élite bancaria (*los 'banksters'*) es absoluto.

«*Algunos de los hombres más importantes de* EE.UU. *tienen miedo de algo. Saben que hay un poder en algún sitio, tan organizado, tan sutil, tan vigilante, tan entrelazado, tan completo, tan dominante que más vale que no hablen en voz alta cuando lo hacen para condenarlo*» Presidente Woodrow Wilson.

Los banksters contra el capitalismo

Se presume que **Ferdinand Pecora** fue quien acuñó el americanismo «**bankster**», un vocablo que recoge la palabra banker (*banquero*) y gangster (*gánster*). Pecora, nacido en Sicilia, Italia, terminó la carrera de abogado y trabajó como adjunto en la Fiscalía de Nueva York. En 1933, el Senado buscaba un profesional insobornable y le nombró abogado principal del comité de Banca para interrogar a los banqueros más importantes. Se investigaban las causas del crash de 1929 en Wall Street, antesala de la Gran Depresión.

La Gran Crisis Financiera ó Gran Recesión del 2008 catapultó el término *banksters* a las páginas de diarios y revistas. Recientemente, a raíz de la manipulación de uno de los tipos de interés más importantes del mundo, el llamado *Libor* londinense, la palabra *banksters* fue asociada con las prácticas admitidas por Barclays y realizadas con UBS, Deutsche Bank, Societé Générale, Royal Bank of Scotland, JPMorgan, Citigroup y el *broker* RP Martin.

Constantemente fue inevitable, en un planeta finito, que habría un límite para el crecimiento económico. La industrialización permitió que se haya acelerado precipitadamente hacia ese límite durante los últimos dos siglos. La producción se ha hecho cada vez más eficiente, los mercados cada vez más globales, y finalmente el paradigma del crecimiento perpetuo ha llegado al punto de la disminución de la rentabilidad.

Desde 1970 el capital no ha buscado el crecimiento mediante un aumento de la producción, sino más bien a través de la extracción de mayores rendimientos de niveles de producción relativamente limitados. De ahí la globalización, que transfirió la producción a áreas de bajos salarios, asegurando mayores márgenes de beneficios. Por eso es la privatización, que transfiere a inversionistas las corrientes de ingresos que antes llegaban a los tesoros nacionales. De ahí mercados de derivados y divisas, que crean la ilusión electrónica de crecimiento económico, sin producir nada efectivamente en el mundo real.

En casi cuarenta años, el sistema capitalista se mantuvo mediante estos diversos mecanismos, ninguna de los cuales fue productivo en algún sentido real. Y entonces, en septiembre de 2008, el castillo de naipes se desplomó, de repente, poniendo de rodillas al sistema financiero global.

Si se evalúa el colapso de las civilizaciones, se aprende que esa incapacidad de adaptación es fatal. Se tuvieron dos siglos de verdadero crecimiento, en los cuales la dinámica de crecimiento del capitalismo estuvo en armonía con la realidad del crecimiento industrial. Luego hubo cuatro décadas de crecimiento artificial del capitalismo sustentado por un castillo de naipes. Y ahora, después del colapso del castillo de naipes, parece que se hace todo esfuerzo posible por producir 'una recuperación' del crecimiento. Es muy fácil obtener la impresión de que nuestra civilización se encuentra en un proceso de colapso, basado en el principio de la incapacidad de adaptación.

El sistema capitalista ha sobrepasado su fecha de vencimiento, la élite bankster conoce perfectamente ese hecho y se está adaptando. El capitalismo es un vehículo que ha ayudado a llevar a los banksters al poder absoluto, y no tienen más lealtad a ese sistema que al lugar, o a cualquier cosa o cualquier persona.

No se le permitió al capitalismo una muerte natural. En su lugar fue derribado mediante una estrategia controlada. Para ello, primero lo colocaron en un sistema globalizado, basado en la privatización y mercados cambiarios. Luego le inyectaron una solución eutanásica, en la forma de burbujas inmobiliarias y derivados tóxicos. Finalmente, el **Banco de Pagos Internacionales** (*el banco líder de los bancos centrales*) canceló el sistema de soporte vital: declaró la regla de 'valoración a precios de mercado', que llevó a la insolvencia instantánea de todos los bancos en posesión de riesgos, aunque tardó un tiempo antes de que fuera aparente.

El fin de la soberanía económica

Tal como fue dirigido estratégicamente el colapso financiero, también lo fue el escenario posterior al colapso, con sus programas suicidas de rescate. Los presupuestos nacionales ya estaban puestos al límite; ciertamente no había reservas disponibles para salvar a bancos insolventes. Por lo tanto los compromisos de rescate no eran otra cosa que la aceptación de nuevas deudas exorbitantes por los gobiernos. En conclusión: ¡hubo que pedir prestado el capital al mismo sistema financiero que era rescatado!

No era que los bancos fueran demasiado grandes para quebrar, más bien los banksters eran demasiado poderosos para quebrar: «*hicieron a los políticos una oferta que no podían rechazar*». En EE.UU. se dijo al Congreso que sin rescates habría ley marcial a la mañana siguiente. En Irlanda, se dijo a los ministros que habría caos financiero y disturbios en las calles. De hecho, mientras Islandia se manifestaba, la manera sensata de tratar a los bancos insolventes fue un proceso ordenado de suspensión de pagos.

El efecto de los rescates bajo presión fue transferir la insolvencia de los bancos a los tesoros nacionales. Las deudas bancarias fueron transformadas en deudas soberanas y déficits presupuestarios. Ahora, de un modo bastante predecible, son las naciones las que buscan rescates, y esos rescates llegan con condiciones. En lugar de la suspensión de pagos de los bancos, tienen lugar las de las naciones.

En su libro **Confesiones de un gánster económico** (*La cara oculta del imperialismo americano*), **John Perkins** explica cómo se ha coaccionado al Tercer Mundo durante las últimas décadas –mediante presión y trucos de diversos tipos– para que acepten una esclavitud perpetua de endeudamientos, en particular en el África subsahariana, los estragos del Proyecto Neoliberal han sido extendidos todavía más adelante por las acciones del Fondo Monetario Internacional y por otros medios. Intencionalmente, las deudas nunca pueden ser pagadas. En su lugar, las deudas deben ser periódicamente refinanciadas, y cada vuelta de refinanciamiento entierra más profundamente a la nación en deudas – y la lleva a someterse a condiciones draconianas del FMI: los gobiernos son obligados a cortar la asistencia social, y se les requiere que vendan a las corporaciones sus activos nacionales - como los derechos de agua - a precios de liquidación. Con el colapso financiero orquestado, y el timo del 'demasiado grande para quebrar', los banksters han creado una situación en la que no hay vuelta atrás: los planes del sicario operan ahora aquí en el primer mundo.

En la UE, la primera vuelta de naciones en caer serán los así llamados **PIGS** (*acrónimo peyorativo en inglés con el que medios financieros anglosajones se refieren al grupo de países de la Unión Europea:* ***Portugal, Irlanda, Grecia, y España***). La ficción de que los PIGS pueden encarar los rescates se basa en la suposición de que se reanudará la era del crecimiento ilimitado. Como lo saben perfectamente los banksters, simplemente no va a suceder. Finalmente los PIGS se verán forzados al *default*, y entonces el resto de la UE también se derrumbará, todo parte de un proyecto de demolición controlada.

Cuando una nación sucumbe a la esclavitud por la deuda, deja de ser una nación soberana, gobernada por algún tipo de proceso político interno. En su lugar cae bajo el control de los dictados del FMI. Lo que hemos visto en el Tercer Mundo, y sucede ahora en Europa, esos dictados tienen que ver con austeridad y privatización. Las funciones del gobierno son eliminadas o privatizadas, y los activos nacionales son vendidos. Poco a poco –de nuevo una demolición controlada– la nación Estado es desmantelada. Finalmente, las funciones primordiales que le quedan al gobierno son la represión policial de su propia población, y el cobro de impuestos para entregarlos a los banksters.

En los hechos, el desmantelamiento de la nación Estado comenzó mucho antes del colapso financiero de 2008. En EE.UU. y Gran Bretaña comenzó en 1980 con Reagan y Thatcher. En Europa, comenzó en 1988, con el Tratado de Maastricht. La globalización aceleró el proceso de desmantelamiento, a través de la exportación de puestos de trabajo e industrias, programas de privatización, acuerdos de 'libre comercio' y el establecimiento de la Organización Mundial de Comercio (*OMC*), destructora de regulaciones. Los eventos desde 2008 han posibilitado la rápida aceleración de un proceso que ya estaba bien encaminado.

Con el colapso, los rescates, y el hecho de que no haya iniciado ningún tipo de programa efectivo e recuperación, las señales son muy claras: se dejará que el sistema colapse totalmente, allanando así el terreno para una 'solución' previamente diseñada. Mientras se desmantela la nación Estado, se establece un nuevo régimen de autoridad global para reemplazarla. Como se puede ver en el caso de la OMC, el FMI, el Banco Mundial, y las otras partes del embriónico gobierno global, el nuevo sistema global no mostrará pretensiones de representación popular o proceso democrático. El gobierno tendrá lugar a través de burocracias autocráticas globales, que recibirán sus órdenes, directa o indirectamente, de la camarilla bankster.

En su libro «*The Globalization of Poverty*» [***La globalización de la pobreza***], **Michel Chossudovsky** explica como la globalización, y las acciones del FMI, crearon una pobreza masiva extrema en todo el llamado Tercer Mundo durante las últimas décadas (*se encargaron de saquear las grandes riquezas de esos países*). De acuerdo a lo visto, con el dramático énfasis en la austeridad, después del colapso y los rescates, este proyecto de creación de pobreza ya no tiene vuelta atrás. En este nuevo sistema mundial no habrá ninguna clase media próspera. Por cierto, el nuevo régimen se parecerá en mucho a los antiguos días de la realeza y la servidumbre (*el antiguo régimen*). Los banksters son la nueva familia real, y todo el mundo será su dominio. Los tecnócratas que dirigen las burocracias globales, y los mandarines que se presentan como políticos en las naciones residuales, son la clase superior privilegiada.

«*Actualmente, los estadounidenses se indignarían si tropas de la ONU entraran a Los Ángeles para restaurar el orden; mañana lo agradecerán. Vale especialmente si se les dice que hay una amenaza exterior del más allá, sea real o promulgada, que amenazaría nuestra propia existencia. Entonces todos los pueblos del mundo rogarán a los dirigentes del mundo que los liberen de ese mal. Lo único que todo hombre teme es lo desconocido. Cuando se le presenta ese escenario, renunciará voluntariamente a los derechos individuales a cambio de la garantía de su bienestar otorgada por su gobierno mundial*» Henry Kissinger, hablando en Evian, Francia, 21 de mayo de 1992, reunión de los Bilderberg.

El fin de la libertad

Durante las últimas cuatro décadas, desde aproximadamente 1970, se ha vivido un proceso de cambio de régimen, de un antiguo sistema global a un nuevo sistema global. En el antiguo sistema, las naciones del primer mundo eran relativamente democráticas y prósperas, mientras el Tercer Mundo sufría bajo la tiranía de Estados policiales, pobreza masiva, e imperialismo (*explotación por potencias extranjeras*).

Durante ese tiempo el movimiento contra la globalización dominaba las páginas de noticias internacionales, y la oposición a la globalización alcanzaba proporciones masivas. El movimiento visible era solo la punta de un iceberg anti sistémico. En un sentido muy real, el sentimiento popular general en el primer mundo comenzaba a tomar un giro radical. Los dirigentes del movimiento pensaban ahora en términos de un movimiento anticapitalista. Había volatilidad política en el aire, en el sentido de que, posiblemente, un sentimiento popular ilustrado podría lograr un cambio en el curso de los eventos.

Todo eso cambió el 11 de septiembre de 2001, el día en el que cayeron las torres gemelas. El movimiento antiglobalización, junto con la propia globalización, desaparecieron casi enteramente de la conciencia pública en ese día aciago. De repente había un escenario global totalmente nuevo, todo un nuevo circo mediático – con un nuevo enemigo – un nuevo tipo de guerra, una guerra sin fin, una guerra contra fantasmas, una guerra contra el "terrorismo".

El colapso financiero orquestado de septiembre de 2008 posibilitó que ciertos proyectos existentes fueran rápidamente acelerados, como ser el desmantelamiento de la soberanía, y la imposición de austeridad. Del mismo modo, los eventos de septiembre de 2001 posibilitaron que otros proyectos existentes fueran acelerados considerablemente, como ser el abandono de las libertades civiles y del derecho internacional.

Antes del 11-S, ya habían redactado la "Ley Patriota", que proclama de manera muy clara que había llegado el Estado policial (*a EE.UU*) con toda su fuerza y para quedarse – la Declaración de Derechos perdió su fuerza legal.

Antes de mucho tiempo, legislación "antiterrorista" semejante había sido adoptada en todo el primer mundo. Si algún movimiento anti sistémico volvía a levantar cabeza en el primer mundo (*como lo hizo, por ejemplo, recientemente en Grecia*), se podrían poner en práctica poderes policiales arbitrarios –tantos como fuera necesario– para aplastar la resistencia. No se permitiría que ningún movimiento popular desbaratara los designios de cambio de régimen de los banksters. El movimiento antiglobalización había estado gritando: "así es la verdadera democracia". Con el 11-S, los banksters replicaron: "así es la verdadera opresión".

Los eventos del 11-S llevaron directamente a las invasiones de Iraq y Afganistán, y en general ayudaron a crear un clima en el cual se pudo justificar fácilmente las invasiones de naciones soberanas, con una u otra excusa. El derecho internacional fue abandonado de un modo tan exhaustivo como lo fueron las libertades civiles. Tal como se eliminó toda restricción de las intervenciones policiales interiores, se eliminó toda restricción de las intervenciones militares geopolíticas. Nada debía ponerse en el camino de los planes de cambio de régimen de los banksters.

« *La era tecnotrónica involucra la aparición gradual de una sociedad más controlada... dominada por una élite, no limitada por valores tradicionales... esta élite no dudaría en lograr sus objetivos políticos utilizando las últimas técnicas modernas para influenciar la conducta pública... La persistencia de la crisis social, la emergencia de una personalidad carismática, y la explotación de medios de masas para obtener la confianza pública serían los escalones en la transformación de a poco de EE.UU. en una sociedad altamente controlada... Además, podría ser posible –y tentador– explotar para fines políticos estratégicos los frutos de la investigación sobre el cerebro y la conducta humana*» Zbigniew Brzezinski, La era tecnotrónica, 1970.

SIONISMO ISREALÍ

«Desde 1948, los palestinos viven condenados a humillación perpetua. No pueden ni respirar sin permiso. Han perdido su patria, sus tierras, su agua, su libertad, su todo. Ni siquiera tienen derecho a elegir sus gobernantes»
Eduardo Galeano

15 ¿QUÉ SON LOS SIONISTAS?

Los sionistas conforman un movimiento fundado por el periodista y escritor austrohúngaro de origen judío **Teodoro Herzl** (*en hebreo:* לצרה באז וימינ, *Binyamin Ze'evHerzl; en húngaro Herzl Tivadar*) en 1896. El objetivo de este movimiento es lograr el retorno de los judíos a Eretz Israel o Sión, sinónimos judíos para definir a la tierra de Israel y a Jerusalén. Todos los que soportan la idea del Estado Judío esbozado por Teodoro Herzl en 1896 y el retorno de los judíos a la Tierra de Israel, son llamados sionistas. Pero no todos los judíos son sionistas, al contrario de lo que pudiera creerse, existe un fuerte movimiento entre los judíos que más bien es opuesto al sionismo y a la propia idea del estado de Israel.

Por otro lado, el Estado Israelí fue creado de manera unilateral por parte de las organizaciones sionistas. Es conocer como su existencia tiene estrecha relación con los intereses económicos de la potencia del Norte.

El sionismo es el movimiento nacionalista y colonialista judío que, desde finales del siglo XIX, se propuso la creación del Estado de Israel y promovió y promueve la migración de judíos a Palestina, la ancestral "tierra prometida", arraigado sentimiento de que su "destino histórico" se encuentra en esa tierra. Este movimiento adquirió alcance político gracias a Teodor Herzl, un periodista austríaco que pensaba que potencias europeas apoyarían el ideal sionista para: librarse de los judíos y del antisemitismo (*evitando el influjo de inmigrantes judíos desde Europa oriental*) y utilizar la influencia judía organizada para combatir a los movimientos revolucionarios y otros factores internos. Herzl explicaba que Palestina debía ser colonizada ya que ocupaba una posición estratégica y Europa, permitiría más pronto el asentamiento de los judíos".

Sin lugar a dudas, el sionismo es una ideología imperialista porque seleccionó el lugar más conveniente para la instalación del Estado judío, sin importarle quien habitaba dicha zona, desplazando un pueblo y apropiándose de sus bienes, su tierra, su identidad, etc.

En 1897, **Theodor Herzl** organizó el primer congreso sionista en Basilea, Suiza, cuyo programa decía: "el sionismo quiere crear un hogar para los judíos en Palestina, al amparo de la ley pública". Cuando el gobierno otomano rechazó la propuesta de Herzl de otorgar la autonomía a Palestina, los sionistas buscaron el apoyo de Gran Bretaña. En 1903 el gobierno británico ofreció a los judíos 6 mil millas cuadradas deshabitadas en Uganda para que se establecieran, pero los sionistas rechazaron esta oferta e insistieron en Palestina.

Con el estallido de la primera Guerra Mundial los sionistas promovieron la Declaración de Balfour, donde los británicos prometían apoyar a los judíos en la creación de un estado nacional judío en Palestina. Esta declaración fue incluida en el mandato británico de la Liga de las Naciones sobre Palestina (1922). Así, a lo largo del tiempo, fueron logrando el apoyo de la ONU quien le entregó la tierra palestina en 1947.

«Cuando ocupemos el territorio, debemos ofrecer beneficios inmediatos al estado que nos reciba. Debemos expropiar con cuidado la propiedad privada en el estado que se nos ha asignado. Intentaremos desplazar a la población pobre que está a lo largo de la frontera, procurando empleo para ella en los países de tránsito, al tiempo que le negamos el empleo en nuestro país. Los propietarios vendrán a nuestro lado. Tanto el proceso de expropiación como el de la eliminación de la pobreza deben ser llevados a cabo de forma discreta y con prudencia. Permitamos a los propietarios creer que nos están engañando, vendiéndonos las cosas más caras de lo que en realidad valen. Pero nosotros no les vamos a revender nada... Debemos vender solo a judíos, y todo intercambio de bienes raíces debe realizarse solo entre judíos. No es necesario decir que debemos tolerar respetuosamente a la gente de otras religiones y proteger su propiedad, su honor y su libertad con las más severas medidas de coerción. Ésta es otra área en la que debemos mostrar al mundo entero un magnífico ejemplo... Debe haber muchos propietarios inamovibles en áreas individuales (que no

vayan a vendernos su propiedad), debemos simplemente dejarles allí y desarrollar nuestro comercio en dirección a otras áreas que nos pertenezcan a nosotros» -**citas que señalaba Teodoro Herzl en sus diarios en 1895, como desposesión y desplazamiento**, según señala el historiador revisionista israelí **Benny Morris**.

El movimiento antisionista en el seno de la propia congregación judía nos está ratificando nuestra postura en contra de las decisiones de los sionistas (*halcones*) que ahora, desde el Pentágono, y bajo falsos preceptos político-religiosos, están llevando al mundo a una confrontación global que, vinculada a una suerte de "profecía autocumplida", no es más que la máscara del mismo desenfreno sionista que, a través de la historia reciente, no ha hecho otra cosa que tergiversar, en aras de perversos intereses, la verdadera moral del pueblo judío.

Sorprendentemente, una protesta de más de 10.000 Judíos Ortodoxos realizada el 28-04-05 ante las puertas del Consulado de Israel en Nueva York, 110 mostraba y vociferaba consignas que decían: **"Israel no tiene derecho a gobernar sobre las tierras sagradas"**, **"Los judíos lamentamos los 56 años de la existencia de Israel"**, **"Los sionistas no representan a los judíos"**, **"Los verdaderos judíos nunca reconocerán a Israel"**, **"Los propósitos sionistas nunca serán exitosos"**, **"El estado sionista de Israel debe ser disuelto"**.

En una publicación de **Lenni Brenner** que, bajo el título: *"El Sionismo en la Era de los Dictadores"* fue publicado el 17-07-2004 en la revista de publicación electrónica *"Jews Against Zionism"* no sólo se señala el carácter traidor de los sionistas al malinterpretar las sagradas escrituras del Tora, (*en hebreo,* תּוֹרָה *[Torah], «instrucción, enseñanza» es el texto que contiene la ley y el patrimonio identitario del pueblo israelita; constituye la base y el fundamento del judaísmo*) sino que los acusan de ser los responsables del sufrimiento del pueblo judío por el antisemitismo del cual han sido víctimas, precisamente, como consecuencia de las posturas asumidas por los sionistas durante todo el siglo XX. Muchos nos hemos preguntado el porqué de la persecución y exterminio de los judíos durante la II Guerra Mundial. Algunas respuestas conducen a una explicación basada en el carácter monopólico que, sobre la economía alemana venían sustentando los judíos en contraposición al interés de Hitler por lograr el control total del país, pero lo que nunca imaginamos es que existiera otra razón, distinta a la político-económica, que también explicara el por qué del holocausto judío.

De acuerdo a este artículo, los sionistas han estimulado el antisemitismo y la persecución del pueblo judío para justificar la necesidad de la creación de un Estado judío. Bajo una especie de maquiavelismo elevado a su máximo exponente, los sionistas han auspiciado el temor, el odio, la persecución y la propia destrucción de sus hermanos judíos para justificar la creación de un estado salvador. En la búsqueda de éste perverso objetivo, el máximo apóstata del sionismo **Teodoro Herzl** escribió:

«It is essential that the sufferings of Jews...become worse...this will assist in realization of our plans...I have an excellent idea...I shall induce anti-semites to liquidate Jewish wealth...The anti-semites will assist us thereby in that they will strengthen the persecution and oppression of Jews. The anti-semites shall be our best friends" (from his Diary. Part 1, pp 16), traducción: "Es esencial que el sufrimiento de los judíos se incremente..., ello servirá para la realización de nuestros planes...Tengo una idea excelente...se debe inducir el antisemitismo con el objeto de liquidar la riqueza de los judíos...El antisemitismo nos ayudará a fortalecer la persecución y la opresión de los judíos...El antisemitismo será nuestro mejor aliado". (Tomado de la Pág. 16 de la primera parte de su Diario)»

Las consecuencias de esta perversa postura del padre del sionismo no se hicieron esperar y ya para 1920, un lenguaje hostil a los judíos comenzó a expresarse en la Universidad Alemana de Heidelberg. Una matriz de opinión fue creada para culpar a los judíos de la derrota de Alemania en la Primera Guerra Mundial (1914-1918) "Los judíos de Alemania no tienen nada en común con los alemanes, no tienen lealtad hacia el país donde nacen, se comportan como extranjeros", eran algunas de los señalamientos que se hacían. Pero, ¡sorpresa! estas afirmaciones no provenían de Adolfo Hitler, ellas eran esbozadas por prominentes judíos sionistas como Nahum Goldman, quien posteriormente fuera Presidente de la "Organización Sionista Mundial", o por Jacob Klatzkin quien fuera el gran ideólogo del sionismo en Alemania para el momento en el cual (1921) los judíos disfrutaban de todos sus derechos políticos y civiles en ese país. Durante los años previos a la Segunda Guerra Mundial, el decadente Imperio Británico le dio un gran espaldarazo al movimiento sionista de Teodoro Herzl. El Capellán Anglicano William Hetchler, una de las figuras más relevantes del sionismo cristiano de Inglaterra, conoció en Viena el proyecto sionista de Herzl y se convirtió no sólo en su mejor amigo sino también en uno de los mayores promotores de su proyecto en Europa.

Hetchler puso a disposición de Herzl sus contactos con el gobierno británico para apoyar al líder del sionismo en su búsqueda por el auspicio político - económico de su proyecto. Fue Hetchler quien arregló reuniones de Herzl con el Sultán Otomano y con el Kaiser de Alemania. Sus contactos con la élite social británica le sirvieron para arreglar la histórica reunión de 1905 entre Teodoro Herzl y el político Arthur Balfour. Más tarde, de este encuentro, surgiría la declaración de Balfour en 1917. En esta declaración se le daba la primera legitimidad internacional al derecho del pueblo judío a tenencia de un Estado propio. El respaldo del Primer Ministro David Lloyd-George al proyecto sionista de Herzl demostró que los intereses del imperio británico en su política colonialista, constituían la principal razón para apoyar el proyecto de Herzl. El carácter fascista del colonialismo británico y su denodada intención por avasallar al pueblo árabe, lacónicamente se puso de manifiesto en el famoso discurso de Balfour en 1919 cuando expresó: "respecto a Palestina, no nos proponemos indagar sobre los deseos de los actuales habitantes de ese país. Los cuatro grandes poderes estamos dispuestos a apoyar al sionismo… y el sionismo, sea correcto o incorrecto, malo o bueno, esta enraizado en una tradición histórica por lo cual, consideramos que las necesidades del presente y las aspiraciones del futuro son mucho más importantes que los deseos y prejuicios de los 700.000 árabes que actualmente habitan en esas antiguas tierras" (*se refiere a los palestinos que, como se aprecia, fueron sentenciados a su destrucción por las potencias occidentales desde comienzos del siglo XX*) La conclusión a la cual arriban los redactores de los artículos que comentamos es que el sionismo, en líneas generales, coincidió con el nazismo y con el fascismo mucho antes de su advenimiento. Ellos siempre argumentaron que los judíos por no poder vivir en armonía con ninguna sociedad en el mundo, debían ser removidos en beneficio de la propia sociedad donde convivían. Los sionistas seguidores de Herzl, en la búsqueda de sus objetivos, no les importaron tal coincidencia y promovieron estas ideas con bastante antelación al arribo de Hitler al poder en Alemania.

Pero, ¿los sionistas halcones sobrevuelan el mundo?

El internacionalista vasco **Jesús Valencia** explica: esta ideología discriminatoria y racista nació en la cuna del colonialismo, cuando Europa interpretó que el ancho mundo estaba a disposición de quien consiguiera apropiárselo. Las grandes potencias se adueñaron de grandes extensiones y permitieron al sionismo otro tanto en la pequeña Palestina. Desde su nacimiento, sionismo y capitalismo han hecho muy buenas migas; el primero engordó como mastín que protegía los intereses del segundo. El cáncer del belicismo sionista pronto desbordó las fronteras palestinas y se expandió por todo el planeta. Donde quiera que hubiese un tirano, allá estaban los agentes israelíes para defenderlo. Al-Hasan ibn Muhammad o Hasán II de Marruecos les encargó organizar la guardia pretoriana que le debía proteger; la contrainsurgencia israelí estuvo al lado de Somoza hasta que el Frente Sandinista ahuyentó a ambos. A Uribe, ex presidente colombiano conocido por beligerante y narcotraficante, el ministro de exteriores israelí lo elogió como «**gran amigo**».

Cuando Hasán II quiso deshacerse de quien fuera líder del independentismo marroquí, supo a quién recurrir; los agentes israelíes convencieron a **Ben Barka** para que acudiera a una cita de la que nunca regresó. Cuando Turquía intentaba detener a Ocalan contó con la inestimable ayuda del Mossad israelí; este se adentró en el corazón del África y no cejó hasta apresar al líder kurdo y entregarlo al Gobierno de Ankara. El Gobierno de Colombia recurrió a Israel cuando no conseguía eliminar al dirigente de las FARC Raúl Reyes. La contrainsurgencia sionista planificó el asalto nocturno, asesinó a casi todos los integrantes del campamento fronterizo y se apropió del ordenador de Reyes; oportunamente manipulado, dicho artilugio ha ido aportando toda la información que le resultara de utilidad al Gobierno colombiano.

En la actualidad, el sionismo ha montado un macro mercado de armas y asesoramiento a cualquiera que intente ahogar los movimientos populares. Wendi Ávila era una estudiante hondureña que denunciaba el golpe de estado contra Manuel Zelaya; murió asfixiada por los gases tóxicos que Israel facilitó a los golpistas. Los mapuches contarán a partir de ahora con un enemigo añadido: los pequeños aviones teledirigidos que Israel ha suministrado al Gobierno chileno. Hasta que el sionismo no sea derrotado, Palestina no conocerá la paz. Y el mundo, tampoco. El boicot a Israel es una terapia democratizadora que incluso sectores judíos e israelíes reclaman.

16 EL ESTABLECIMIENTO DEL ESTADO DE ISRAEL

Desde sus comienzos, el conflicto Israel-Palestino se intentó explicar como fenómeno de dos religiones diferentes e irreconciliables: **la judía y la musulmana**. El establecimiento del Estado de Israel (*más conocido como Al Nakba*) fue la máxima expresión del problema, y al mismo tiempo fue el punto culminante donde salieron a flote las verdades ocultas y las causas reales de las diferencias entre las dos naciones.

«Matar a un hombre es un crimen, acabar con todo un pueblo, es un asunto a discutir» Ibrahim Tuqam, poeta palestino.

Desde sus comienzos, el conflicto Israel-Palestino se intentó explicar como fenómeno de dos religiones diferentes e irreconciliables: **la judía y la musulmana**. El establecimiento del Estado de Israel (*más conocido como Al Nakba*) fue la máxima expresión del problema, y al mismo tiempo fue el punto culminante donde salieron a flote las verdades ocultas y las causas reales de las diferencias entre las dos naciones: el Estado de Israel no es más que una política imperialista en Medio Oriente.

Las principales justificaciones de esta afirmación son el hecho de que Israel se formó colonizando un pueblo y una tierra (*Palestina*), la relación inmediata y estrecha de los judíos con los Estados Unidos, y los actuales métodos de mantenimiento y sostenimiento del Estado que lleva a cabo el gobierno israelí.

17 COLONIZACIÓN DE PALESTINA

El principal argumento de la ocupación de Palestina por parte de los judíos, pueblo vagante durante toda la historia, es la certeza de que su divinidad (*Yahvéh*) les prometió mediante el patriarca Abraham una tierra prometida y que justamente estaba allí: en tierra palestina. **Robert Allen Warrior**, compara dicha ocupación con la colonización de América por parte de los europeos, explicando como Yahvéh comanda la aniquilación de la población indígena de la zona: los cananeos, cuyos descendientes son los palestinos. En las narraciones del Antiguo Testamento, se relata con respecto a las tierras que se les prometieron al pueblo judío (...) cuando Yahvéh, tu dios, te las entregue, y tú las derrotes, las destruirás y no harás ningún pacto con ellas y no tendrás piedad con ellas (*Deuteronomio 7:1-2*). Las promesas de Dios ya están dichas, lo que queda es entrar a la tierra y expulsar a los que viven allí.

Palestina es una tierra invadida a lo largo de toda su historia. En 1516 fueron los otomanos, en 1914 entra la ocupación británica. En ese momento la población árabe constaba de 604.000 personas, mientras que los judíos solo eran 85.000. Cuando Gran Bretaña decide abandonar Palestina, deja a la comunidad internacional la decisión. El 29 de noviembre de 1947 la Asamblea General de la ONU a través de la **Resolución 181**, aprobó los siguientes puntos: la terminación del mandato británico, la retirada progresiva del ejército inglés, la fijación de las fronteras entre el Estado palestino, el Estado israelí y Jerusalén a más tardar el 1 de octubre de 1948. Recomendó la partición de Palestina en un Estado israelí, un Estado árabe y una zona bajo régimen internacional particular. 14.000 Km. cuadrados, con 558.000 judíos y 405.000 árabes para el Estado judío, 11.500 Km. cuadrados, con 804.000 árabes y 10.000 judíos para el Estado árabe, 106.000 árabes y 100.000 judíos para la zona bajo control internacional que comprende los Santos Lugares, Jerusalén y Belén. Entre los dos estados se debía establecer una unión económica, aduanera y monetaria.

La Asamblea Plenaria de la **ONU** votó el plan de partición recomendado por la **UNSCOP**, siendo el resultado final de 33 votos a favor, 13 en contra y 10 abstenciones, a la vez que hizo ajustes en los límites propuestos entre los dos estados. La partición tendría efecto a partir de la retirada de los británicos. La resolución no contemplaba ninguna disposición para ejecutar el Plan, lo cual tuvo consecuencias a la larga, ya que no fue posible aplicarla. Los Estados Unidos y la Unión Soviética estuvieron entre quienes votaron en favor de la resolución.

El Estado judío junto a una conspiración internacional hizo el recambio de un pueblo por otro, convirtiendo una presunta descolonización inglesa en una nueva colonización cualitativamente diferente, mediante el surgimiento de un Estado basado en la inmigración judía, vieja aspiración de origen sionista. Shimón Peres, líder político israelí afirmó que "Cuando Theodor Hertzl, fundador del sionismo, se refería a un pueblo sin tierra que busca una tierra sin pueblo no era consciente de la existencia de una población árabe en Palestina". Para mantener la colonización vigente y debido a la poca población judía en tierra Palestina, el Estado de Israel tuvo que establecer en 1950 la Ley de Retorno que permite que todos los judíos del mundo pueden obtener la ciudadanía asentándose en el país y el servicio militar obligatorio, creando cuadros combativos que defiendan la tierra invadida, transformando a la sociedad israelí en una sociedad militarizada. Los palestinos desean recuperar su territorio y no van a dar por finalizada su lucha hasta conseguirlo. Israel se convirtió en una zona de peligro inminente, de disputa, donde entre los ciudadanos israelíes lo único que sobrevive es el miedo. **¿El miedo a los conflictos o el miedo a represalias palestinas?** Todo el que invade una tierra jamás va a estar tranquilo viviendo en ella y en Israel aquel sentimiento es verdaderamente notorio.

18 COMITÉ DE ASUNTOS PÚBLICOS EE.UU.-ISRAEL

Pocos fuera de EE.UU. han escuchado hablar de él, incluso en ese país pasan desapercibidos si no es en las altas esferas de la política y la economía. Sin embargo, posee un enorme poder sobre la política exterior de la primera potencia mundial.

AIPAC son las iniciales de **American Israel Public Affairs Committee** (*Comité de Asuntos Públicos Estados Unidos-Israel*) uno de los lobbies más importantes del mundo.

Figura 6. Comité de Asuntos Públicos Estados Unidos-Israel.

Fundado en 1951 por **Isaiah L. "Si" Kenen**, miembro originario del *American Zionist Committee* y antiguo empleado del Ministerio de Asuntos Exteriores de Israel, este lobby no obtuvo poder real tanto financiero como político para influir en la primera línea de la política norteamericana hasta principios de los años 70 del siglo pasado. Llegando a ser uno de los grupos de presión que abre las puertas de la Cámara de Representantes (*Congreso y Senado*) al que se precie a atender sus exigencias.

El objetivo oficial del **AIPAC** es el de presionar al Congreso de los Estados Unidos en asuntos y legislación relacionados con Israel, pues cuenta con más de 100.000 miembros (*150 de ellos dedicados exclusivamente a presionar al Congreso, a la Casa Blanca y todos los organismos administrativos en la toma de decisiones políticas que puedan afectar a los intereses del Estado de Israel*). Este lobby se reúne periódicamente con los miembros del Congreso y Senado compartiendo, a través de diversos eventos, el punto de vista de la comunidad judía en Norteamérica.

Al no ser un comité de acción política en sentido estricto, no dona directamente dinero a las campañas electorales, sino que hace aportaciones a través de otros grupos de interés o directamente aportaciones personales a candidatos federales. Se calcula que desde 1990 ha destinado unos 56,8 millones de dólares a financiar a los dos grandes partidos estadounidenses.

Sin duda la gran puesta en escena de este lobby es su convención anual, en la que reúne a las principales figuras políticas del país. Suele contar con la asistencia de dos tercios de los integrantes de la Cámara de Representantes, incluido el Presidente.

Por otra parte, si bien la población judía en Estados Unidos no llega a los seis millones, son un electorado activo (*las tasas de abstención en EE.UU. son altas*) y uniforme. Aunque tradicionalmente eran votantes demócratas, en realidad, el electorado judío se moviliza en masa para votar a la opción política que más énfasis pone en defender los intereses de Israel. Su lema lo deja claro: «**Protect the Jews – Who is not with us, is against us**»

Asimismo el AIPAC promueve la introducción de influencia judía en los altos cargos estatales, algunos de los más activos son: Eric Cantor, congresista republicano por Virginia, Dianne Feinstein, senadora demócrata por California y **Dov Zakheim**, subsecretario de Defensa con **G. W. Bush**.

Vale destacar que, durante el segundo mandato del presidente Barack Obama, hubo la escenificación de un "desencuentro en las relaciones" Israelí-EE.UU. debido al concepto geopolítico imperante en la Administración Obama y cuyo cerebro sería el ex-Consejero de Seguridad Nacional del presidente Carter, **Zbigniew Brzezinski**. Así, Brzezinski en un discurso ante al Consejo Nacional Irano-estadounidense (*NIAC*), afirmó que "*Yo no pienso que haya una obligación implícita de los Estados Unidos de seguir, cual mula estúpida, lo que Israel hace pues creo que los EE.UU. tiene derecho a decidir su propia política de seguridad nacional*", ya que desde el asesinato de John F. Kennedy, (*quien se enfrentó en una guerra secreta a **Ben Gurion** en un esfuerzo inútil por detener el programa israelí de armas nucleares*), la geopolítica de EE.UU. en Oriente Medio y Próximo habría estado condicionada por los intereses de Israel en su marcha hacia el sueño del Gran Israel. Además, Brzezinski, estaría enfrentado con los lobbys neocon republicano de EE.UU. (*tecnócratas - provienen principalmente del lobby sionista de Israel, la derecha cristiana, los think-tanks, las* *fundaciones y los grandes consorcios mediáticos -diarios y cadenas televisivas y radiales- que integran la logia empresarial contratista del Complejo Militar Industrial*) y con su habitual mordacidad habría desacreditado la miopía geoestratégica de ambos grupos de presión al afirmar que "están tan obsesionados con Israel, el Golfo Pérsico, Irak e Irán que han perdido de vista el cuadro global: la verdadera potencia en el mundo es Rusia y China, los únicos países con una verdadera capacidad de resistir a Estados Unidos e Inglaterra y sobre los cuales tendrían que fijar su atención".

No obstante, tras la elección por el candidato presidencial republicano **Donald Trump** del Gobernador de Indiana **Mike Pence** como aspirante a la vicepresidencia, indudablemente habrá un aumento considerable de la presión del lobby pro-israelí de EE.UU. (*AIPAC*) para proceder a la desestabilización de Siria e Irán por métodos expeditivos en la etapa post-Obama. Dicha guerra será un nuevo episodio local que se enmarcaría en el retorno al endemismo recurrente de la Guerra Fría EE.UU.-Rusia e involucrará a ambas superpotencias teniendo como colabores necesarios a las potencias regionales (*Israel, Egipto, Arabia Saudí e Irán*), abarcando el espacio geográfico que se extiende desde el arco mediterráneo (*Libia, Siria y Líbano*) hasta Yemen y Somalia y teniendo a Irak como epicentro (*rememorando la Guerra de Vietnam con Lindon B. Johnson entre 1963-1969*), y cuyo desenlace podría tener como efectos colaterales el diseño de una nueva cartografía favorable a los intereses geopolíticos de EE.UU., Gran Bretaña e Israel con la implementación del Gran Israel (*"Eretz Israel"*).

En conclusión, la existencia y actividad del **AIPAC** suponen un apoyo continuado de los distintos gobiernos estadounidenses al Estado de Israel, por lo que su actividad es vital para la supervivencia del Sionismo tal como lo conocemos hoy en día.

19 ISRAEL Y LOS ESTADOS UNIDOS: UNA PROFUNDA RELACIÓN AMOROSA

Estados Unidos y el Estado Sionista de Israel constituyen las únicas superpotencias, que debido a su poder militar, poseen el control mundial, y ya han implantado una Dictadura Terrorista Militar Mundial destinada a esclavizar el conjunto de los países normales

El apoyo de los Estados Unidos a Israel nos remite directamente a un doble interés estratégico de los dos países, que desemboca en una cadena de favores que se resumiría en la compleja formula de protección-seguridad israelí, y de aniquilamiento de focos de conflicto árabes (*mundialmente llamados terroristas*). No debe tambalear el poderío mundial-imperialista de la potencia del Norte, siendo Israel un baluarte contra el terrorismo fundamentalista islámico, neutralizando países árabes vendedores de petróleo y proporcionándole también tecnología de avanzada. A cambio el gobierno de EE.UU. le ofrece a su aliado ayuda económica para el crecimiento del mismo, esconder sus engaños y ambigüedades; y armarlo de manera militar y bélica, convirtiéndolo en la sexta potencia del mundo en dicha materia, igualada en número y calidad con británicos, franceses y chinos. Washington sigue otorgando 3.000 millones de dólares a Israel en concepto de ayuda, a pesar del Acuerdo Symington, que impide conceder ayudas a países que desarrollan armas nucleares fuera del control y los tratados internacionales. No es difícil entender que tanto EE.UU. como Israel desean mantener este secreto, con el cual el primero se evita el problema de justificar su ayuda militar y económica a Israel, y este último puede seguir recibiendo cómodamente asistencia norteamericana. Así, en un informe del Pentágono de 2001, Israel no aparecía en la lista de estados con armas nucleares, a pesar de las evidencias y de informes de la Agencia Central de Inteligencia de Estados Unidos (*CIA*) que afirman lo contrario, como un documento de 1968 que concluye que dicho país había comenzado a producir armas nucleares, pero no critica el descubrimiento, al mismo tiempo que persigue por estas razones a otras naciones del Medio Oriente como Irak, Irán y Siria.

El gobierno Israelí no reconoce ni desmiente la existencia de armamento nuclear, y en el parlamento, el Knesset (*'La asamblea' es el parlamento de Israel, compuesto por una única cámara de 120 escaños, elegidos en circunscripción única, para un mandato de cuatro años, mediante el sistema de representación proporcional para listas de partido*), nunca había debatido el tema en sesión abierta hasta que el 2 de febrero de 2002 un congresista llamado Issam Makhoul rompió el silencio y fue expulsado de la sala. Luego Makhoul declaró: "*Hoy la llamada ambigüedad nuclear se aplica solamente a los ciudadanos de Israel. No pueden participar como críticos democráticos de su gobierno porque este les oculta la verdad sobre un tema del que dependen sus vidas*".

Además, Israel jamás firmó el **Tratado de No Proliferación Nuclear** (*como si lo hicieron Irán y Corea del Norte*), creado para evitar la diseminación de armas nucleares a nivel mundial. Debido a esto, los israelíes no han estado sujetos a inspecciones ni a la amenaza de sanciones por parte del **Organismo Internacional de Energía Atómic**a (*OIEA*), dependiente de la Organización de las Naciones Unidas.

Un ejemplo claro de este secreto de Estado es el caso del científico israelí **Mordejai Vanunu**, quien estuvo 18 años preso en una celda aislada por haber revelado a un periódico británico numerosos secretos relacionados con el poder nuclear de Israel. Vanunu trabajaba en la ultrasecreta central nuclear de Dimona, en el desierto del Neguev y al ser despedido reveló que Israel es una potencia nuclear con unas 200 bombas atómicas. Los servicios secretos israelíes, el Mossad, le tendieron una trampa al científico mediante una agente llamada Cindy, que sirvió de anzuelo para detenerlo y llevarlo ante la justicia israelí. **¿No es demasiada casualidad que esta agente, cuyo verdadero nombre es Sheryl Bentov, viva en la actualidad justamente en Florida, Estados Unidos?**

Vanunu, luego de salir de prisión declaró en televisión: que no hace falta ningún Estado judío; debe existir un Estado palestino y los judíos pueden vivir en cualquier lugar del mundo. Vanunu había nacido en una familia judía sefardí de clase obrera en el árido Negev y había testimoniado la persecución de los palestinos autóctonos, sintiendo compasión por ellos.

En fin, es interesante notar el hecho de que únicamente poco después de su creación el Estado de Israel mostró interés en la adquisición de armas nucleares. **¿Acaso estaba intentando armarse para demostrarle poderío** al pueblo a quien sometió, sabiendo que el mismo iba (*en un futuro cercano*) intentar recuperar su tierra?

Actualmente existen en EE.UU. poderosos grupos pro israelíes y sionistas que tienen poder sobre los medios de comunicación más influyentes, sobre sectores estratégicos de la economía estadounidense, sobre partidos políticos, sobre miembros del Congreso y del Poder Ejecutivo. Son ellos quienes determinan indefectiblemente quién accederá a la presidencia de los Estados Unidos. Según palabras del intelectual norteamericano James Petras: "Estos grupos de presión gozan de una considerable influencia en los medios, en la Casa Blanca y entre los líderes de opinión. En otras palabras: no es el voto judío, que apenas representa el 5% en todo el país, sino el poder económico y político de los judíos alineados con Israel lo que explica por qué los principales candidatos presidenciales se resisten a condenar la matanza israelí de palestinos. En un artículo del 2001, Petras analiza a hegemónica posición israelí en los Estados Unidos, que ha perdurado bajo las presidencias republicana y demócratas, una relación que no se basa ni en personalidades ni en configuraciones transitorias de política de partido. La segunda administración del presidente George W. Bush estuvo completamente controlada por los extremistas neo-conservadores-sionistas.

Además, estos influyentes sionistas de EE.UU. alcanzaron altos puestos en el Pentágono y el Departamento de Estado y desde allí promueven guerras contra países árabes, demonizando a los mismos y fabricando historias de amenazas inminentes como: armas de destrucción masiva (*paradójicamente siendo Israel la sexta potencia del mundo en esa categoría*), terrorismo y fundamentalismo Musulmán. Un ejemplo clave de estas políticas es la invasión estadounidense a Irak, donde el único otro país que resulta beneficiado es el Estado de Israel (*el único en Medio Oriente que apoyó la ocupación*) ya la guerra destruyó a un importante contingente humano de la Intifada Palestina, el levantamiento-lucha de resistencia del pueblo palestino. El Estado de Israel tiene métodos de mantenimiento y sostén represivos. **¿Acaso que otra razón tendría un Estado imperialista para poner cárceles con torturas legalizadas y no reconocidas, un muro que aísla a los palestinos similar al del apartheid sudafricano, programas y tratativas de fomentar la inmigración y visita judía de**

todo el mundo?. Algunas de estas políticas de defensa (*según argumentan los israelíes*) son:

20 CÁRCELES

Israel tienen más de 7500 prisioneros palestinos que están detenidos sin cargo y sufriendo condiciones terribles como: palizas indiscriminadas, lanzamiento de gases lacrimógenos, aislamiento durante períodos largos de tiempo, prohibición al derecho a la visita, retención de medicamentos y tratamiento médico a enfermos detenidos, dietas estrictas y abusos sexuales a niños por parte de los carceleros. Durante los interrogatorios el uso de prácticas con torturas han sido legalizadas en el sistema judicial israelí y permitida en casos individuales en los que se considere a un detenido una amenaza contra la seguridad del estado En algunos casos los detenidos han muerto mientras estaban custodiados como resultado de las torturas.

Existe además una cárcel clandestina en el centro de Israel llamada **Establecimiento 1391**, erigida sobre una colina que domina un kibutz, totalmente oculta por los altos muros e hileras de pinos. No figura en los mapas, fue borrado de las fotos aéreas y el cartel que indicaría su número fue eliminado. Los censores extirparon de los medios de comunicación israelíes toda mención a su situación geográfica en nombre del secreto que (*según el gobierno*) es esencial para impedir que se conspire contra la seguridad del país. El propio Servicio de Seguridad Interna de Israel, Shim Bet, reconoció en junio de 2003 tener Centros de Detención Secretos. A pesar de los esfuerzos del gobierno israelí para bloquear esta información, hechos horribles allí cometidos comenzaron a salir a la superficie. Según la Asociación Cultural Siria: lo que ocurre tras los muros del establecimiento constituye una violación del derecho internacional flagrante. Esta cárcel se puede asemejar en horror a la que construyeron los norteamericanos en Guantánamo, Cuba.

21 MURO DEL APARTHEID Y ODIO

La construcción de este muro tiene una dimensión principalmente política, no esta vinculado a la seguridad, como argumenta el gobierno israelí. Sí fuese por motivo de seguridad lo hubiesen construido sobre la línea de marcación fronteriza y no seis kilómetros dentro del actual territorio palestino explica el Alcalde la ciudad autónoma palestina de Qalquilia, Maa'rouf Zahran. El muro está destinado exclusivamente a servir para anexar unilateralmente una parte importante de Cisjordania y reforzar el control militar en las ciudades palestinas, manteniendo a sus habitantes encerrados. **¿O es entendible que un muro de seguridad esté fortificado con paredes de cemento armado de 8 metros de espesor, torres de control cada 300 metros, fosas de 2 metros de profundidad, alambres de púa y rutas de circunvalación?**

Una vez que el muro este concluido, el Estado judío habrá anexado el 7% de la Banda Occidental, incluyendo 39 colonias y unos 290.000 palestinos, 70.000 de los cuales no tienen derecho de residir en Israel, ni de viajar, ni de los servicios sociales, padeciendo una extrema vulnerabilidad ya que seguramente serán forzados a emigrar.

Las pérdidas mayores que sufrió con este muro el pueblo palestino es aislamiento de los pozos más importantes de agua subterránea, como también así las conexiones a las redes eléctricas, destrucción de campos de cultivo de olivo, cierre de fábricas, comercios y tiendas. También se ha multiplicado la distancia entre la ciudad y los pueblos. Cada vez que se atraviesa el muro hay que enfrentarse con los controles militares llamados cheek points, donde la arbitrariedad de los soldados de turno decide la posibilidad del paso o no. Con esto se está acabando la interacción humana y comercial que había entre los palestinos y los israelíes relatan el Administrativo del Ayuntamiento de Qalquilia, Nidal Sheikah Ahmed.

22 PROGRAMA DE VISITA AL PAÍS

Se promueve un programa educativo gratuito de visita a Israel por 20 días, para jóvenes judíos de 18 a 26 años de diferentes países. Se intenta así revitalizar un nacionalismo que jamás existió y del cual depende el mantenimiento del Estado de Israel. Los viajes son financiados de manera completa (*estadía, comida, actividades, traslados, excursiones y demás*) por el gobierno de Israel, comunidades judías (*la Unión de Comunidades judías, el Keren Hayesod, la Agencia judía*) y un grupo de filántropos. En Argentina, uno de los contingentes que realizan este tipo de viajes es

BirthRight (*BRIA*), quien anuncia el programa desde su página web (*dirigiéndose a los judíos argentinos*) como: Tu aventura. Tu derecho de nacimiento. Nuestro regalo.

23 LEY DEL RETORNO

Nombre falso (*falacia*) si los hay de llamar retorno a una ley que promueve el ingreso de judíos de todas partes del mundo a una tierra que se apropiaron en 1948. Esta Ley da la ciudadanía automática a todo inmigrante judío al llegar a Israel, ejemplo evidente de la necesidad de poblar una tierra con habitantes que nunca hubo, del mismo paralelismo que la Ley de conversión, con la cual cualquier persona convertida al judaísmo y que tenga relaciones de afecto con el Estado de Israel puede obtener la ciudadanía. Torturas al pueblo palestino. No solo denunciadas por el pueblo palestino, sino también por el diario israelí Ha'aretz, quien declaró que las Fuerzas de Defensa de Israel (*FDI*) han estado estudiando las tácticas que las tropas de la SS nazi emplearon en 1943 contra resistencia judía en el gueto de Varsovia, y que actualmente las aplican contra los palestinos en la Ribera Occidental y en la Franja de Gaza.

El ex ministro Ariel Sharon (*fallecido el 11 de enero de 2014*), miembro de un partido de derecha, reconoció abiertamente admiración por las prácticas ejecutadas por el nazismo, al manifestar en una entrevista realizada por **Amos Oz**, (*periodista y escritor israelí de izquierda, publicada en el periódico israelí Davar el 17 diciembre de 1982*): todos me reprochan que sea un nazi, pues bien, yo lo reivindico en voz alta y clara, porque eso es lo único verdadero y justo que hay en este mundo y este método ha demostrado su eficacia desde Hitler. Luego, Sharon declaró que su voluntad de aplicar a los palestinos lo que Hitler hizo a los judíos durante la Segunda Guerra Mundial. **¿No es un hecho contradictorio estas declaraciones del primer ministro israelí, que fue la responsable de la construcción de un muro de seguridad, la misma persona que es acusada por masacres, torturas, violaciones y desapariciones, una de ellas la de más de 3 mil civiles (*entre niños, ancianos y mujeres*) que se realizaron entre el 16 y 18 de septiembre de 1982, en los campamentos de refugiados palestinos de Sabra y Chatila?**

«Aquí moriremos. Aquí, en el último pasaje. Aquí o ahí... nuestra sangre plantará sus olivos» Mahmud Darwish, poeta palestino

En la actualidad, el Estado de Israel es reconocido por muchos países, organizaciones y figuras públicas. Por el otro lado, los palestinos, despojados de sus tierras y también cada vez más despojados de su identidad, son aglomerados bajo el término terroristas por el solo hecho de usar sus escasos y pobres métodos de defensa de su pueblo (*inmolaciones, piedras pequeñas, huelgas de hambre, Intifadas y demás*), mientras que el Estado Israelí con sus tanques y aviones de guerra asesinos ya por su magnitud son vistos a nivel mundial como el pueblo judío siempre oprimido y víctima del antisemitismo. Este último término es usado en demasía por parte del pueblo judío, quien acusa de antisemita a cualquier persona que se proclame a favor de la lucha del pueblo palestino, como dueño de la tierra donde hoy se alza el Estado de Israel.

Resulta además paradójico, ya que la resolución 3070 de la ONU, del 30 de noviembre de 1973 reafirmaba igualmente la legitimidad de la lucha de los pueblos por liberarse de la dominación colonial extranjera y de la subyugación foránea por todos los medios posibles incluida la lucha armada. No hay ejemplo que ilustre más esta situación que lo que expresó el embajador palestino en Argentina Suhail Hani Daher Akel: (...) un pueblo palestino resistiendo con piedras contra helicópteros Apache y contra aviones de guerra F-16.

A su vez, este caso sirve de ejemplo para ver como una potencia como Estados Unidos usa el conflicto Israel-Palestino (*entre otros tantos, junto con la invasión de Irak, y demás*) para obtener de él beneficios, como el control de la nación árabe obteniendo así recursos minerales y energéticos como el petróleo, que le son vitales para sí.

Los medios de comunicación apoyando a esta idea, intentan alertar del terrorismo global que azota el mundo entero, cuando se podrían transmitir documentales e informes que expliquen en que circunstancias están las naciones en conflicto y explicar el origen de cada una de las posturas.

24 LA CONSTRUCCIÓN DE UN MITO COMO VERDAD

Foucault sostiene que solamente se ejercita el poder a través de la producción de una verdad, pero es necesaria también que esa verdad sea aceptada por otros como verdad. El movimiento sionista no sólo construyó una verdad, sino que a su vez contó con las estrategias que le permitieron construir un discurso con el cual fue posible legitimar sus pretensiones sobre Palestina y convertir al habitante de esa tierra en un ser inexistente y, luego, en enemigo.

¿Por qué fue Palestina el lugar elegido para asentar allí el estado de Israel? -Herzl anuncia: "Palestina es nuestra inolvidable patria histórica". Los judíos reclamaron derechos ancestrales sobre Palestina, sus discursos se hallan basados en los relatos bíblicos: Palestina era la tierra que Dios había dado a su pueblo, Israel; ésta era la "Tierra prometida".

No sólo construyó derecho sobre una tierra, sino que desposeyó de derechos a los habitantes de Palestina negándoles existencia: "Desde hace un cuarto de siglo la política del Estado de Israel consiste en simular que los palestinos son jordanos, egipcios, sirios o libaneses que se han vuelto locos, que dicen que son palestinos". La opción que se escogió fue la de hacer del palestino un ser invisible, bien reflejado queda esto reflejado en la frase de **Golda Mair**, "Palestino, no sé lo que es eso". Esto puede entenderse más claro si lo comparamos con la frase: "una tierra sin pueblo para un pueblo sin tierra"; era condición necesaria negarle existencia al pueblo árabe. Sin embargo, los árabes existían y se resistían a dejar su tierra. A cada lucha, a cada resistencia se la interpreto como producto de un "terrorismo árabe", ya que estos árabes eran por naturaleza violentos.

25 EL SIONISMO Y LAS CONSECUENCIAS DE LA POLÍTICA DEL ESTADO DE ISRAEL

El año 1948 no sólo marca el año de la creación del Estado de Israel sino también el comienzo de la guerra árabe-israelí, y el éxodo de los palestinos. Aunque en la partición de Palestina en dos estados: un estado árabe y uno judío, el estado de Israel recibió el 60% de las tierras no se conformó con esto, y siguió con su expansión. "El resultado fue la ocupación de Haifa,

Jaffa, Beisan, Acre, el barrio residencial palestino de Jerusalén y otras poblaciones menores, así como la purificación de Galilea. Antes de que Ben Gurión proclamara el estado de Israel había ya 400.000 palestinos fugitivos".

El problema, que ha demostrado ser el lado más cruel del conflicto árabe-israelí, es el de los refugiados palestinos. En 1949, la Asamblea General de las Naciones Unidas crea la Agencia de Socorro y Trabajo de las Naciones Unidas *(en inglés, U.N.R.W.W)*, ésta era la que proporcionaba servicios básicos como viviendas, atención sanitaria y educación. Eran en su mayoría estos refugiados campesinos expropiados, producto de la ocupación sionista.

Los sionistas sostienen que el problema de los refugiados fue ocasionado por los propios líderes árabes, al no acatar la resolución de las Naciones Unidas de crear en Palestina dos estados. Ben Gurión sostuvo que los árabes no fueron expulsados, sino que se exiliaron por su propia decisión. Lo cierto es que, en la concepción sionista, el Estado de Israel no podía pensar en integrar a los árabes, así sean éstos una minoría, la idea fue trasladar a la población palestina hacia otros estados árabes.

Los árabes no podían aceptar ser desposeídos de las tierras que habían ocupado desde siempre, por lo cual iniciaron la Revolución Palestina. Ella no es producto del "terrorismo árabe", sino que representa la lucha de un pueblo por recuperar sus tierras y sus derechos. Esta Revolución daría la pauta a Ben Gurión, y también a líderes árabes, que los palestinos no aceptarían pacíficamente la instalación del estado judío. Otro gran problema, que se suscitó al establecerse el estado de Israel, fue que los principios de democracia que se planteaban eran contradictorios con los postulados sionistas. Teóricamente, el estado debía ser de todos los ciudadanos, que debían tener iguales derechos. Sin embargo, el estado era concebido por los sionistas como un estado de judíos para judíos. Como marca Diner, esto también se debió a que la base de identidad del estado no era la de ser la "nación de Israel", sino el ser judío.

26 PARA RECORDAR SIEMPRE

Eric John Ernest Hobsbawm establece que el "*nacionalismo antecede a las naciones*". Las naciones no construyen estados y nacionalidades sino que ocurre al revés. Esto es la base en el caso del sionismo. Es el movimiento sionista un movimiento nacionalista que tiene como fin constituir una "nación judía". Sin embargo, y pese a que el sionismo se recubre de la identidad judía, no se puede decir que todos los judíos apoyen al movimiento, ya que el sionismo tiene más puntos de contacto con las ideas del nacionalismo europeo del Siglo XIX, que con las ideas tradicionales propias del judaísmo.

Lo que el sionismo adquiere del judaísmo es la idea del retorno a Sión. Para asentar una nación era necesario un territorio, y en Palestina podían, valiéndose de la Biblia, reclamar los derechos sobre esa tierra. El problema es que Palestina no era una "tierra sin pueblo". Todos saben que los pueblos árabes la habitaron desde siempre. Por lo que la solución que optaron los sionistas fue la de expulsarlos, expropiarles su tierra, negarles su existencia y cometer contra ellos los más grandes crímenes de lesa humanidad. Sin embargo, los palestinos no se resignaron e iniciaron la Revolución, una lucha para recuperar su tierra, que el sionismo catalogó mundialmente en términos de terrorismo.

¡Viva Palestina Libre!

ESCUELAS ESTRATÉGICAS DE PENSAMIENTOS (THINK TANK)

«Actualmente el "pueblo soberano" opina sobre todo en función de cómo la televisión e induce a opina. Y en el hecho de conducir la opinión, el poder de la imagen se coloca en el centrote todos los procesos de la política contemporánea» Giovanni Sartori

Think tanks es el nombre que recibe en inglés lo que podría calificarse como un centro, instituto o institución que se dedica a difundir en la sociedad civil —de manera disimulada— una propaganda ideológica (*generalmente de carácter político*) bajo forma de divulgación de ideas o pensamientos constructivos, necesarios e innovadores, útiles para el ciudadano común y corriente, para los estudiantes, los líderes del país, los intelectuales y otras instancias dirigentes. Su aparición se remonta al año 1831 cuando la **Real Institución de Servicios Unidos** (*RUSI*) fue creada en la ciudad de Londres por el Duque de Wellington. Está registrado que la misión original de RUSI era "estudiar la ciencia naval y militar". Para esa época el dominio militar de los mares era esencial para la propagación del colonialismo, la construcción del imperio, la explotación, el robo, el sufrimiento y asesinato. El premio final de la corona fue la transformación de China en una fuente de ingresos para las élites británicas procedente del opio.

Con el advenimiento de la institución investigadora, las élites ahora podían salir de detrás de las paredes del castillo y operar abiertamente, al amparo popular, sin dejar de planificar sus políticas egoístas. Todo bajo el disfraz de unir las mentes más brillantes del mundo académico para resolver los problemas de la sociedad

La percepción pública común del think tank es de ser centros o fundaciones de investigación independientes, pero en su mayoría están ligados a grupos de poder o lobbys que incluso son ramificaciones de súper-estructuras ligadas a multinacionales, agencias de espionaje o países imperialistas quiénes finalmente son los que financian y manipulan estos think-tanks. La misión de los think-tanks es pues la de inculcar e imponer en una población, a una sociedad civil, una forma de pensar, hacer aceptar los valores e ideas que ciertos grupos dominantes quieren imponer o hacer prevalecer —de acuerdo a sus intereses—, imponiéndolos de manera discreta, sin que sea apercibido quien está detrás de todo esto. Por esa razón los "think tanks" tienen los medios financieros para reclutar personalidades, artistas, prestigiosos intelectuales para que trabajen para ellos y propaguen las ideas o creencias de estos think tanks.

En el caso de los Estados Unidos, el más antiguo think tank es la **Fundación Carnegie para la Paz Internacional** fundada en el año 1910. Hoy en día, la alta élite de la globalización y la defensora de la agenda de los Rockefeller, **Jessica Tuchman Mathews** ha sido presidenta del think thank Carnegie que se encuentra en Washington DC desde 1997 mientras que, al mismo tiempo, es miembro del Comité Directivo Bilderberg. La presidenta de la Fundación Carnegie tiene como trabajo "intentar un acuerdo de voluntades para lograr una paz mundial que persista en el tiempo" - adicionalmente facilita la transición hacia un nuevo orden mundial.

En 1947, el **Instituto Tavistock de Relaciones Humanas** fue creado en Londres por **Henry Dicks** para concentrarse en los aspectos psicológicos y psiquiátricos de controlar a las masas en una escala global (*orientación psicoanalítica*). Fuertemente influenciado por las obras de vanguardia de los psicoanalistas Sigmund Freud y Carl Jung, Tavistock se acredita para dar "orientaciones" al Instituto de Investigación Social, Instituto de Investigación de Stanford (SRI), del Instituto Brookings, Wharton School of Economics, RAND, el Club de Roma, y las agencias de inteligencia como la OSS (*predecesora de la CIA*), y otros. En el libro de **John Coleman**, **Conspirators Hierarchy - The Committee of 300 (1992)**, se establece al Instituto Tavistock como parte de una conspiración global que dará lugar a un Nuevo Orden Mundial, manipulando psicológicamente la población, a través especialmente de la televisión y la música.

En los Estados Unidos actualmente los think tanks más publicitados acogen regularmente seminarios televisados y se presentan como representantes de una cierta ideología socio-política. Por ejemplo, la Heritage Foundation, fundada el 16 de febrero de 1973 por **Paul Weyrich** y **Edwin Feulner** con financiamiento de **Joseph Coors**, que también fundaron la **Moral Majority** y el **Consejo de Política Nacional**, es tal vez el más grande y más influyente think tank "conservador" que saltó a la fama en 1981 con la administración Reagan. Estos tanques de pensamientos han defendido y promovido la desvalorización de las políticas económicas y sociales conservadoras, aumento de la financiación de la defensa, y las injerencias militares en el extranjero. En fin, se presenta como una institución consultiva para lo que se percibe como las políticas del Partido Republicano.

En contraposición a la **Fundación Heritage** está el **Centro para el Progreso Americano** (*CAP, ó Center for American Progress*). Este centro finge de estar dedicado a mejorar las vidas de los estadounidenses a través de ideas y acciones progresistas. De hecho es ahora un frente para la maquinaria política de Clinton / Obama, que no es más que el brazo izquierdo del aparato financiero mundial Rothschild que rige actualmente los Estados Unidos.

El Instituto CATO fue fundado en 1977 en San Francisco, California por Edward H. Crane e inicialmente financiado por Charles G. Koch. Estuvo en estos años relacionado con los inicios del Partido Libertario. El nombre hace referencia a las Cartas de Catón y fue propuesto por Murray Rothbard miembro fundador y directivo que luego salió por problemas internos con la organización en 1981. Éste se define como un think tank "libertario" dedicado a difundir y aumentar la comprensión de las políticas públicas basadas en los principios de la libertad individual, un gobierno limitado, mercado libre y la paz. El instituto se dedica a establecer presidencias del Partido Republicano y legislaturas que promuevan políticas que beneficien directamente a los hermanos Koch, sus industrias y sus ideologías políticas, bajo el pretexto de promover las libertades individuales, el gobierno no-intrusivo, la paz y la prosperidad para todos.

Es importante mencionar que existen otras organizaciones declaradas como fundaciones filantrópicas, diseñadas para crear una percepción humanista que empatice y oculte la fría maquinaria psicópata de los poderosos. A partir de 1913, el mismo año que esta maquinaria psicópata usurpó la oferta del dinero de Estados Unidos a través de la insidiosa Ley de la Reserva Federal, la Fundación Rockefeller fue creada. Ésta filantrópica institución se define como una organización sin fines de lucro, organización no gubernamental (*ONG*), dedicados a la salud y la educación de todos. Mediante el control de la educación y la salud. Bajo el disfraz de la caridad y de buen corazón, la Fundación Rockefeller ha sido fundamental en el control del plan de estudios en las escuelas de todos los niveles con el fin de moldear las mentes de los jóvenes a pensar de una misma manera. La Fundación Rockefeller es una pieza importante en la investigación médica y el desarrollo, en gran medida impulsado por los beneficios y cargado de ingeniería biológica y la psiquiatría.

Para reforzar todo lo expuesto anteriormente, se menciona que el sitio web del New York Times publica una serie de documentos reunidos durante la realización de una investigación denominada «Foreign Powers Buy Influence at Think Tanks», por Eric Lipton, Brooke Williams y Nicholas Confessore, The New York Times, 6 de septiembre de 2014.

De acuerdo a esta investigación del periódico *New York Times*, 64 gobiernos extranjeros han venido subvencionando los 28 "tanques pensantes" o "*think tank*" más importantes de Estados Unidos desde el año 2011, lo cual constituye una violación de la *Foreign Agents Registration Act* de 1938. Según precisa ese diario estadounidense, esos gobiernos han evitado que esos tanques pensantes publiquen trabajos que perjudiquen sus intereses y, en ciertos casos, incluso han logrado imponer análisis que favorecen sus propias preocupaciones e incluso utilizarlos en operaciones de cabildeo.

Este periódico menciona directamente a Japón, Qatar, los Emiratos Árabes Unidos, Noruega y Azerbaiyán como países que recurren a ese modo de ejercer su influencia mientras que el *Atlantic Council*, la *Brookings Institution*, el *Center for Global Development* y el *Center for Strategic and International Studies* se encuentran entre los tanques pensantes que aceptan ese tipo de soborno.

27 DIME A CUAL "THINK TANK" CITAS Y TE DIRÉ QUIÉN TE MANIPULA

Aquellos días **Stephen Hadley** (*Ex consejero de Seguridad Nacional del gobierno de George W. Bush*) estaba muy ocupado. Estados Unidos pensaba si bombardear o no al gobierno sirio por supuestamente haber utilizado armas químicas. Hadley, **aparecía en CNN, Fox News y Bloomberg TV como experto independiente**. Él creía que había que atacar. Lo que la audiencia no sabía, porque nadie se lo había contado, es que Hadley era director de Raytheon, **uno de los fabricantes del misil Tomahawk** que eventualmente sería utilizado en los ataques. Las acciones de Raytheon subieron a su máximo histórico. **El trozo del pastel de Hadley en la empresa ascendió hasta casi 900.000 dólares**, todo según un estudio de la Iniciativa para la Responsabilidad Pública (*Public Accountability Initiative*). Al menos otros **22 de los contertulios que proponían en los medios atacar a Siria tenían relación con la industria militar**, según la misma entidad sin ánimo de lucro. Sólo en 13 de las 111 apariciones los medios expusieron estos conflictos de intereses.

En Washington, la capital que más poder concentra en el mundo (*el gobierno de la primera potencia, e instituciones como el FMI o el Banco Mundial*), los centros de estudios se cuentan por centenares, y subiendo la propaganda ha evolucionado de forma radical en las últimas décadas, sobre todo con la llegada de las cadenas de televisión de información continua y el maremágnum de internet. **Los grupos de presión** ya no enarbolan pancartas ni lanzan boletines con una agenda explícita. **Se disfrazan de sabios independientes** y se confunden entre la masa de contertulios y expertos citados por los periodistas. Y en esta forma de manipulación mediática, Estados Unidos es un auténtico maestro.

"**El *boom* energético traerá un dinero caído del cielo para las familias americanas - IHS**". Este titular de la agencia de noticias Reuters (***del 4 de septiembre de 2012***) era un auténtico manjar para los periodistas económicos. Según el último informe de la consultora IHS-CER, contaba la agencia, en plena salida de la recesión **cada familia estadounidense ganará 2.500 dólares más al año** gracias al aumento de la producción de petróleo en el país, en medio de una de las peores crisis de empleo que recuerda Estados Unidos. Además, según la nota, se habrían añadido 2,1 millones de trabajos a la economía en 2012, directos e indirectos, y la cifra subiría a los 3,3 millones en 2020. Un escenario idílico, imposible resistirse al canto de sirena. El teletipo fue replicado por decenas de medios.

Pero algo no olía bien en esa nota: el informe ensalzaba el controvertido *fracking* y el petróleo de arenas bituminosas de forma muy descarada, haciendo casi un chantaje emocional: ese maná podría reducirse por la caída de un 67% en la producción si las "preocupaciones medioambientales terminan restringiendo la producción". Este corresponsal contactó con la consultora.

28 ESTUDIOS PAGADOS POR LOS 'LOBBYS' DEL PETRÓLEO

Es justo y necesario saber: **¿Qué es un Lobby?-** Un "lobby" es un equipo especializado en presión política y financiado por las multinacionales que inciden para influir sobre las decisiones de los gobiernos locales, estatales y regionales. Los más poderosos son los "lobbies" industriales de las grandes multinacionales o los financieros de los grandes bancos. Durante los últimos dos décadas, la toma de decisiones dentro de la Unión Europea ha sido secuestrada espectacularmente por estas grandes corporaciones a través de sus lobbies sectoriales.

En Bruselas hay más de 500 grupos de presión, principalmente industriales o financieros, los cuales emplean un ejército de lobistas (*se calcula que son unos 10.000*) para incidir sobre las políticas económicas formuladas en Bruselas, que cada vez más nos afecta más al nivel local.

"IHS mantiene una independencia editorial completa", asegura la empresa, de 8.000 empleados y especializada en la venta de información estratégica. Pero al mismo tiempo **reconoce que el estudio fue pagado por la Alianza Estadounidense de Gas Natural** (*America's Natural Gas Alliance*), el Instituto de Petróleo Estadounidense (*American Petroleum Institute*), el Consejo Químico de Estados Unidos (*American Chemistry Council*), y el Instituto para la Energía del Siglo XXI de la Cámara de Comercio Estadounidense (*U.S. Chamber of Commerce - Institute for 21st Century Energy*), entre otros. Casi no faltaba ningún grupo de presión del sector.

Nada de esto implica que el informe sea falso o que su estimación de datos a futuro no vaya a cumplirse. Pero hay un obvio conflicto de intereses que debería haber ocupado un lugar destacado en la información de Reuters. Un "full disclosure", como le llaman en este país, habría sido lo correcto. Otras organizaciones, como la Asociación para el Estudio del Máximo de Petróleo y Gas en Estados Unidos (*ASPO-USA*), aseguran que el informe del IHS-CERA tiene "un problema de credibilidad" y que "altera los mercados". Además, **la estimación de los puestos de trabajo mezcla empleos indirectos**, difíciles de probar, **con los directos**. De hecho, los trabajadores de la industria de la exploración y perforación petrolera en Estados Unidos se cuentan más bien por decenas de miles, según la Oficina de Estadística.

Los *think tanks* son cada vez más citados por los medios de comunicación (*más de 4.000 menciones en 2012 sólo para la Brookings Institution y la Heritage Foundation*). Eso significa capacidad de influencia en la opinión pública. Por eso, **en Washington**, la capital que más poder concentra del mundo (*el Gobierno de la primera potencia, e instituciones internacionales como el FMI o el Banco Mundial*), **los centros de estudios se cuentan por centenares, y subiendo.** Suelen producir miles de informes complejos, con centenares de páginas, que pocos periodistas leen al completo. Por eso envían una sinopsis con titulares normalmente atractivos que luego se reproducen en los medios de comunicación de masas.

29 "LOS HISPANOS NO LLEGARÁN AL COEFICIENTE INTELECTUAL DE LOS BLANCOS"

Un ejemplo de esto es: "**La reforma migratoria costará a Estados Unidos 6,3 billones de dólares, según la Heritage Foundation**". Parecía el contrapunto perfecto a la armonía que parecía salir del Senado en mayo de ese año (2015) sobre la nueva ley de inmigración. El informe de la Heritage aparentaba ser *legit* (*legítimo*): con su titular serio (*"The Fiscal Cost of Unlawful Immigrants and Amnesty to the U.S. Taxpayer Special Report"*), su sumario ejecutivo, y su firma prestigiosa, la del doctor Jason Richwine. Sin embargo, Richwine era, como se destaparía después, un activista contra la inmigración responsable de disertaciones como esta: "**Nadie sabe si los hispanos llegarán alguna vez al coeficiente intelectual (CI) de los** blancos, pero la predicción de que los nuevos inmigrantes hispanos van a tener hijos con CI bajo es difícil de discutir". **Al menos 23 de los contertulios que proponían en los medios atacar a Siria tenían relación con la industria militar. Sólo en 13 de sus 111 apariciones se expusieron estos conflictos de interés:** La Heritage es a la facción más conservadora del Partido Republicano lo que la Fundación Ideas era al PSOE o la FAES al PP de **Aznar**. Tiene dos ramas: el conocido *think tank* y la organización activista Heritage Action. Esta última fue un elemento clave en la **revolución del *Tea Party*** que llevó a Estados Unidos al cierre de gobierno de principios del mes de octubre. **Amenazó con bajar la nota en una de sus prestigiosas listas a los congresistas que votaran a favor** de la propuesta para reabrir el gobierno que acababa de presentar el portavoz republicano John Boehner. Tras conocerse la amenaza, muchos congresistas se echaron atrás y la votación se canceló.

"La Heritage Foundation sigue siendo un centro de estudios aunque tenga a la Heritage Action como *lobby*", opina para *El Confidencial* de forma anónima un representante del grupo Think Tank Watch. "Otros *think tanks* tienen el mismo esquema, como el Centro para el Progreso Americano (*Center for American Progress, CAP*) ligado a la Administración de Obama".

30 LOS DONANTES SECRETOS DEL 'THINK TANK' DE OBAMA

La revista **The Nation** (*un semanario estadounidense de izquierda publicado en los Estados Unidos, fundado el 6 de julio de 1865 y es publicado por The Nation Company, L.P. en 33 Irving Place en Nueva York*) publicó un reportaje titulado "Los donantes secretos del **Centro para el Progreso Americano**". En él sugería que el CAP había apoyado la política energética de Barack Obama y a empresas como First Solar porque ésta formaba parte de la Business Alliance, "un grupo secreto de donantes empresariales". El CAP negó que "diera forma a sus historias según los intereses corporativos". Las contribuciones a los *think tanks* son anónimas, pero quedan reflejadas en las declaraciones de la renta. Basándose en esos datos, **FAIR** ha determinado que, de esas 25, **dos tercios reciben dinero de al menos una empresa relacionada con el petróleo**. Más de la mitad están financiadas en parte por **ExxonMobil**, y nueve por **Chevron**. Los hermanos Koch, de Industrias Koch, pagan siete. **Shell**, cinco, y **Conoco-Phillips** y **BP**, tres. Además, estas empresas de la llamada "Big Energy" tienen a varios de sus empresarios en los consejos de administración de centros de estudios como la Brookings, el CSIS o Aspen Institute. Conclusión: los temas de energía son especialmente sensibles.

CLUB BILDERBERG

«La población general no sabe lo que está ocurriendo, y nisiquiera sabe que no lo sabe» Noam Chomsky

DEFINICIÓN

El Club Bilderberg es una reunión anual privada a la que asisten importantes personalidades de los países más desarrollados del mundo y representantes de los grandes organismos internacionales. Fue fundado por el emigrante judío y consejero político polaco **Jozef Retinger**, preocupado por el creciente antiamericanismo en Europa Oosterbeek, Países Bajos, del 29 al 31 de mayo de 1954.

Figura 7. Creación del Club Bilderberg en 1956.

Joseph Retinger, el fundador del Grupo Bilderberg, fue también uno de los arquitectos originales del Mercado Común Europeo, y un intelectual líder campeón de la integración Europea. En 1946, él dijo al Instituto Real de Asuntos Internacionales (*la contraparte Británica y organización*

hermana del Consejo de Relaciones Exteriores), que Europa necesitaba crear una unión federal para los Países Europeos para "renunciar a parte de su soberanía", Retinger fue fundador del Movimiento Europeo (*EM-ME en español*), una organización lobista dedicada a crear una Europa federal. Retinger aseguró soporte financiero para el Movimiento Europeo desde los poderosos intereses financieros EE.UU. como el CFR y los Rockefeller. No obstante es difícil de distinguir entre el CFR y los Rockefellers, especialmente después de la Segunda Guerra Mundial, la principal financiación del CFR vino de la Corporación Carnegie, la Fundación Ford y especialmente la Fundación Rockefeller.

El Grupo Bilderberg actúa como un "think-thank secreto global" cuya original función era la de "enlazar gobiernos y economías en Europa y América del Norte durante la guerra fría". Uno de los principales objetivos del Grupo Bilderberg era unificar Europa en una Unión Europea. Aparte de Retinger, el fundador del Bilderberg y del Movimiento Europeo, otro fundador ideológico de la Integración Europea fue Jean Monnet, el cual fundó el Comité de Acción para unos Estados Unidos de Europa, una organización dedicada a promover la integración Europea, y el fue también el mayor promotor y primer presidente de la Comunidad Europea del Carbón y el Acero (*CECA o ECSC en Inglés*), el precursor del Mercado Común Europeo (*MCE-ECM en ingles*).

Documentos desclasificados (*liberados en 2001*) mostraron que "la Comunidad de inteligencia de EE.UU. llevó a cabo una campaña en los 60 y 70 para construir un momento para una Europa Unida, fundó y dirigió el movimiento federalista Europeo". Los documentos revelaron que "América estaba trabajando agresivamente detrás de las escenas para empujar a Gran Bretaña en un Estado Europeo, un memorándum, datado el 26 de julio de 1950, da instrucciones para una campaña para promover un parlamento europeo de pleno derecho, está firmado por **General William J Donovan**, cabeza de la Oficina de Servicios Estratégicos (*OSSOffice of Strategic Services por sus siglas en inglés, en tiempos de guerra*), precursora de la CIA", más adelante "La mayor herramienta de Washington para moldear la agenda europea fue el Comité Americano para una Europa Unida, creado en 1948. El gobernador fue Donovan, en apariencia un abogado privado por entonces". Y el Vice-gobernador era Allen Dulles, el director de la CIA en los 50. La mesa (*de directores*) incluía a **Walter Bedell Smith**, el primer director de la CIA, y una hilera de ex-figuras y oficiales de la OSS que se movieron dentro y fuera de la CIA. El documento muestra que ACUE financió el Movimiento Europeo, la más importante organización federalista en los años de postguerra, curiosamente, los líderes del Movimiento Europeo -Retinger, el visionario Robert Schuman y el antiguo primer ministro Belga Paul-Henri Spaak -eran tratados como manos alquiladas por sus sponsores americanos. El papel de EE.UU. fue manejado como una operación encubierta. Los fondos de la *ACUE* vinieron de las fundaciones Ford y Rockefeller también de grupos de negocios con conexiones cercanas al Gobierno EE.UU.

Figura 8. El general William J. Donovan pasa revista a los miembros de un Grupo de Operaciones de la OSS en Bethesda (*Maryland*) antes de que viajen a China, en 1945.

La Comunidad Europea del Carbón y el Acero (*CECA*) se fundó en 1951 y fue firmada por Francia, Alemania del Oeste, Italia, Bélgica, Luxemburgo y Holanda. Documentos recientemente liberados de la sesión de 1955, muestran que un tema principal de discusión, fue la "Unidad Europea" y la "discusión afirmaba el completo apoyo para la idea de integración y unificación de los representantes de las 6 naciones de la CECA presentes en la conferencia". Además, "Un ponente europeo expresó preocupación sobre la necesidad de cometer una moneda común, e indicó que desde su punto de vista esto necesariamente implicaba la creación de una Autoridad Política Central" interesadamente, "Un participante de EE.UU. confirmó que su país no había doblado su entusiástico apoyo para la idea de integración, sin embargo había considerables distensiones en América sobre cómo llevar a cabo de forma práctica dicho entusiasmo. Otro participante de EE.UU. urgió a sus amigos Europeos a avanzar en la unificación de Europa con menos énfasis en consideraciones ideológicas, y, sobretodo, ser prácticos y trabajar rápido". Además, en la reunión de 1955 del Grupo Bilderberg, ellos crearon una agenda primera, la creación del Mercado Común Europeo.

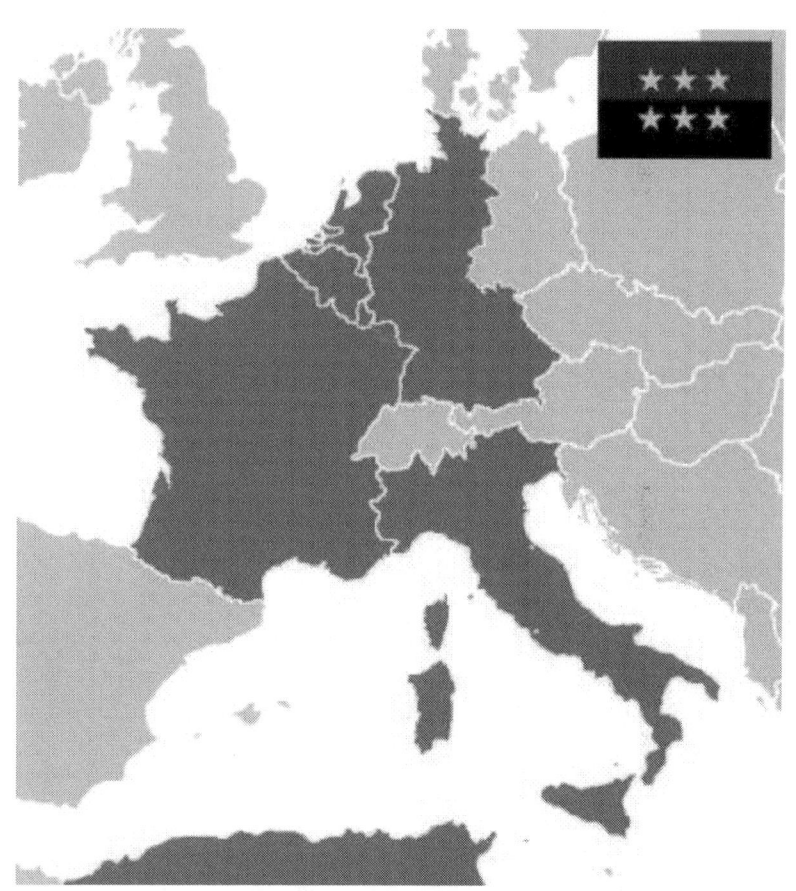

Figura 9. Los miembros fundadores de la CECA: Alemania Occidental, Bélgica, Francia, Italia, Luxemburgo y Países Bajos (*La Argelia francesa era parte integrante de la República Francesa*).

En 1957, dos años después, se firmó el Tratado de Roma, que creó la Comunidad Económica Europea (*CEE*), también conocida como la Comunidad Europea. Durante décadas, se firmaron varios otros tratados, y más países se unieron a la Comunidad Europea. En 1992, se firmó el Tratado de Maastricht, que creó la Unión Europea y llevó a la creación del euro. El Instituto Monetario Europeo fue creado en 1994, el Banco Central Europeo se fundó en 1998, y el euro fue lanzado en 1999. Etienne D'avignon, Presidente del Grupo Bilderberg y ex Comisario de la UE, reveló en marzo del 2009 que el Euro fue debatido y previsto en las conferencias de Bilderberg. Este fue un ejemplo de regionalismo, de la integración de toda una región del mundo, todo un continente, en una gran estructura supranacional. Esta fue una de las principales funciones del Grupo Bilderberg, que también vendrían a jugar un papel importante en otros asuntos internacionales.

Durante varios días se fijan una serie de temas de debate sobre los que se intercambias ideas, propuestas y puntos de vista. El Club se ha reunido en España en dos ocasiones. Las conferencias del Club Bilderberg se programan como discusiones informales sobre las principales cuestiones que afronta el mundo. Los participantes pueden hacer uso de lo que se ha dicho en la conferencia, pero con la condición de no identificar nunca al ponente. En España se ha reunido en dos ocasiones: entre el 12 y el 14 de mayo de 1989 en La Toja; y entre el 3 y el 6 de junio de 2010 en Sitges.

En el 2015 se celebró entre el 29 de mayo y el 1 de junio en el hotel Marriot de Copenhague, donde se reunió unos 140 participantes de 22 países. De ellos 35 invitados procedieron de Estados Unidos, 13 de Gran Bretaña y el resto de los principales países europeos, Canadá y China. Entre los participantes, figura el ex secretario de Estado norteamericano Henry A. Kissinger; la directora general del Fondo Monetario Internacional (*FMI*), Christine Lagarde; el redactor jefe de The Economist, John Micklethwait; el exprimer ministro italiano Mariano Monti; la Princesa Beatriz de Holanda; el secretario general de la OTAN, Anders Fogh Rasmussen; el ministro sueco de Exteriores, Carl Bildt o el presidente de Airbus, Thomas Enders, entre otros. En esa ocasión hubo cuatro participantes españoles, tres de ellos habituales del foro, como son la reina doña Sofía; el presidente de Prisa, Juan Luis Cebrián; y el director general de La Caixa, Juan María Nin, a quienes se ha unido este año el ministro de Asuntos Exteriores y de Cooperación, José Manuel García-Margallo. Desde su creación, prácticamente cada año han asistido miembros de familias poderosas como la de Rockefeller o los Rothchild. Representantes de las compañías Coca Cola, American Express, British Petroleum, JP Morgan y Microsoft también son asiduos a los encuentros. Desde la presidencia de Dwight Eisenhower, todos los mandatarios estadounidenses han asistido a algún encuentro del Club Bilderberg: John F. Kennedy, Lyndon B. Johnson, Richard Nixon, Gerald Ford, Jimmy Carter, Ronald Reagan, George Bush padre e hijo, Bill Clinton y Barack Obama.

32 REUNIÓN 2016

En **Dresde** en Alemania se concentró el Gobierno Oscuro del mundo. Desde el jueves 9 de junio hasta el domingo 12, reyes, aristócratas, políticos, jefes y funcionarios de Estado, banqueros, millonarios, propietarios y CEO's de los conglomerados globales y así hasta unas 120-150 personas se reunieron para "respirar juntos", para conspirar y decidir el futuro del resto de la humanidad. A pesar del alto nivel de los participantes a la cumbre, la prensa tradicional no profundiza en el tema y pasa de puntillas por la noticia.

La cumbre número 64 del Club Bilderberg se celebró este año en el hotel Taschenbergpalais Kenpinski de Dresde entre fortísimas medidas de seguridad. Los temas que se trataron este año abarcaron, entre otros, **la crisis económica de China, el problema de los refugiados en Europa, Rusia**, Oriente Medio, ciberseguridad, tecnología, geopolítica, precariado y clase media... La agenda fue diversa. Uno de los temas más importante fueron los Papeles de Panamá, tal y como afirma *El Confidencial Digital*. **Henry Kissinger y David Rockefeller, dos de los miembros fundadores, debatieron la propuesta de que Estados Unidos quede como el único paraíso fiscal del mundo**. Éstos defenderían en esta cumbre que la mayoría de territorios con secreto bancario y que son considerados como paraísos fiscales los utilizan las organizaciones criminales para blanquear dinero, y por ello, en esta lucha contra la evasión fiscal, **habría que acabar con todos los paraísos fiscales del mundo, como Suiza, Panamá, las Caimán o las Bermudas** para hacer que EE.UU sea el principal país al que los adinerados de todo el mundo lleven su dinero, sin secreto bancario.

Pero, ¿Quiénes forman parte del Club Bilderberg?

El Club Bilderberg es una organización jerárquica piramidal de tres niveles. De abajo a arriba estos niveles serían:

– **Los inocentes:** Es el grupo más numeroso, el estrato inferior de la pirámide. Los inocentes son los invitados eventuales a Bilderberg. Suelen ser personas poderosas, influyentes, ricas, sobre las que quieren conocer su visión del mundo y si estarían en disposición de respirar juntos (*conspirar*) con los ideales de la organización. Muchos de estos inocentes no conocen las verdaderas intenciones de Bilderberg, y algunos salen de la reunión defraudados, como le ocurrió en el año 2012 a la vicepresidenta española, Soraya Sáenz de Santamaría. Otros, como Esperanza Aguirre, salen encantados. Y otros, como Pujol, no gustan en el núcleo duro del Club.

– **El Steering Commitee o Comité directivo:** Compuesto por 33 miembros permanentes. El actual Presidente es Henri de Castries, CEO del Grupo AXA. Constituye el peso pesado de Bilderberg y se encargan de elaborar la lista de asistentes a las reuniones en base a los temas que se vayan a tratar. Los componentes del Steering Commitee tienen su agenda propia y discuten los temas más discretos (una de sus palabras favoritas, en vez de secretos) sin que el resto de los asistentes, con los que se reúnen para debatir otras cuestiones más generales, conozcan este particular. Como he comentado más arriba, España tiene un representante dentro del comité directivo: Juan Luis Cebrián.

– **El núcleo duro:** Los verdaderos artífices de la agenda mundialista. Con exactitud solo se conoce el nombre de David Rockefeller. Junto a él, no debemos olvidar nombres tan importantes como los de Henry Kissinger o la Familia Rothschild.

33 LOS CREADORES DEL CLUB BILDERBERG

– **Jozef Retinger:** El ideólogo del Club; financiero polaco y masón. Tenía tal influencia y contactos que se decía que solo debía descolgar un teléfono para tener hilo directo con la Casa Blanca.

– **Bernhard de Lippe-Biesterfeld:** El relaciones públicas del club. Hombre sagaz, cautivador y duro a la vez. El Club toma su nombre del hotel del príncipe, el Hotel Bilderberg, donde tuvo lugar la primera reunión en 1954. Solo en 1976 la reunión anual no se celebró debido al escándalo Lockheed que salpicó de lleno a Bernardo de Holanda.

– **David Rockefeller:** Él ha sido y sigue siendo a sus 101 años el alma del Club.

34 TEMAS TRATADOS EN LA AGENDA OCULTA DE LA REUNIÓN DEL 2015

Para tener una idea de los temas tratados y decisiones tomadas en la reunión de los Bilderberg, se menciona un artículo publicado el 14/06/2015 en la página WEB de la cadena–RT- (*Russia Today, con sede en Moscú, cuyo propietario es el Gobierno de la Federación de Rusia, ANO TV-Novosti*) informaron: «*Hay que recordar que a esta reunión llegan expertos con información clave, que incluso puede ser equivocada pues la inteligencia no es siempre tan preclara como se comprobó en Ucrania, aunque siempre se saca partido o en Siria donde hubo que retroceder pese a la invasión proyectada*». En efecto, se trataron seis temas:

Uno, el grado de cohesión de la élite, o sea, establecer cuán sólida es la conjunción de intereses, las personalidades que asistieron y su importancia, confrontar a los aliados con dudas y establecer nuevos contactos que demuestren una fortaleza inexpugnable. Este es un tópico fundamental.

Dos, estudiar si los objetivos propuestos en el Nuevo Orden Mundial (*NOM*) están asegurados y, por tanto, garantizada la continuidad de seguir percibiendo sus riquezas sin sobresaltos a través del desarrollo de ganancias y poder geoestratégico. La creación de un mundo pluripolar que paulatinamente va creando una legislación nacional e internacional para cortar de raíz las extraordinarias ganancias de dichas megacorporaciones, como por ejemplo la ley de impuesto a la herencia de Correa, que ha sido apoyada por la burguesía ecuatoriana, es considerada síntoma preocupante y que debe ser "sujetada" prontamente. El hermético "Acuerdo TIIP" será continuado con ahínco por ser un emblema de la legislación extraterritorial que le da potestad y jurisdicción sobre las naciones.

Tres, definir qué actores serán protagonistas, peones, gobiernos sirvientes, para establecer las funciones que tendrán que jugar en este plan ya programado delimitando el alcance y magnitud de su participación, evaluando la concentración de poderes político-militares y aquellos que han mermado la capacidad de participación crítica a una amplia mayoría, y por ende, si se ha tergiversado el propósito mismo para lo que estas estructuras fueron creadas. El caso Mistral tiene a Hollande, presidente francés, como un referente clásico de subordinación.

Cuatro, identificar obstáculos y su grado de fuerza. Un objetivo no transable es investigar los mecanismos más adecuados en esta época para eliminar los países y dirigentes con concepciones divergentes; líderes y naciones como Putin, Maduro, Irán, China, serán blancos. Es preciso confirmar que en este Club no se sobrevalora su fortaleza ni se minimiza el poder del enemigo ya que sí entienden, independientemente de las herramientas que poseen, que existen obstáculos difíciles de sortear y deben ser eliminados de algún modo. No es descabellado, entonces, los más de seiscientos intentos de asesinato a Fidel Castro y la muerte de Hugo Chávez por un "cáncer" fulminante.

Cinco, planificar las próximas acciones y nodos de conflicto entre las cuales estará Siria a la que se intentará invadir a través del Estado Islámico y la preparación del Ejército Libre Sirio-facción "moderada", el debilitamiento del ejército iraquí para provocar una "nueva Libia", las amenazas a Irán con el objetivo de quebrar su influencia global, la cruda destrucción de Yemen para permitir un nuevo asentamiento de al Qaeda, la intensificación de la guerra en Ucrania, el ataque descarnado del FMI-BCE a Grecia y su gobierno de izquierda, la fuerte presión mediática y denuncias a

Podemos en España, el inocuo ataque de la coalición contra el terrorismo liderado por Estados Unidos, la intervención con nuevo impulso en América Latina, entre otros, sin descuidar África en colisiones y Asia en expansión.

Seis, establecer nuevas metodologías de acción política armada o "pacífica" y la evaluación permanente para ver cómo se concreta el proyecto.

De la reunión se desprenden las siguientes consideraciones:

- Al informar al mundo de su reunión están confirmando que poseen poder alto y que lo ocuparán. En este contexto cobra notoria certeza la afirmación de Vladímir Putin sobre el rumbo que tomaron estas mega potencias después del colapso de la Unión Soviética, pues al sentir que no había nadie opuesto a su camino comenzaron a colonizar nuevos territorios en vez de dedicar su "afán de libertad" a la construcción de relaciones con los nuevos países. Lo concreto es que se han congregado para evaluar lo desarrollado y luego enviar las conclusiones básicas a un grupo de poder que no necesita al Club Bilderberg sino sólo como símbolo o mesa de peones para estudio, pues las decisiones se toman en otras instancias y dominios. Es un proceso reflexivo acucioso como lo requiere toda dirección corporativa en tanto cónclave para reestudiar decisiones y planes ya preestablecidos, coordinar acciones, ejecutar instrucciones y servir de fachada.

- Con alta probabilidad se ha decidido continuar con el objetivo de vulnerar a los países soberanistas concentrando su esfuerzo, en el caso de América Latina, en Venezuela, Ecuador, Bolivia y Argentina, con el fin de desestabilizar la región. Brasil es objeto de un estudio particular pues de sus cambios puede provenir la supuesta debacle de los países independentistas. Chile, Perú, Colombia y México, continúan siendo los aliados más poderosos del continente-exceptuando la relación paternal con Canadá. En Centroamérica ya se comienza a establecer el Plan de exterminio opositor y violencia ejemplarizante a través de la legislación permisiva, bases militares y "ayuda" táctica. No sin razón se entiende que en Guatemala se suspenda el antejuicio contra el presidente Otto Pérez Molina, leal menstral de Washington.

En esta línea, se evitará conflictivo a Chile, en crisis por el nivel de corrupción que sale a la luz pública, pues es un puntal importante para la funcionalidad neoliberal. Colombia, sin proceso de paz con grandes logros efectivos, es conveniente en estas circunstancias pues las fuerzas democráticas no pueden avanzar. Perú, en un caos general, está bien coordinado y México seguirá en la escalada violenta hasta tanto un proyecto electoral o de organización masiva pueda conducirlo por una senda de paz.

- Se incentivará la ayuda al Estado Islámico o Daesh por medio de las más refinadas formas, especialmente con armamento, logística, financiación. Francia apoyará estas organizaciones delictivas gracias al compromiso asumido por Hollande de contribuir a la crisis de la izquierda auténtica en el mundo. Naturalmente, la Coalición anti EI continuará su rol "neutral" impidiendo en lo posible el avance de las fuerzas liberadoras en Siria e Irak. Obstaculizará, en la medida de lo posible, la formación de un gobierno en Libia, fomentando la dispersión con el fin de lograr un fortalecimiento de los grupos takfiríes. La alianza con los países que favorecen el terrorismo será aún más estrecha ya que, pese a las supuestas fricciones graves, el cerrojo con Arabia Saudita, Turquía y Catar se cimentará más.

- En cuanto a los procesos eleccionarios, como el caso de Estados Unidos, establecerá una pantalla que impida ver las sombras detrás de las candidaturas y se dará un apoyo a Hillary Clinton como marioneta, a través de pactos ya adquiridos. No obstante, también jugarán a dos bandas como siempre se realiza "racionalmente". En toda situación eleccionaria extenderán sus redes integrales para manejar con seguridad la "fidelidad" de los probables ganadores.

- Según analistas serios, el Club Bilderberg tendrá como rol la organización del desorden controlado para continuar usufructuando del poder… lo que es coherente con su propósito fundamentalista. Así, las formas contemporáneas de lucha serán incrementadas, aprobando las experimentadas y renovando pues el planeta ha cambiado. En esta dirección se entiende la declaración de Philippa Malmgren (*ex funcionaria de la Casa Blanca*), al confirmar en diciembre pasado que el Pentágono ya está en una guerra con China y Rusia… "en el ciberespacio", olvidando que las sanciones a Rusia u otros países son verdaderos actos de guerra económica. No se puede olvidar que el Club Bilderberg fue fundado por el príncipe Bernhard en 1957 (*miembro holandés del partido nazi*), junto a John Foster Dulles, estadounidense quien trabajó activamente para devolver a jerarcas nazis empresas confiscadas. Son responsables de la creación de la Unión Europea y su extensión a 28 países, rompiendo todos los acuerdos de paz vigentes con Rusia. Es un centro teórico de acción concreta en el juego geopolítico mundial, representando a la élite internacional. Por tanto, sus principios están centrados en el negocio de la guerra, el comercio, la explotación y el dominio territorial del orbe.

- Pese a este incalculable poder, las Megacorporaciones tendrán que tomar en cuenta la realidad actual: mientras sepan que una guerra se extendería de inmediato a Estados Unidos, como principal blanco, aun cuando Europa esté comprometida, la discusión cambiará abruptamente pues la seguridad nacional y familiar estará en juego efectivamente; la existencia de una firme determinación y valentía por parte de numerosos pueblos y naciones crea una detente preocupante para intereses expansivos y la derrota está las posibilidades de quien intente determinadas agresiones; el cambio de relaciones de poder indica que el mundo pluripolar es ya un hecho y determina los términos de los acuerdos o desacuerdos, forzando la diplomacia.

- Cabe afirmar que existe todavía un gran dominio globalizado de las Megacorporaciones, aunque acorde al tiempo en que las guerras del Oriente Medio estén zanjadas en gran parte (*por lo menos en Siria e Irak*), se hará potente una nueva situación pues obligaría a un replanteamiento geográfico de las organizaciones terroristas las que tendrían como blanco a Europa misma. La Unión Europea puede fracturarse comenzando con Grecia, España, y los movimientos nacionalistas, lo que no asegura la continuidad del proceso. Si se une al boomerang desatado en Arabia Saudita, por su última agresión a países de la región como lo es Yemen, pues comienza a incrementarse la oposición a la monarquía, es dable creer que las intervenciones siempre traen graves consecuencias para el invasor modificando territorios y provocando fracturas.

- Entre las probabilidades, los diálogos de Rusia con Arabia Saudita y Turquía pueden agregar notas de incertidumbre a las alianzas sobreentendidas como inalterables, y las posibilidades de acuerdos como el Turkish Stream sobre el Trans-Adriático son golpes certeros de impacto internacional... lo que podría ser un aliciente para la misma Unión Europea sometida al dictamen externo. En la medida que el gobierno germano comprenda que la guerra puede afectar a su territorio y a gran parte de Europa primero, y cuán lejos están quienes la proponen (*Estados Unidos, Australia, Canadá y Nueva Zelanda*), la unidad se irá fragmentando y es esa una tarea de los medios alternativos.

- La creación de un mercado independiente de las mega corporaciones, como ya se está diseñando con el intercambio binacional, con monedas locales o nuevas que no dependan de la manipulación artificial en los precios, como el caso del petróleo o la potestad de los bancos, provista de una robusta política de confianza y estimulante del verdadero desarrollo de los pueblos, debilitaría enormemente las tendencias colonialistas y de guerra a la vez que traería un periodo de tranquilidad social con esperanza en el presente.

Finalmente, conocer la realidad que implica el Club posibilita tener un prisma para tomar decisiones en el presente con carácter futuro, dada la argumentación aportada. La historia de este globo terráqueo continuará su evolución dialéctica y permitirá contrastar estas definiciones y su grado de acercamiento a la verdad. La oportunidad de edificar una arquitectura planetaria al servicio del hombre humanizado se hace cercana.

35 LAS QUINCE CITAS MÁS MALVADAS DE LOS MIEMBROS DEL CLUB DE BILDERBERG

1. "Buscando un nuevo enemigo frente al que recobrar la unidad de acción, se nos ocurrió la idea de que la polución, la amenaza del calentamiento global, el déficit de agua potable, el hambre y cosas así cumplirían muy bien esa labor". (Club de Roma).

2. "No importa lo que es verdad. Sólo cuenta lo que la gente cree que es la verdad". (Paul Watson, cofundador de Greenpeace).

3. "La actual ventana a la oportunidad para que quizá un orden mundial interdependiente y verdaderamente pacífico se construya, no estará abierta durante mucho tiempo. Estamos al borde de una transformación global. Todo lo que necesitamos es una gran crisis y las naciones aceptarán el Nuevo Orden Mundial". (David Rockefeller, durante una cena de los embajadores de Naciones Unidas).

4. "En la política, nada sucede por accidente. Si sucede, usted puede apostar que así se planeó". (Franklin Delano Roosevelt).

5. "Cualquier tipo de tecnología compleja es un atentado contra la dignidad humana. Sería una catástrofe para nosotros si se descubriese una fuente de energía rica, limpia y barata, si pensamos en lo que el hombre haría con ella". (Amory Lovins, fundador del Rocky Mountain Institute, un Eco-think-tank).

6. "Mis tres metas fundamentales serían reducir la población mundial a unos 100 millones de habitantes, destruir el tejido industrial y procurar que la vida salvaje, con todas sus especies, se recobra en todo el mundo". (Dave Foreman, cofundador de Earth First).

7. "Necesitamos un amplio apoyo para estimular la fantasía del público... Para ello debemos ofrecer escenarios horroríficos, realizar declaraciones dramáticas y simples y no permitir demasiadas dudas... Cada uno de nosotros debe decidir dónde está el balance entre efectividad y honestidad". (Stephen Schneider, Stanford Profesor of Climatología, autor de muchos de los informes IPCC).

8. "Cuando uno llega a ser presidente de un país hay otra persona que toma las decisiones, y uno advierte que puede ser un ministro virtual". (Bill Clinton, 1998).

9. "La Era Tecnotrónica va diseñando paulatinamente una sociedad cada vez más controlada. Esa sociedad será dominada por una élite de personas libres, de valores tradicionales, que no dudarán en realizar sus objetivos mediante técnicas depuradas con las que influirán en el comportamiento del pueblo, y controlarán y vigilarán con todo detalle a la sociedad, hasta el punto en que llegará a ser posible establecer una vigilancia casi permanente sobre cada

uno de los ciudadanos del planeta". (Extraído de la obra "La Era Tecnotrónica", de Zbigniew Brezinsky, principal consultor del Grupo Rockefeller y artífice del Nuevo Orden Mundial).

10. "Aquellos que fabrican y emiten el dinero y los créditos son precisamente quienes dirigen las políticas gubernamentales y tienen en sus manos el destino de la gente". (Reginald McKenna, presidente de The Midlands Bank of England).

11. "El CFR (*Concejo de Relaciones Exteriores, rama fundamental del Nuevo Orden Mundial*) es una parte central de la sociedad americana que fue originada en Inglaterra. El CFR, junto con el Movimiento de Unión Atlántica y el Concilio del Atlántico de los Estados Unidos, cree que las fronteras nacionales deben ser eliminadas y que un solo gobierno mundial debe ser establecido. Lo que los Trilaterales (*referente a la Comisión Trilateral: Estados Unidos, Europa y Japón*) realmente intentan es la creación de un poder económico de proporciones globales superior al poder político de cualquier nación o estado involucrado. Como líderes y creadores de este sistema, ellos gobernarán el mundo. Desde mi punto de vista, la Comisión Trilateral representa un esfuerzo coordinado por tomar el control y consolidar los cuatro centros del poder: político, monetario, intelectual y eclesiástico". (Senador Barry Goldwater –"With No Apologies", 197, pág. 128 y 284).

12. "La única manera de conseguir que la sociedad cambie de verdad es asustar a la gente con la posibilidad de una catástrofe". (Daniel Botkin, Profesor emérito).

13. "El capitalismo, actual ideología triunfadora, tiene el arma más poderosa de conquista: el dinero. La historia de la actual dominación fue perfectamente planificada desde hace mucho tiempo. Desde que Estados Unidos se proclamó independiente, fraternidades económicas mundiales se instalaron en ese país para tomar el control económico y de esta forma el político. Usando políticas de expansión, viejas "familias" poderosas de Europa expandieron a las nuevas tierras sus dominios. Sociedades secretas establecieron sus nuevos imperios, desde los cuales partirían sus estrategias financieras y políticas. Johanes Rockefeller inmigró a América y su

descendiente, John D. Rockefeller, se convirtió en el líder del monopolio del petróleo. Con el tiempo, aliado a intereses europeos, promulgaron la creación de numerosas entidades mundiales. Su propósito: la instalación de su poder en todo el mundo para la conquista lenta y paulatina mediante la infiltración del poder económico. Ellos planificaron el establecimiento de varias organizaciones de poder internacional: la Reserva Federal, el Consejo de Relaciones Exteriores, la Comisión Trilateral, el Bilderberg Group y las mismas Naciones Unidas. El objetivo final: la creación de un Nuevo Orden Mundial". (William Cooper, ex-miembro de la Inteligencia Norteamericana -asesinado-. Extracto del informe sobre El Nuevo Orden Mundial).

14. "Estamos agradecidos con el Washington Post, el New York Times, la revista Time, y otras grandes publicaciones cuyos directores han acudido a nuestras reuniones y han respetado sus promesas de discreción por casi 40 años. Hubiera sido imposible para nosotros el haber desarrollado nuestro plan para el mundo si hubiéramos sido objeto de publicidad durante todos estos años". (Una declaración en 1991 de David Rockefeller, durante una reunión secreta del Grupo Bilderberg).

15. "Los oficiales económicos de los países más grandes deben comenzar a pensar en términos de manejar una sola economía mundial, junto con el manejo de relaciones económicas internacionales entre los países". (La Reforma de las Instituciones Internacionales: Un Reporte de la Trilateral Task Force en Las Instituciones Internacionales para la Trilateral Commission, New York: "The Trilateral Commission", 1976, pág. 22).

36 INVITACIÓN DE HUGO CHÁVEZ AL CLUB BILDERBERG

En 2007 el Rey de España manda callar a Chávez y abandona el acto de clausura de la Cumbre Iberoamericana celebrada en Chile. La situación no tiene precedentes. El Rey ha abandonado el acto de clausura de la Cumbre Iberoamericana harto de los ataques a España y después de espetar a Chávez "¡por qué no te callas!" cuando el venezolano volvía a arremeter contra Aznar. Zapatero, que en ese momento intervenía en la sala, interrumpió al monarca –"un momentito", dijo– y se limitó a intentar aplacar a Chávez. El presidente no acompañó al monarca y tampoco lo hizo Moratinos, que en 2004 acusó a Aznar, como Chávez, de planear el golpe de

Estado en Venezuela. El ministro dice que la salida del Rey estaba pactada con Zapatero.

El Comandante Hugo Chávez había pedido la palabra para replicar a la intervención del presidente del Gobierno español, José Luis Rodríguez Zapatero, centrada en subrayar que un país nunca podrá avanzar si busca justificaciones de que alguien desde fuera impide su progreso. El presidente había pedido el turno de palabra para referirse a las empresas españolas.

El presidente venezolano mostró su desacuerdo con los argumentos de Rodríguez Zapatero y dijo que "no se pueden minimizar" el impacto de los factores externos, paso previo a un largo discurso en el que volvió a atacar con dureza a Aznar. "Aznar no sólo apoyó el golpe (de abril de 2002), sino que como presidente en ejercicio de la Unión Europea (*UE*) promovió la aprobación de un comunicado en su contra", dijo.

En su ataque a Aznar, Chávez reveló la supuesta conversación que mantuvo con el entonces presidente del Gobierno español en julio de 1999. Según Chávez, Aznar le dijo: "Vengo a invitarte a que te unas a nuestro club, tienes petróleo, tienes que incorporarte al primer mundo, basta que tú lo decidas, ya que tienes un fuerte apoyo popular y político".

«Pero yo tenía que dejar las relaciones con Cuba, Aznar me dijo que no me convenía la amistad con Castro, Fidel Castro, que para mí es como un padre, un padre revolucionario, un ejemplo de dignidad, de lucha, de resistencia a un imperio» contó Hugo Chávez.

«"Esos se jodieron"»

"Entonces, yo le hice una preguntita. **¿Mira, Aznar, tú que opinas de Haití, de Centroamérica y de África?** Pido perdón por lo que voy a decir, Aznar me respondió: '**Esos se jodieron**'. Ahí mostró todo el rostro horrible del fascismo y del racismo". "Una serpiente es más humana que un fascista o un racista; un tigre es más humano que un fascista o un racista", agregó.

Ante estas acusaciones, Rodríguez Zapatero pidió la palabra para reprochar a Chávez los ataques a Aznar. "Se puede estar en las antípodas de la posición ideológica, no seré yo el que esté cerca de Aznar", dijo el presidente a Chávez, antes de recordarle que "fue elegido por los españoles". Chávez insistió en continuar hablando y el Rey hizo un amago de intervenir en la discusión.

Entre las réplicas de Chávez, Zapatero insistió en exigir "ese respeto" para el ex presidente. En ese momento, el Rey se incorporó en su silla para dirigirse a Chávez y espetarle, visiblemente molesto: «"¿Por qué no te callas?"»

Zapatero continuó entonces diciéndole a Chávez que "hay una esencia y un principio en el diálogo", que "para respetar y para ser respetado no podemos caer en la descalificación", unas palabras muy semejantes a lo dicho durante su comparecencia pública en la que pidió "respeto" al venezolano.

En ese momento, intervino en la polémica el nicaragüense Daniel Ortega en apoyo de las tesis de Chávez y, que a su vez criticó la actuación en su país de la empresa eléctrica española Unión Fenosa. Ante esta intervención, el Rey se levantó de la mesa y abandonó el acto, al que regresó unos minutos después.

«Una salida convenida, según fuentes oficiales»

Don Juan Carlos se levantó de su asiento mientras intervenía Ortega, a quien la presidenta chilena, Michelle Bachelet, dio la palabra con la condición de que ajustara su intervención a los tres minutos y de que no entrara a replicar.
Fuentes oficiales explicaron que el Rey convino con Zapatero en ausentarse para demostrar el "disgusto" de la delegación española con los ataques que estaba recibiendo España.

Ortega denunció que las intervenciones de algunos presidentes se interrumpan cuando no coinciden con "determinadas posiciones" y se quejó de que España hubiera tenido hoy una "segunda intervención" y él tan sólo una. "La libertad de expresión es un principio. Si no nos van a dar el derecho de hablar, no tienen sentido estas cumbres", consideró. A continuación,

Ortega cedió la palabra a Chávez, quien respondió a Zapatero "con todo mi afecto" que "con la verdad ni ofendo ni temo". Chávez indicó que el Gobierno de Venezuela "se reserva el derecho a responder cualquier agresión en cualquier lugar, en cualquier espacio y en cualquier tono".

Luego volvió a intervenir Ortega, quien aludió a la "responsabilidad" de los iberoamericanos por dejarse "chantajear por los yankees y los europeos". Ortega acusó a España de tener una "alianza política, económico y militar" con Estados Unidos y les echó en cara que aviones estadounidenses repostaran en España antes de bombardear la vivienda del presidente libio, Muamar Gadafi, en 1986, en el que murió la hija de ésta.

COUNCIL ON FOREIGN

«Tendremos un gobierno mundial, que esto guste o no. La única cuestión será de saber si éste será constituido por conquista o por consentimiento»
Paul Warburg, miembro del CFR

Council of Foreign Relations (*CFR* ó *Consejo de Relaciones Exteriores* – *traducción al español*) es uno de los tanques de pensamientos (*think tank*) más influyentes en el mundo del cabildeo político estadounidense. Es la organización de presión que representa los intereses del capital monopólico financiero del país norteamericano. Tiene más de 3600 miembros de los cuales resaltan personalidades del sector financiero, industrial y prominentes ex-funcionarios de gobierno. Es un centro de análisis que articula la visión del imperialismo estadounidense, relacionado diversos aspectos de la política exterior del país y proponiendo soluciones que amplíen la visión geopolítica de su dominio en el mundo. Es un centro que propone agendas concretas a la política de estado, alimentando su visión y misión a nivel internacional. Monitorea los movimientos de la política exterior estadounidense, hace llamados de atención y propone los lineamientos que debe seguir la clase política para responder a los intereses empresariales estadounidenses. Fundada en 1921, hoy es uno de los espacios más importantes para generar acuerdos y consensos entre los diplomáticos, empresarios, periodistas e instituciones académicas. A través de foros, entrevistas, investigaciones, publicaciones, bases de datos y equipos de trabajo, el CFR mantiene una actividad permanente de cabildeo profundamente vinculada con el ejercicio de políticas exteriores de EE.UU.

De esta manera, reúne a altos directivos de instituciones financieras, colosos industriales y medios de comunicación social; a investigadores y académicos; a oficiales militares de máxima jerarquía; y a políticos, funcionarios públicos y decanos de universidades, facultades y centros de estudios.

37 LOS PRIMEROS TIEMPOS DEL CFR

El **Consejo de Relaciones Exteriores** (*CFR*), que es la rama americana de los grupos de mesa redonda originados en la sociedad secreta de Cecil Rhodes, Carroll Quigley discutió que se estaba planeando que América entrara en la guerra. El CFR, firmemente en las garras de la élite bancaria, había capturado esencialmente la política exterior estadounidense.

El establecimiento de la Reserva Federal (1913) aseguró que Estados Unidos se volviera endeudado con, y poseído por los intereses internacionales bancarios, y por consiguiente, actuara en sus intereses. La FED (*en inglés, Federal Reserve System, también conocido como Reserva Federal*) financió el papel de Estados Unidos en la Primera Guerra Mundial, siempre dando crédito para la especulación, lo que llevó a la Gran Depresión, y la consolidación masiva de los intereses que posee el Sistema de la Reserva Federal. Posteriormente, financió la entrada de Estados Unidos en la Segunda Guerra Mundial.

El CFR, establecido seis años después de que la Reserva Federal fuese creada, trabajó para promover una agenda internacionalista en nombre de la élite bancaria internacional. Fue para alterar la conceptualización de su lugar en el mundo de los Estados Unidos – de nación industrial aislacionista a un motor del imperio trabajando para la banca internacional y los intereses estadounidenses corporativos. Cuando la FED tomó el control del dinero y de la deuda, el CFR tomó el control de las bases ideológicas de tal imperio – que abarca la empresa, la banca, la política exterior, militar, medios de comunicación, y la élite académica de la nación en un mundo global en general un cohesivo punto de vista. Alterando la propia ideología a la de la promoción de una agenda internacionalista tal, el gran capital que estaba detrás de él garantizaría la propia subida de dicha agenda, a través del gobierno, la industria, la academia y los medios de comunicación. Los otros think tanks más importantes y las instituciones políticas en los Estados Unidos también están representadas en el CFR. Ellas son constitutivas de las divisiones dentro de la élite, sin embargo, estas divisiones se basan en la base de cómo utilizar el poder imperial estadounidense, dónde usarlo, en qué se basa para justificarla, y otras varias diferencias metodológicas. La división entre las élites nunca fue en las preguntas de: **¿debemos utilizar el** poder imperial estadounidense?, ¿por qué se ha convertido en América un Imperio, o debería no ser incluso un imperio? Si uno toma estas consideraciones a corazón y pregunta esos conceptos, ya sea dentro de la política exterior, la inteligencia militar, el mundo académico, las finanzas, el mundo empresarial, o los medios de comunicación; es probable que, tal persona no sea miembro del CFR.

Corría el mes de Mayo del año 1919, cuando un grupo compacto de influyentes banqueros, abogados, políticos y académicos – todos ellos participantes de las conversaciones entre los Aliados vencedores y las Potencias Centrales derrotadas en los campos de batalla europeos -, reunidos en el Hotel Majestic de París tomaron una decisión trascendental: formar dos "bancos de cerebros" o logias para defender los intereses mundiales anglo norteamericanos.

Desde estas instituciones que hoy han crecido hasta formar el centro de planeamiento geopolítico y geoeconómico más importante del planeta, se ha venido diseñando a lo largo de ochenta años un nuevo orden mundial que se acomoda a los intereses colonialistas anglo-norteamericanos y de sus aliados de entonces y de hoy.

La estrategia consistía en fundar dos entidades: uno en Londres que habría de denominarse el Royal Institute of International Affairs (*RIIA – Instituto Real de Relaciones Internacionales),* y otro en los Estados Unidos que tomaría el nombre de Council on Foreign Relations (*CFR*), con sede en la ciudad de Nueva York.

Ambas organizaciones portaban el claro sello ideológico del socialismo gradual como eje de control colectivo que ya hacia fines del siglo XIX fuera propugnado por la Sociedad Fabiana financiada por el Round Table Group del magnate sudafricano, Cecil Rhodes y la familia de financistas cosmopolitas Rothschild. Al CFR también le darían su apoyo y financiación las más pudientes y poderosas familias estadounidenses como Rockefeller, Morgan, Mellon, Harriman, Aldrich, Schiff, Kahn, Warburg, Lamont, Ford y Carnegie (*ésta última, particularmente a través de una organización precursora del CFR, la Carnegie Endowment for International Peace*).

Desde su creación, el CFR contó con un importante vocero que, aún hoy, sigue siendo la publicación más prestigiosa e influyente de los Estados Unidos en materia de análisis geopolítico: Foreign Affairs, del que se dice que "lo que hoy se publica en "Foreign Affairs" se transforma mañana en la política exterior oficial de los Estados Unidos".

Entre los fundadores y primeros directivos del CFR, se encuentra a hombres como Allan Welsh Dulles, uno de los mayores exponentes de la comunidad de planeamiento, inteligencia y espionaje estadounidense que consolidaría la estructura de la CIA, central de inteligencia estadounidense; al periodista Walter Lippmann director-fundador del semanario The New Republic y agudo estratega en acción psicológica; a los banqueros Otto H. Kahn, y Paul Moritz Warburg, éste último nacido en Alemania y emigrado a los Estados Unidos dónde en 1913 diseñó y promovió la legislación que desembocaría en la creación del Federal Reserve Bank, el banco central privado estadounidense que hasta nuestros días ejerce el control sobre toda la estructura financiera de esa nación.

Al finalizar la Segunda Guerra Mundial y como parte del "nuevo orden mundial" de la postguerra, el Banco de la Reserva Federal se vería complementado por el Fondo Monetario Internacional y el Banco Mundial, también creaciones de miembros del CFR.

Estas tres instituciones en su conjunto controlan el sistema financiero globalizado actual. Conviene aquí señalar que la única verdadera globalización que hoy se aprecia en el mundo es la del sistema financiero que ha escapado a todo control nacional, pues los sistemas económico y político hoy siguen transitoriamente centrados en torno al ámbito nacional.

Entre los fundadores del CFR, hallamos por ejemplo al geógrafo y presidente de la American Geographical Society, Isaiah Bowman, quien tendría a su cargo el equipo angloestadounidense que redibujaría el mapa de Europa tras la Primera Guerra Mundial y que – Tratado de Versalles mediante -, tantos trastornos habría de traer en las décadas subsiguientes. Fueron dos economistas del CFR, Owen D. Young y Charles Dawes, quienes durante los años veinte diseñarían e impulsarían los planes de "refinanciación" de la deuda de guerra impuesta a Alemania por ese mismo

Tratado. Fueron miembros del CFR quienes como altos directivos del Banco de la Reserva Federal generarían las distorsiones y astringencias monetarias que ayudaron a desatar la crisis financiera de 1929.

Fueron miembros del CFR quienes presionarían sobre la opinión pública – a través de los poderosos medios de difusión bajo su control como las cadenas radiales NBC y CBS y los periódicos *Washington Post* y *New York Times*, para quebrar la neutralidad estadounidense ante la nueva guerra desatada en Europa a partir de 1939.

38 LA SEGUNDA GUERRA MUNDIAL Y EL CFR

Durante esta contienda en la que Estados Unidos recién participaría formalmente hacia fines de 1941, miembros de alto rango dentro del CFR conformaron el **War & Peace Studies Project** que se integró lisa y llanamente al Departamento de Estado norteamericano diseñando sus políticas hacia el Japón y Alemania, y luego preparó otro "nuevo orden mundial" para después de la previsible victoria Aliada.

De esta manera, el CFR diseñó y promovió la creación a partir de 1945 de la Organización de las Naciones Unidas como instancia de administración política mundial y algunas de sus agencias económicas clave como el FMI y el Banco Mundial, a través de sus miembros Alger Hiss, John J. McCloy, W. Averell Harriman, Harry Dexter White, James Lovett, Dean Acheson, George Kennan, Charles Bohlen y otros, como así también a través de las conferencias de **Dumbarton Oaks** (*para crear la ONU*), **Bretton Woods** (*para crear el FMI, Banco Mundial y el GATT/OMC*), Teherán y Yalta (*conferencias en las que se acordó la división del mundo en esferas de dominio entre Estados Unidos y la URSS*).

Terminada aquella contienda, el Presidente Harry S. Truman instauraría la conocida "Doctrina Truman" de seguridad nacional que toma como punto de partida la doctrina del containment – contención del expansionismo soviético - propuesta por otro miembro del CFR a la sazón embajador en Moscú: George Kennan, en un conocido artículo aparecido en las páginas de Foreign Affairs y firmado "X", como así también la directiva NSC68 del National Security Council redactado por Paul Nitze, del CFR.

Otro tanto fue el caso del así-llamado "Plan Marshall" diseñado por un grupo de trabajo del CFR y ejecutado por W. Averell Harriman entre otros.

Preciso es investigar la manera en que a lo largo de este siglo el CFR - sólo o en coordinación con otras organizaciones hermanadas - ha ejercido determinante influencia sobre la más amplia gama de corrientes ideológicas, eventos políticos, guerras, fenómenos de acción psicológica, crisis económicas y financieras, encumbramientos y defenestraciones de personalidades de alto relieve y otros hechos impactantes – muchos claramente inconfesables – que han marcado el rumbo de la humanidad a lo largo del tumultuoso siglo que acaba de terminar.

Es que pareciera que nos tienen a todos demasiado ocupados y fascinados como espectadores pasivos de los vertiginosos eventos y hechos que a diario se suceden en todo el mundo, como forma de asegurarse que a nadie – o al menos a pocos -, se les ocurra fijar la atención en otro lado, para identificar ya no tanto los efectos y resultados impactantes de muchas decisiones y acciones encubiertas, sino más bien los orígenes reales y concretos de esas mismas decisiones y acciones. Para el éxito de este gigantesco fenómeno de acción psicológica colectiva – pues de ello se trata –, los medios masivos de comunicación social cumplen un rol vital y esencial. Pues son ellos los instrumentos cuyo objetivo consiste en propiciar la anulación de la capacidad de pensamiento independiente y creativo entre los pueblos.

El CFR realizó efectivamente una política golpe de Estado sobre la política exterior de Estados Unidos con la Segunda Guerra Mundial. Cuando estalló la guerra, el Consejo inició un proyecto "estrictamente confidencial" llamado Estudios de Paz y Guerra en el que los miembros superiores del CFR colaboraron con el Departamento de Estado en la determinación de la política de EE.UU., y el proyecto fue financiado en su totalidad por la Fundación Rockefeller. El mundo posterior a la guerra ya estaba siendo diseñado por los miembros del Consejo, que entraría en el gobierno con el fin de promulgar estos diseños.

La política de "contención" hacia la Unión Soviética que definiría la política exterior de Estados Unidos durante casi medio siglo se había previsto en una edición de 1947 de Relaciones Exteriores, la revista académica del Consejo de Relaciones Exteriores. También lo estaban las bases ideológicas para el Plan Marshall y la OTAN que prevén en el Consejo de Relaciones Exteriores, con los miembros del Consejo reclutados para promulgar, ejecutar y dirigir estas instituciones. El Consejo jugó también un papel en la creación y promoción de las Naciones Unidas, que fueron construidas posteriormente en terrenos comprados a John D. Rockefeller, Jr. Según el escritor y ex espía ruso, **Daniel Estulin** en su libro *«Los Secretos del Club Bilderberg»*:

«El CFR forma parte de un grupo internacional que se llama Round Table o Mesa Redonda. Diferentes sucursales en el mundo como son el Royal Institute of International Affairs del Reino Unido y los Institute of International Affairs de Canadá, Australia, Sudáfrica, India y Holanda, y los Institute of Pacific Relations de China, Rusia y Japón. El CFR tiene su cuartel general en la ciudad de Nueva York, en el edificio Harold Pratt House, una mansión de cuatro pisos en la esquina de Park Avenue y la calle 68, que fue donada por la viuda del señor Pratt, heredera de la fortuna de la Standard Oil Rockefeller. El CFR tiene mucha influencia en el Gobierno, son muy pocos los americanos medios que conocen su existencia, en realidad menos de uno de cada diez mil, y muchos menos aún son conscientes de su propósito real».

EL CFR EN LA ACTUALIDAD

Darle seguimiento a las actividades del CFR sirve para tener una idea sobre los debates y estrategias que se están dando en el seno de la clase dominante estadounidense, en un momento donde el imperialismo norteamericano pasa por una etapa de crisis hegemónica a nivel mundial. En la amplia esfera que significa la política exterior estadounidense, CFR realiza investigación, actividades y propone agendas en materia de seguridad, política económica, política energética y política financiera de EU en el mundo. Por tanto, su seguimiento es fundamental para conocer algunas de las importantes visiones y proyectos del imperialismo.

Sus objetivos consisten en identificar y evaluar amplios conjuntos de factores políticos, económicos, financieros, sociales, culturales y militares que abarcan a toda faceta imaginable de la vida pública y privada de los Estados Unidos, de sus Aliados y del resto del mundo.

El Council on Foreign Relations conforma la red vertebradora central de este capitalismo trasnacionalizado y "sin fronteras". Sus redes se expresan a través de una multiplicidad de organizaciones dedicadas a promover el actual modelo global, entre las que se cuentan principalmente:

The Hudson Institute, The RAND Corporation, The Brookings Institution, The Trilateral Commission, The World Economic Forum, Aspen Institute, American Enterprise Institute, Deutsche Gesellschaft für Auswärtigen Politik, Bilderberg Group, Cato Institute, Tavestock institute, y el Carnegie Endowment for International Peace, entre otros.

Como se explicó anteriormente todos estos think tanks ó "tanques de pensamientos", reúnen a los mejores tecnócratas, científicos y estudiosos en sus respectivos campos, egresados de los las universidades de EE.UU., Europa y de todo el resto del mundo. Su función táctica y estratégica consiste en identificar amenazas y oportunidades del entorno mundial, evaluar las fuerzas y debilidades de los intereses agrupados dentro del CFR, y realizar amplios planes estratégicos, tácticos y operativos en todos los ámbitos donde opera la estructura del capitalismo trasnacional.

El CFR nuclea a los más altos directivos de instituciones financieras, colosos industriales y medios de comunicación social, a investigadores y académicos, a oficiales militares de máxima jerarquía, y a políticos, funcionarios públicos y decanos de universidades, facultades y centros de estudios.

Los distintos niveles operativos del sionismo capitalista trasnacional, desde tecnócratas, ejecutivos y grandes "charman" del Consenso de Washington (*expresión máxima del poder capitalista real*) con asiento en Nueva York, están contenidos y expresados en el Council on Foreign Relations.

Son miembros del CFR una parte mayoritaria de los presidentes, gerentes y accionistas de las empresas Fortune 500 que en su conjunto manejan casi el 80% de la economía estadounidense, emplean a más de 25 millones de personas, y tienen un valor de mercado que equivale a dos veces y media el PBI de los Estados Unidos.

En el CFR se concentra todo el poder mediático del lobby judío sionista (*por derecha y por izquierda*): CNN, CBS, NBC, The New York Times, The Daily Telegraph, Le Figaró, The Economist, The Wall Street Journal, Le Monde, The Washington Post, Time, Newsweek, US News & World Report, Business Week, RTVE, etc., todos en manos de redes empresariales que integran el CFR.

En términos operativos el CFR conforma un poderoso centro de análisis y planeamiento geopolítico y estratégico del capitalismo imperial sionista en sus fases trasnacionalizada y globalizada.

El enorme poder de Estados Unidos, el ámbito de análisis del CFR abarca al planeta entero. En rigor de verdad, el CFR conforma un poderoso centro de análisis y planeamiento geopolítico y estratégico. Sus investigaciones y evaluaciones son realizadas por distintos investigadores y grupos de trabajo conformados dentro del seno del CFR, que se dedican a identificar amenazas y oportunidades del entorno mundial, evaluar las fuerzas y debilidades de los intereses agrupados dentro del CFR, y realizar amplios planes estratégicos, tácticos y operativos en todos los ámbitos a los que se ha referido.

Aunque estas intensas, profundas y efectivísimas tareas se realizan dentro del ámbito del CFR, la clave para comprender su accionar radica en el hecho de que el CFR jamás opera por sí misma, sino que son sus miembros individuales los que lo hacen.

Y ello siempre desde sus ámbitos formales de acción y poder, que son las empresas multi y transnacionales, los bancos internacionales, las instituciones multilaterales internacionales, los gobiernos, las universidades, las fuerzas armadas y los medios de comunicación social. Esos miembros del CFR jamás invocan o siquiera aluden a su pertenencia dentro de la institución, ni mucho menos la invocan.

Son miembros del CFR los máximos directivos de los grandes bancos como el Chase Manhattan de la familia Rockefeller que acaba de fusionarse con el banco J P Morgan, el Bank of America y el actual número, CitiGroup, cuya capitalización hoy excede los 250.000 millones de dólares; los directivos y formadores de opinión de los ocho monopolios multimedia mundiales; los rectores y decanos de las grandes universidades y facultades como Harvard, MIT Massachussets Institute of Technology, Columbia, Johns Hopkins, Princeton, Yale, Stanford, y Chicago; y – factor clave en esta verdadera rueda de poder planetario -, los 150 puestos clave del gobierno estadounidense incluyendo los cargos más relevantes en sus fuerzas armadas.

La mayoría del gabinete de la Casa Blanca están ocupados por miembros del CFR. Todos estos datos provienen de un informe de 1987 publicado por el propio CFR, disponible para el público en su sitio Web.

El presidente del CFR es el magnate **David Rockefeller** (*Miembro activo del Club Bilderberg*). Y hablando de la Casa Blanca, los presidentes de los gobiernos se turnan, pero el poder del CFR, y sus objetivos son intactos. George Wallace, candidato presidencial demócrata en cuatro ocasiones en la década de 1960-1970, hizo famoso el eslogan de que *no hay un gramo de diferencia entre los partidos demócrata y republicano*. Por tanto el CFR se ha comportado como una auténtica agencia de empleo para los gobiernos demócratas y republicanos.

40 MIEMBROS ENCUMBRADOS DEL CFR

Algunos miembros poderosos del CFR son David Rockefeller, Henry Kissinger, Bill Clinton, Zbigniew Brzezinski, George H.W. Bush, la ex-secretaria de estado Madeleine Albright, el especulador internacional George Soros, el juez de la corte suprema Stephen Breyer, Laurence A. Tisch (presidente de la cadena Lowes/CBS), el secretario de estado Gral. L. Colin Powell, Jack Welsh (presidente de General Electric Company), W. Thomas Johnson (presidente de CNN y hoy director de Aol/Time-Warner), Katherine Graham (recientemente fallecida presidenta del grupo Washington Post / Newsweek / International Herald Tribune); Richard Cheney (vicepresidente de EE. UU., ex-secretario de defensa de George

Bush (padre), y ex-presidente de la petrolera Halliburton), Samuel "Sandy" Berger (asesor del presidente Clinton en seguridad nacional), John M. Deutch (ex-director de la CIA del presidente Clinton), Alan Greenspan (gobernador del Banco de la Reserva Federal), Stanley Fischer (ex-director gerente del Fondo Monetario Internacional y actual director del CitiGroup), Anne Krueger (actual vicedirectora del FMI), James D. Wolfensohn (presidente del Banco Mundial), Paul Volcker (presidente del CS First Boston Bank y ex-gobernador de la Reserva Federal), John Reed (director y ex-presidente de CitiGroup); los economistas Jeffrey Sachs, Lester Thurow, Martin Feldman y Richard N Cooper; el ex-secretario del Tesoro, ex-presidente de Goldman Sachs y actual co-Chairman de CitiGroup, Robert E. Rubin, el ex-secretario de estado del presidente Reagan y "mediador" en el conflicto de Malvinas, Gral. Alexander Haig, el "mediador" en el conflicto de los Balcanes, Richard Holbrooke, el presidente de IBM, Louis V. Gerstner, el senador demócrata por el estado de Maine, George J. Mitchell, el diputado republicano, Newt Gingrich, y la asesora del presidente Bush en seguridad nacional, Condoleeza Rice, el representante comercial de Bush Robert Zoellick, Elliot Abrams, William Perry, Mark Falcoff, Paul Wolfowitz, Richard N. Perle, y Richard Armitage, entre muchos otros.

Los citados personajes conforman las "dos caras" del lobby judío que controla las estructuras operativas y estratégicas del capitalismo sionista trasnacional que hegemoniza los recursos naturales y los sistemas económicos-productivos a lo largo y a lo ancho del planeta.

Para quien quiera investigar su existencia real, puede visitar la sede del CFR en la residencial Park Avenue esquina calle 68 de la ciudad de Nueva York, donde podrá obtener un ejemplar de su Memoria y Balance en el que figuran descripciones oficiales de sus actividades y la nómina de sus más de 3600 miembros.

Dentro del CFR se diseña un conjunto de planes estratégicos dirigidos a la globalización de la economía y las finanzas, o cuales regiones del planeta tendrán paz y prosperidad, y cuales se hundirán en sangrientos conflictos, y se las decide llevar a cabo.

- El rol de EE.UU. en el CFR

Dado que Estados Unidos es hoy una superpotencia del planeta, resulta razonable suponer que la estructura de poder mundial – pues de ello se trata que administra el gobierno mundial, lo hace transitoriamente desde el propio territorio y estructura política y económica de los Estados Unidos.

Ello no implica que el pueblo estadounidense necesariamente forme parte de este esquema (*al contrario, es víctima de todos estos planes*), sino más bien que lo conforman sus élites y clase dirigente; el así llamado Establishment. Se trata, entonces, de poderes que operan dentro de Estados Unidos (*como también lo hacen dentro del Reino Unido, Francia, Alemania, Japón, España, Argentina, Brasil y Corea*), pero no necesariamente pertenecen a los Estados Unidos (*como sus contrapartidas en otras naciones tampoco representan a esos pueblos, ni obedecen necesariamente a sus intereses*).

Para comprender como funciona realmente Estados Unidos, conviene recordar que sus políticas – especialmente su política exterior – se administran desde Washington DC (*ellos mismos se refieren a su gobierno como "The Administration"*) que es la sede del poder formal. Sin embargo, el verdadero gobierno estadounidense impera desde Nueva York, sede del poder real.

Ello es comprensible puesto que el poder real requiere de una sólida e ininterrumpida continuidad y consistencia para poder llevar a cabo complejas estrategias en el espacio y el tiempo que abarcan a todo planeta y se proyectan a través de décadas enteras. Estos centros de poder rápidamente comprendieron hace ya muchas décadas que no hay nada más ineficiente e ineficaz para la continuidad y consistencia en el diseño y ejecución de estrategias políticas, económicas, financieras y sociales, que el sistema democrático que con su alto perfil público y periódicos recambios obliga a dirigentes a dar permanentes explicaciones al demos a cada paso.

Cuanto mejor resulta operar discretamente, desde lo que formalmente es un mero gentlemen's club como el CFR, del que hombres poderosos e influyentes son miembros, directivos o incluso presidentes durante décadas enteras sin tener que rendirle cuentas a absolutamente nadie, fuera de sus pares dentro de la propia organización. Así, 3.600 poderosas personas pueden ejercer una influencia gigantesca sobre incontables miles de millones de seres humanos en todo el planeta.

Se trata del eje central de una verdadera red de hombres y mujeres poderosos, ya que el CFR es complementado por otras organizaciones análogas tanto estadounidenses como internacionales especializadas en el estudio de asuntos geopolíticos internacionales y promover el actual modelo global: The Hudson Institute, The RAND Corporation, The Brookings Institution, The Trilateral Commission, The World Economic Forum, Aspen Institute, American Enterprise Institute, Deutsche Gesellschaft für Auswärtigen Politik, Bilderberg Group, Cato Institute, Tavestock institute, y el Carnegie Endowment for International Peace, entre otros.

Todos estos think tanks reúnen a los mejores hombres en sus respectivos campos a condición de que estén claramente alineados con las premisas básicas de los objetivos políticos de los globalizadores: la creación de un gobierno mundial privado, la erosión sistemática de las estructuras de todos los estados-nación soberanos (*aunque no de todos de la misma manera ni al mismo tiempo, se entiende*), la estandarización sociocultural, la imposición de un sistema financiero globalizado especulativo-usurario, el alineamiento de la opinión pública mundial a través de una poderosa acción psicológica a nivel planetaria, y la administración de un sistema de guerra global que mantenga la cohesión de las masas a través del permanente azuzamiento contra algún "enemigo", sea éste real o imaginario.

Pero entonces surge una pregunta: ¿Qué es la globalización?

Globalización, es un eufemismo que encubre una realidad más profunda que los propios mentores del sistema han definido desde hace casi un siglo como "nuevo orden mundial" según lo definió el entonces presidente George Bush en 1991. La característica principal del fenómeno de la globalización es que aunque sustenta su poder sobre lo económico y especialmente lo financiero, en el planeamiento de sus intereses globales, conforma un proceso auténticamente político.

Carl Schmitt (*politólogo germano*) establece que el ámbito natural de la política distingue entre amigos y enemigos, siendo la definición que da de enemigo la clásica: no tanto un inimicus, el enemigo personal de cada uno de nosotros sino más bien en el sentido de hostis, que es el enemigo de la comunidad, del grupo, de la institución, o de la nación. Así, deviene en hostis todo grupo, nación, ideología, credo, empresa, gobierno, ejército u otra organización o fuerza que activa o pasivamente se oponga a los objetivos e intereses del proceso de globalización.

De acuerdo a esto, el principal hostis que los planificadores de la globalización han identificado desde hace ya muchas décadas es el concepto de lo nacional y el Estado-nación soberano como su instrumento ejecutor. En pocas palabras, para defender y promover sus intereses planetarios que prevé un modelo reingenierizado del mundo, los promotores de la globalización no tienen otra opción que combatir las raíces de lo nacional en todo el mundo y a todos los Estado-nación soberanos; cada uno según sus características, historia, fuerza relativa y permeabilidad a alinearse al modelo globalizador.

En las palabras de Richard Gardner, uno de los pensadores del CFR: la "*casa del orden mundial tendrá que ser construida desde abajo para arriba*", impulsando una carrera final alrededor de la soberanía nacional, erosionándola pedazo a pedazo, con lo que se logrará mucho mas que con el anticuado método del asalto frontal.

El modelo planetario propugnado por el CFR podríamos describirlo como la conformación de una suerte de "fábrica" planetaria creadora de bienes y servicios, con su contrapartida de un "supermercado" planetario de consumo de esos bienes y servicios. En ese modelo, no hay lugar para el Estado-nación soberano, por cuanto es un modelo sustentado eminentemente sobre conceptos económicos y financieros; es un proyecto ideado y alineado con un conjunto de poderosísimos intereses privados.

Ello se refleja elocuentemente en la última Memoria y Balance del CFR correspondiente al año 1999, en la que el vicepresidente del CFR, **Maurice Greenberg** anuncia que en el mundo actual ya no se trata de diseñar tan solo una geopolítica sino que el eje de poder hoy conforma una auténtica "geoeconomía", que no es más que el blanqueo de esta realidad que es la privatización del poder. Según Greenberg, "*En política exterior ha llegado el momento de cambiar nuestro principio organizador central de la geopolítica a la geoeconomía; de las preocupaciones tradicionales del equilibrio de poder a los conceptos económicos y de seguridad. En mi opinión, la mayor amenaza para la seguridad estadounidense provendría de un colapso económico mundial*".

LA COMISIÓN TRILATERAL

«En breve, la gente será incapaz de razonar o pensar por sí misma. Serán capaces solo de parlotear las noticias que se les dio la noche anterior»
Zbigniew Brzezinski

41 ¿QUÉ ES LA COMISIÓN TRILATERAL?

Entre los think tanks (*laboratorios de ideas ó tanques de pensamientos*) más poderosos, que dirigen la política mundial tras cámaras, además del Bilderberg, destaca la Comisión Trilateral *(CT)*, el cual es un organismo no muy publicado y se integra con los ejecutivos de las más importantes corporaciones de Estados Unidos, (*EE.UU.*) Japón y la Unión Europea (*UE*). Su objetivo es realizar acuerdos entre los países industrializados en los cuales se trata el ordenamiento económico mundial unitariamente planificado y juega una función muy importante en sus relaciones con el Este y sus respuestas en las exigencias del Tercer Mundo. Su actuación esta dirigida a afianzar su predominio como grupo rector o hegemónico en el actual sistema capitalista internacional. Su incidencia política se refleja en el propósito de revitalizar la concepción ideológica de Occidente y el sistema económico capitalista. La unificación de sus potencialidades económicas, financieras y tecnológicas les permitirá mayor poder negociador como bloque poniendo mayor atención al peligro del conflicto económico Norte-Sur según códigos trazados en función del eje trilateral que constituye la fuerza económica del mundo capitalista.

EE.UU. y sus aliados asumirían decisiones que fueran necesarias en las relaciones políticas internacionales en forma partidaria. La CT supondría en consecuencia una alianza económica y política en donde las decisiones se consultan y se actúa bajo una estrecha cooperación. Quiere decir que los países capitalistas industrializados parecen pretender estructurar un centro de poder hegemónico en donde la fidelidad entre ellos alcanza grados mayores a las que pueden mantener con las naciones subdesarrolladas de América, África y Asia.

La CT nació en 1973 con el objetivo de salvar la crisis del capitalismo frente a la amenaza del Este comunista y los embates del Tercer Mundo. Dentro de este contexto se propone ajustar el orden económico sin salir de las estructuras existentes. Se cita como uno de sus principales ideólogos a **Zbigniew Brzezinski** quien resumía sus ideas afirmando lo siguiente: *"el Estado-Nación en cuanto a unidad fundamental en la vida organizada del hombre dejó de ser la principal fuerza creativa"*.

Los bancos internacionales y las corporaciones multinacionales planifican y actúan en términos que llevan mucha ventaja sobre los conceptos políticos del Estado-Nación." Esta visión de **Brzezinski** muestra la cara más activa del capitalismo moderno frente a la cual los países del Tercer Mundo vienen preparando una estrategia para no eternizarse como recipiendarios de un orden económico internacional injusto que los asfixia. Los enfoques que pretenden transportar a las regiones de América, África y Asia conducirían a perpetuarnos como simples apéndices de las grandes potencias. En distintos movimientos y foros mundiales se viene desarrollando un verdadero enfoque tercermundista que está exigiendo un nuevo orden económico internacional y particularmente a impulsos del "grupo de los no alineados" por una parte y por otra a través del "grupo de los 77". No obstante, es bueno subrayar que los designios de la Comisión son los de asegurar la centralización del capital en manos de una pequeña parte del mundo y su contracara es el atraso económico de los continentes de América, África y Asia. El hegemonismo económico y político constituye un freno para el desarrollo de los países del Tercer Mundo y compromete la paz mundial.

BREVE RESEÑA HISTÓRICA

Terminada la segunda guerra mundial EE.UU. ingresó en un período de prosperidad y de abrumadora hegemonía económica transformándose en líder mundial. La asistencia económica a Japón y el Plan Marshall a Europa Occidental, luego unificada en Comunidad Económica Europea despertó la capacidad industrial de sus socios. La alianza militar de la OTAN en Europa consolidó a las democracias liberales y alejó al fantasma comunista. La necesidad de neutralizar en Asia al poderío comunista ruso y chino dio lugar a que la presencia de EE.UU. en Japón creara un poderoso sistema de seguridad y tuviera una marcada influencia de corte democrático-liberal, que sumada a la mencionada asistencia económica, no tardó en transformar Japón en un poderoso y rico aliado en el ámbito mundial. En poco tiempo quedaron definidos tres polos geográficos: Norteamérica (*Estados Unidos y Canadá*), Japón y Europa Occidental integrados por potencias industriales ligadas por fuertes intereses comunes, apoyadas en valores políticos afines a sus aspectos fundamentales definidamente democrático-liberales y generando oposición a los valores de la Rusia socialista de Stalin. En 1957 se formalizo la integración económica de Europa Occidental con la creación del Mercado Común o Comunidad Económica Europea (*CEE*) y en 1960-1961 Japón aflora en el ámbito mundial como potencia industrial. Los países industriales se entrelazan en vínculos económicos de interdependencia al tiempo que las estrategias económicas internas de sus estados toman crecientemente en cuenta los intereses y las conveniencias de sus pares industriales generando la conformación de un bloque económico mundial. Reconstruidos Europa y Japón en la posguerra las regiones dependientes ya consolidadas y en pleno desarrollo a partir de la década 1960, terminaron debilitando la posición hegemónica relativa de EE.UU. dentro del sistema trilateral, así como su primacía mundial y oponiendo la resistencia a financiarlo mediante el aumento de las tenencias de dólares. El producto norteamericano que significaba el 60% del occidental desciende en la década del setenta al 46%. Al fuerte desarrollo de Japón, Alemania y Francia se sumaron otros factores como la proliferación de las naciones en vías de industrialización en el Sur. Con esto se multiplican las fuentes capaces de proveer bienes de capital, tecnologías y financiación. Cada vez hay más empresas multinacionales operando en los Estados Unidos y en el mundo. Cada vez más el esfuerzo corporativo tiende a concentrarse en corporaciones multinacionales por rubros. La gran empresa resultante de la concentración es una sola corporación de varias menores, representa una magnificación de capital financiero y por ende de iniciativas y emprendimientos. La concentración estimula la capacidad organizadora que puede llegar a niveles inesperados de eficiencia. Al estar en condiciones de lograr magnitudes y calidades de oferta excepcionales, se logra una aproximación a la demanda capaz de facilitar el mercadeo y de dominar los mercados y fijar sus pautas. Las ínter vinculaciones entre transnacionales de todo tipo, el enorme intercambio y la comunidad de intereses en orden a la inserción de filiales en otros países, en definitiva, el éxito de las transnacionales y la transferencia del liderazgo de EE.UU. a las tres regiones en cuestión da lugar al trilateralismo. La situación se agrava a comienzos de los años setenta con las tensiones referidas al sistema monetario internacional, la crisis petrolera de 1973-1974, la inflación y el desempleo en los países industriales. Como consecuencia de la presión de estos factores entró en crisis la estrategia y política del sistema trilateral. Entonces surgió la CT como institucionalización formal de la sociedad y de los socios posibles para salir al paso no sólo de una crisis circunstancial sino de poner en marcha un programa de largo alcance. El hecho a resaltar es que la comunidad de intereses de los tres focos va relegando paulatinamente él "unilateralismo" a la competencia descarnada y el afán orgulloso de dominio nacional como estrategias operativas clásicas, y despertando la conveniencia en el mutuo entendimiento entre las partes, para acciones cada vez más frecuentes y benéficas. Además, en lo que hace a inversiones externas de las transnacionales un 75% están radicadas dentro del mismo mercado trilateral. No obstante, en el crecimiento gigantesco del fenómeno multinacional en el mundo, el trilateralismo señala un actual debilitamiento de las grandes corporaciones en el mercado mundial. Las razones serian -entre otras- la proliferación de multinacionales moderadas, la ineficiencia del "gigantismo", el incremento de mayor número manufacturero y tecnológico, la aparición de incipientes naciones industrializadas en el mundo sur sumando nuevas empresas al concierto mundial, el fortalecimiento de los nacionalismos y la difusión de nuevos medios de financiación, entre otras.

43 DAVID ROCKEFELLER: EL HOMBRE MÁS PODEROSO DE LA CT

Pese a tener 101 años, aquel contubernio fue dirigido y liderado por **David Rockefeller**, el máximo representante vivo de la saga familiar más poderosa del siglo XX, además de fundador y líder de la Comisión Trilateral desde 1973. Se trata, sin lugar a dudas, de la multinacional de ideólogos más poderosa que existe en el mundo. No obstante, más de uno y de dos han llegado a considerar al grupo como el auténtico gobierno del mundo globalizado. Y hasta cierto punto no les falta razón, porque el propio Rockefeller dejó claro su principal objetivo al crear el grupo: «**Sustituir la soberanía de los pueblos por una élite mundial de técnicos y financieros**».

Todo empezó durante una reunión de dos días —23 y 24 de julio de 1972— en Pocantico Hills, una mansión propiedad de la familia Rockefeller que se encuentra a cuarenta kilómetros al norte de Nueva York. Por aquellas fechas, el magnate se había convencido de que empezaban nuevos tiempos, por lo que era necesario adaptarse a ellos para poder mantener el poder de las multinacionales. El entonces presidente de Estados Unidos, Richard Nixon, era un personaje incómodo para Rockefeller, especialmente tras la decisión de imponer la Nueva Política Económica en 1971. Aquella norma ataba de pies y manos a las empresas, al tiempo que el Gobierno se reservaba mayor poder, por ejemplo, para imponer topes en los precios de las cosas. «**Ha llegado el momento de romper el asedio al que están sometidas las empresas multinacionales para poder movilizar la economía mundial**», afirmó Rockefeller, quien, en cierto modo, se planteaba la necesidad de iniciar un proceso de liberalización de la economía.

Treinta años después, el mismo David Rockefeller se planteó la necesidad de fortalecer el gobierno discreto que pagaba de su bolsillo. Mandó a sus emisarios en busca de gente con unas ideas concretas que creía fundamentales para el mundo que se iba a enfrentar al fin del siglo XX. Fue entonces cuando supo de **Zbigniew Brzezinski,** un intelectual polaco nacido en 1928 que se fue a vivir a Estados Unidos con 25 años. Le contaron —tras conocerse el contenido de unas charlas suyas en un think-tank, la Brookings Institution — que era el hombre ideal, puesto que gran parte de su planteamiento encajaba con el que Rockefeller pretendía para su sociedad discreta.

¿EL PODER OCULTO EN EE.UU.?

Brzezinski creía que había llegado la hora de recortar espacio de poder a las democracias y a los gobiernos en beneficio de las empresas. Además, preconizaba la caída del bloque soviético y anticipaba que la nueva realidad política debería adaptarse, en el futuro, a los cambios que en las sociedades iba a provocar la tecnología. Una vez que Rockefeller decidió que Brzezinski sería el ideólogo de la Comisión Trilateral, estableció las líneas de trabajo del grupo durante las dos jornadas de reunión en la citada mansión de **Pocantico Hills** en 1972. La mansión, también conocida por el nombre de Kykuit o simplemente como «**el país Rockefeller»,** ocupa catorce kilómetros cuadrados, en mitad de los cuales se encuentra un inmenso edificio neoclásico de cuarenta habitaciones, si bien en sus alrededores hay otras edificaciones, archivos familiares, instalaciones estudiantiles e incluso un refugio nuclear. Ahí han vivido varios miembros del clan, que disfrutaban de invitar a personajes notables a las fastuosas cenas que se servían en los salones.

Todos los presidentes desde Johnson probaron las exquisiteces culinarias del servicio, pero también estuvieron allí **Nelson Mandela, Kofi Annan, el rey Hussein de Jordania, Felipe González,** etc. Un año después, David Rockefeller mantuvo encuentros con veintitrés presidentes de diferentes países del mundo para presentarles la idea. El objetivo era facilitar los lazos económicos y políticos entre los tres bloques en torno a los cuales debería erigirse un mercado financiero mundial: América del Norte, Europa y Japón. Por supuesto, había una agenda secreta. El planteamiento era que esos tres bloques formaran un eje, pero siempre bajo el control de EE.UU. Del mismo modo, el apoyo a los países subdesarrollados se fundamentaba en convertirlos en títeres de los más avanzados, es decir, en «democracias gobernables».

De hecho, en una de las primeras reuniones de la Trilateral, Brzezinski, ya nombrado director del grupo en Estados Unidos, predijo que el conflicto futuro ya no sería entre los países comunistas y el mundo occidental, sino entre los países desarrollados y los que no lo están. Así lo afirmó en la reunión mundial de la **Comisión Trilateral de 1975 en Tokio**. Y es que el pensador polaco había señalado que una de las misiones de la sociedad discreta era manejar los chantajes al Tercer Mundo.

Lo que la Comisión Trilateral preparó —con veinticinco años de adelanto— fue la llegada de la globalización. Sin embargo, sus planteamientos sirvieron para dibujar la globalización en sentido opuesto a cómo todos lo interpretamos en un primer momento. No buscaban un mundo sin fronteras, sino un mundo en el cual todos los países pudieran convertirse en un mercado natural para las empresas de los más poderosos. Después de la reunión de 1972 en la mansión Rockefeller y antes de que el grupo se presentara a la opinión pública en julio de 1973, el millonario y el «sabio» se reunieron en numerosas ocasiones —otra vez en el silencio de Pocantico Hills— para buscar a un candidato que se pudiera convertir en presidente de EE.UU. Efectuaron varios informes y entrevistaron a numerosos candidatos hasta que dieron con el casi desconocido **Jimmy Carter,** que por aquel entonces había manifestado su deseo de ser candidato por el Partido Demócrata pero que, en realidad, apenas tenía apoyos. Todo cambió tras la decisión del contubernio trilateral y, de pronto, empezó a caer sobre la candidatura de Carter una lluvia de millones para financiar su campaña. Se había puesto en marcha la agenda secreta de los conspiradores. Ganó las elecciones y poco después el «**Cartergate**» estalló —aunque de forma controlada y sin estridencias—, cuando los medios de comunicación descubrieron que hasta veintiséis miembros de su equipo pertenecían a la Trilateral.

Durante el gobierno de Carter, el vicepresidente **Walter Mondale**, el secretario de Estado **Cyrus Vance**, el secretario de Defensa **Harold Brown** y el secretario del Tesoro **Michael Blumenthal** fueron miembros de la multinacional de ideas creada en la mansión del millonario. Es decir, cinco de los seis cargos más importantes del gobierno estaban en manos del poderoso think-tank. El que falta en la lista es el puesto de secretario de Seguridad Nacional. El sexto más importante y, en no pocas ocasiones, el auténtico motor de la política internacional. Durante la época de Carter ese cargo fue a parar a **Zbigniew Brzezinski**. **¿Alguien puede dudar de la influencia de este grupo en el poder político?**

45 ORGANIZACIÓN Y CARACTERÍSTICAS DE LA COMISIÓN TRILATERAL

Esta organización reúne a unas 500 personas privadas dentro de las cuales hay empresarios, políticos, banqueros, pensadores, economistas, hombres de negocios, sindicalistas, ejecutivos de los medios de comunicación masiva, entre otros. Los que estén en el ejercicio de su función pública no pueden ser miembros de la Comisión mientras dure su gestión. Se realizan reuniones anualmente en distintas partes del mundo que duran de dos a tres días en las cuales se discute un temario previamente preparado y se redactan informes. La CT cuenta con tres presidentes, uno en Europa Occidental que es el francés Georges Bertoin, David Rockefeller en Estados Unidos e Isamu Yamashita en Japón. La edad de los tres presidentes es de 70, 80 y 84 años respectivamente por lo que sus próximos predecesores serian Charles B.

Heck (*Norte América*), Paul Revay (*Europa*) y Tadashi Yamamoto (*Japón*). Cada presidente tiene un estado mayor en su área, radicados en Nueva York, en París y Tokio. Los aportes para la financiación provienen teóricamente de cada una de las tres partes integrantes en las siguientes proporciones: Estados Unidos el 50%, Europa el 33% y Japón el 17%. Este porcentaje es indicativo del poder relativo de la suma de corporaciones transnacionales de cada una de las tres áreas geopolíticas.

Bruno Cardeñosa en su libro «El gobierno invisible» (*Espejo de Tinta, 2007*), comenta:

El viernes 17 de mayo de 2007 tuvo lugar en Bruselas la cita que más hombres y mujeres poderosos ha reunido en toda la historia de la humanidad. Y no es una exageración. En total, entre empresarios, ideólogos y políticos había 350 invitados, de los que destacaban varios ex presidentes europeos y norteamericanos, ex directores de la CIA y miembros de los think tank mejor situados en las esferas del poder. Eso sí, pese a la lista de ilustres que se «fugaron» de sus países para ocupar al completo el hotel que se había reservado al efecto, en los medios de comunicación apenas se supo nada, aunque en el plan de trabajo se planteaban asuntos de interés mundial. Y es que el secreto —y las extremas medidas de seguridad para proteger a los asistentes— es una de las señas de identidad de los encuentros anuales de la Comisión Trilateral.

Entre otros temas, uno de los directores de la reunión propuso a los asistentes tomar medidas para paliar los efectos del **cambio climático,** sin que ello supusiera penalizar los beneficios de las grandes empresas. Fue de los pocos temas que merecieron alguna nota informativa, pese a que muy pocos medios de comunicación decidieron dar luz verde a la nota distribuida por la agencia Associated Press. Quien hizo aquellas propuestas fue John Deutch, que había sido director de CIA entre 1995 y 1996, además de ser un respetado químico que ocupa el cargo de preboste del Instituto Tecnológico de Massachusetts (*MIT*) y forma parte del equipo de directores de la empresa armamentística Raytheon y del banco Citigroup.

La propuesta del ex director de la CIA consistía en enfrentarse al cambio climático partiendo de la idea de que el daño ya estaba hecho, por lo que era necesario adaptarse al nuevo escenario. Por ello, planteó contaminar la atmósfera con aerosoles y situar en la estratosfera globos y espejos que retuvieran las temperaturas sin modificación, para así equilibrar el calentamiento con elementos propios del efecto invernadero. Además, abogó por provocar explosiones nucleares en las capas altas de la atmósfera, con objeto de generar una serie de resortes que estabilizaran la situación. También estableció la necesidad de obligar a los estados a aplicar un nuevo impuesto sobre los carburantes de un cuarto de euro por cada litro de gasolina. Por supuesto, el montante de dicha contribución de los usuarios debería ir a las arcas de la industria petrolera —la más contaminante— para que lo invirtieran en las medidas necesarias para hacer frente al calentamiento. Tal propuesta, no caben dudas, se hará realidad dentro de no muchos años.

46 EL CONTROL DE LOS MEDIOS DE COMUNICACIÓN

Uno de los objetivos prioritarios de la CT es el control de los medios de comunicación masiva: periódicos, revistas, radio, televisión, cine y todo medio que le permita el control y orientación del pensamiento mundial dentro de los ideales trilaterales. En EE.UU. que es el país con la población más dócilmente orientada por los medios de comunicación masiva, la CT posee el control de los siguientes medios más importantes del país: New York Times, C.B.S. (*Columbia Broadcasting System*), Los Ángeles Times, Revista Time, Revista Foreign Affairs y Otros de importancia nacional e internacional.

    A pesar de esto, en EE.UU. la prensa consciente de ser el cuarto poder y de su indudable influencia en el ámbito nacional, posee independencia lo que dificulta el objetivo del copamiento por parte del trilateralismo.

47 LA POLÍTICA COMERCIAL DE LA UNIÓN EUROPEA

La política comercial de la Unión Europea (*UE*) envuelve a dos niveles institucionales: el nivel de la unión y el nivel nacional. Las bases legales en lo que se refiere a la política comercial común se encuentran en el Artículo 113 del Tratado de la Unión Europea. Todas las decisiones importantes son tomadas por el Consejo de Ministros que representan a los Estados miembros siguiendo el sistema de "un hombre un voto." El Consejo es apoyado por la CT la cual es responsable de suministrar propuestas acerca de las políticas a seguir por el Consejo. Los Ministros integrantes del Consejo están interesados en políticas comerciales que reflejen los intereses de sus propios países y a su vez prevean potenciales conflictos políticos y económicos con países que no integren la UE, como es el caso de Japón o EE.UU.

El poder de las empresas multinacionales se manifiesta en la CT como el club privado de los dueños del mundo. Pertenecen actualmente a la CT personas de la política de EE.UU. que apuestan por la guerra en Irak, entre las cuales figuran Richard B. Cheney, Paul Wolfowitz, David Rockefeller, Madeleine K. Albright, Henry A. Kissinger, Robert S. Mc Namara, Zbigniew Brzezinki, entre otros.

Los vínculos de la prensa española con la CT escandalizan a más de un lector ingenuo. La ignorancia acerca de ese club de los dueños de las multinacionales responsables por la situación actual del mundo, definida por algunos como "el gobierno del mundo en la sombra" es asombrosa. Periódicos de España como El País, ABC, El Mundo, La Razón y otros, han tenido y tienen influencia a través de miembros que pertenecen a la CT entre los que figuran Jesús de Polanco y su consejero Jesús de Aguirre (*"duque" de alba*), Luis Maria Anson (*La Razón, ABC y EFE*) y El Mundo controlado por la familia Agnelli de la Fiat, entre otros. La lista actual de españoles miembros de la CT es la siguiente:

-Ana Patricia Botín, Directora de Banesto y consejera del Banco Santander Central Hispano;

-Jaime Carvajal Urquijo, Director de Dresdner Kleinworth Capital y de Ford España;

-Alfonso Cortina, Director y oficial superior de Repsol-YPF;

-Pedro Miguel Etxenike, Profesor de Física en la Universidad del País Vasco y ex-consejero de educación (San Sebastián);

-Oscar Fanjul, Director de Hidroeléctrica del Cantábrico y Presidente honorario de Repsol;

-Nemesio Fernández Cuesta, Vicepresidente del grupo Correo-Prensa Española;

-Antonio Garrigues Walter, Director de Garrigues & Andersen y Vicepresidente de la Comisión Trilateral en Europa;

-Miguel Herrero de Miñon, Abogado y consultor internacional, miembro de la real academia española de ciencias políticas y morales y ex-miembro del Parlamento español;

-Trinidad Jiménez, Secretaria de la sección internacional del Partido Socialista Obrero Español (PSOE);
-Abel Matutes, Director de empresas Matutes-Ibiza, ex-miembro de la comisión europea de Bruselas y ex-ministro de asuntos exteriores;

-Antxon Sarasqueta, Presidente ejecutivo de multimedia capital, miembro del patronato de la fundación de política exterior y miembro de la junta directiva del grupo negocios de Madrid;

-Pedro Schwartz, Director ejecutivo de IDELCO y profesor de economía en la Universidad Autónoma de Madrid;
- Mario Vargas Llosa, Escritor y miembro de la Real Academia Española;

-Emilio Ibarra, Presidente del Banco de Bilbao Vizcaya;

-Pedro Solbes, miembro de la Comisión Europea-asuntos monetarios;

-Pedro Ballve, Director de Campo frio alimentación.

TROIKA EUROPEA

"Un comité construido sobre cimientos podridos". Yanis Varoufakis Ex Ministro de Finanzas de Grecia

DEFINICIÓN

El concepto de triunvirato político fue inventado por los romanos, como demuestra la alianza formada por Craso, Pompeyo y Julio César en el año 60 a.c., y el término Troika, viene del ruso y hace alusión a un característico trineo tirado por tres caballos, al más puro estilo de las trigas romanas.

Dicha palabra se extendió en la Revolución Rusa para designar a tríos de cabecillas comunistas. De esta forma cobró el mismo significado que en la Republica Romana (*la triple alianza política*), y su mismo destino: el fracaso. En el marco de la crisis europea, la Troika engloba a tres instituciones: **la Comisión Europea (*CE*), el Banco Central Europeo (*BCE*) y el Fondo Monetario Internacional (*FMI*)**.

Esencialmente, la Troika "supervisa" a los países con graves problemas económicos que reciben préstamos financieros de la UE y el FMI. A pesar de tener una tasa de interés inferior comparados con los del mercado de capitales, estos préstamos no ayudan a que las economías de los países afectados se recuperen.

En nombre de esta Troika se están cometiendo los más graves atentados contra los pueblos europeos, contra su población, contra su dignidad, contra su recuperación económica, en aras a una supuesta "disciplina fiscal" y a una "austeridad" a ultranza, que en realidad constituyen una estrategia de empobrecimiento por desposesión de las clases trabajadoras de los países europeos. La Troika nos amenaza, nos vigila, nos controla, y lo hace además siguiendo sus macabros dictados, sus espúreos intereses, sin tener en cuenta las tremendas consecuencias que sus imposiciones traen a la población europea. Bajo la bandera falaz de los famosos "rescates", que en realidad son planes para que los acreedores de la banca privada puedan cobrar, se imponen toda una serie de medidas suicidas para la economía de los Estados, conduciendo a la población de los países afectados a un empobrecimiento masivo, para garantizar el enriquecimiento de la banca y de las grandes empresas.

La Troika es el Reino del Capital en Europa. Representa a un conjunto de organizaciones antidemocráticas, de las que sólo hay información sobre las conclusiones o ME (*Memorandos de Entendimiento, como eufemísticamente los llaman*) que publican sobre los países rescatados a los que "asisten". Pero existe una total opacidad en torno a las decisiones que están determinando el futuro de los ciudadanos europeos, sobre todo griegos, irlandeses, portugueses, italianos, chipriotas y españoles. Entre 30 y 40 expertos de las tres Instituciones son enviados al país que se debe examinar para controlar que se están llevando a cabo las medidas impuestas. Cuatro veces al año estos "técnicos" (*los llaman coloquialmente los "Hombres de Negro"*) examinan los Estados centrándose en ámbitos como la política presupuestaria, el marco macro-económico, las reformas estructurales o las reformas bancarias, y aseguran que se están cumpliendo los requisitos especificados. No sólo existe un equipo itinerante, sino que la Comisión Europea y el FMI mantienen personal en Atenas, Dublín y Lisboa, con el fin de "asegurar un diálogo continuo con las autoridades", en palabras de sus dirigentes. En el ejemplo español, los hombres de la Troika han controlado sobre todo que las entidades financieras rescatadas han cumplido los objetivos que les impusieron.

El trabajo que realizan se basa en un análisis "muy exhaustivo" de los datos que se disponen sobre el país en cuestión. Estos datos se obtienen tras reunirse con una serie de interlocutores del Gobierno, la Administración, partes interesadas como empresarios, trabajadores, y algunos académicos. Sobre este trabajo técnico, los jefes de misión, generalmente tres, puesto que cada Institución designa a uno, discuten con los líderes políticos la orientación del programa y las medidas clave que han de tomarse, las cuales se publican en el Memorándum de Entendimiento. Sobre la base de este memorando y las conclusiones de la misión, el Euro grupo decide sobre cada desembolso de la asistencia financiera que estimen necesaria para cada país. Los expertos que forman parte de estos equipos son empleados de las Instituciones de la Troika, y son seleccionados según su experiencia y conocimiento del tema que vayan a tratar en el país indicado, puesto que no siempre envían a las mismas personas a los distintos países rescatados. Por ello, el equipo no es el mismo en cada país y el número de personas que participan en una misión de examen puede variar, así como el perfil del equipo que cumple con las necesidades específicas de la misión de examen.

La Troika es una organización criminal. Es la representante directa de que en Europa se implanten las medidas ultra neoliberales del FMI, responsables del hundimiento de cientos de países de todo el mundo, y de la asfixiante política de la deuda pública. No existe un control democrático real de su comportamiento, lo cual hace aún más grave que la Troika tenga un papel tan decisivo en el destino de los países a los que han prestado dinero la UE o el FMI. Sus contraproducentes y suicidas políticas están siendo las responsables de los altos índices de desempleo en los países afectados, producto de sus fanáticas medidas en pro de una convergencia ultra neoliberal. La Troika es responsable (*quizás no la única ni la última, pues también son responsables los propios gobiernos que implementan y aplauden sus medidas*) del crecimiento de la deuda pública, de las imposiciones sobre los objetivos de reducción del déficit público, y de todos los procesos de privatización de empresas y servicios públicos que se están produciendo en el contexto europeo. Las medidas de la Troika son completamente despiadadas, pues atacan sistemáticamente los salarios y el bienestar social de la población trabajadora, imponiendo sus injustas medidas.

La Troika es una grave amenaza para la Democracia de la Unión Europea, la de cada uno de sus Estados miembros. Es como la "mano que mece la cuna", la cuna de los mercados, que son los que representan el auténtico poder en Europa. Y como ya hemos visto y comprobado en algunos países (*Grecia o Italia, por ejemplo*), si los Gobiernos tratan de desafiar a la Troika y sus políticas, la presión aumenta hasta un punto en que han de renunciar para dejar paso a los nuevos Gobiernos de expertos, o Gobiernos tecnocráticos. Para la ciudadanía, para la clase trabajadora, la Troika es la más cruel pesadilla política. Bajo esa impecable imagen técnica, se esconden un grupo de burócratas anónimos de tres poderosas y macabras Instituciones que no rinden cuentas a nadie, que llevan la voz cantante en las políticas que determinan la vida de la gente, y que imponen programas económicos que pagan la mayoría trabajadora.

Si bien hay razones para las dificultades económicas a nivel nacional de esos países – como la corrupción e impuestos extremadamente bajos – que no deberían ser subestimadas, la Troika sólo se concentra en las causas nacionales; sin embargo, los asuntos sistémicos a nivel europeo y mundial son más importantes. Además, los blancos preferidos por la Troika son los sueldos, las horas laborales y los gastos sociales, preservando, una vez más, sólo los intereses de los más adinerados.

La Troika actuó por primera vez en Grecia en el 2010. Resultó ser que la situación económica y financiera de Grecia no era tan próspera como se creía y, como resolución final, el país solicitó asistencia financiera a las instituciones internacionales en mayo de 2010. La CE, el BCE y el FMI emprendieron una misión a Atenas y, unos días después, se acordó un paquete financiero junto con el primer MdE. Esto dio inicio a una espiral descendente de reducciones de sueldos y jubilaciones, aumento de impuestos, despidos y privatizaciones: la Troika había tomado cartas en el asunto.

Luego de lo ocurrido en Grecia, otros tres países europeos fueron objeto de escrutinio por parte de la Troika: Irlanda en diciembre de 2010 (*abandonando formalmente el programa de la Troika en diciembre*), Portugal en mayo de 2011 y Chipre en abril de 2013. España tiene un MdE que sólo incluye condiciones para el sector bancario, pero también se ve forzado a la austeridad por otras medidas. Otros países, como Italia, no están oficialmente bajo el yugo de la Troika, es decir, no cuentan con un MdE, pero también se ven seriamente presionados para sacar adelante reformas y medidas de austeridad. Fundamentalmente, la Troika garantiza que las personas comunes sean las que paguen por los problemas sistémicos de la economía y los errores cometidos por las instituciones financieras, que son las causas reales de la crisis. Al mismo tiempo, en los últimos años, los legisladores europeos han ido disminuyendo continuamente las normativas y controles de esas instituciones financieras y grandes empresas.

Por lo tanto, es importante ver a la Troika y a sus políticas neoliberales no como un asunto aislado, sino como un instrumento en tiempos de una crisis sistémica que encaja en una tendencia general de reformas y medidas neoliberales en toda Europa. Estas medidas y reformas, definidas por el término "gobernanza económica", cada vez imponen más control neoliberal, lo que favorece a las grandes empresas y a los mercados financieros y pone en peligro los valores democráticos y derechos sociales obtenidos con mucho esfuerzo.

En resumen, se establecen cinco claves para entender uno de los organismos cuya sola mención son recortes y austeridad.

1. Aunque siempre se relaciona con la Unión Europea, la Troika no es un ente estrictamente comunitario. Este organismo lo conforman **la Comisión Europea**, el **Banco Central Europeo** y el **Fondo Monetario Internacional**.

2. El objetivo fundamental de la Troika consiste a estudiar la situación económica de los países para señalarles qué medidas y reformas económicas deben llevar a cabo si quieren sanear sus cuentas y crecer (*Sin embargo, la realidad es bastante más cruda, su verdadera misión es saquear la justicia social del pueblo*).

3. La Troika indica el camino a los países rescatados. Si esos cumplen las indicaciones (*suelen ser recortes*), cobran el rescate. Si el país no obedece a la Troika, se queda sin financiación.

4. La imposición de medidas económicas de la Troika ha restado soberanía a Estados rescatados como Grecia, dictándose desde Bruselas la política económica. Por ejemplo, **el Gobierno de Alexis Tsipras** insistió en uno de sus discursos en la necesidad de recuperar la dignidad económica.

5. La Troika es el ente encargado de negociar con los gobiernos la financiación y a su vez determina las condiciones de devolución del préstamo.

Figura 11. Christine Lagarde (Presidenta del Fondo Monetario Internacional, Mario Draghi (Presidente del Banco Central Europeo) y Jean-Claude Juncker (Presidente de la Comisión Europea).

49 ¿QUIÉNES ESTÁN DETRÁS DE LA TROIKA?

Desde 2007 controlan las políticas financieras de los países europeos más afectados por la crisis. Un conjunto de expertos es designado para examinar dichos estados, estudia sus políticas presupuestarias, el marco macroeconómico, las reformas estructurales o las reformas bancarias, y aseguran, a su cúpula, si se están cumpliendo los requisitos especificados o no.

Cabe destacar que esta organización no es democrática y que sus acciones no son del todo transparentes. Las diferencias internas surgieron casi desde el primer día, algo normal cuando no hay una cabeza pensante y directora, sino tres. En su seno se cuece la confrontación entre el FMI que aboga por el crecimiento económico, y el BCE que cree en la austeridad como cura a la crisis económica. Este debate se está viendo alimentado con las duras críticas que están recibiendo las medidas austeras impuestas en Grecia desde 2010, que han sumido al país en una profunda depresión.

El FMI es una institución internacional compuesta por 188 gobiernos. Pero dentro del FMI unos gobiernos tienen más peso que otros. El reparto de poder dentro del FMI está totalmente descompensado, EE.UU. tiene el 16% de los votos. Tened en cuenta que las decisiones tienen que ser votadas por el 85% para salir adelante, con lo cual EE.UU. puede vetar cualquier decisión que no le guste. España no tiene ni porcentaje, está junto a un grupo de países que controlan entre todos los del grupo apenas un 3% de los votos.

El FMI tiene un fondo económico, aportado por los estados miembros (*entre ellos España*), que utiliza para prestar a los estados que lo necesitan. Ni que decir tiene que cada préstamo tiene que ser devuelto con intereses y que cada préstamo permite al FMI influir en el gobierno del estado moroso. Por lo tanto podemos concluir que el FMI es público, internacional, pero público. Aunque no se comporta como tal, ya que buena parte de su actividad se centra en dar créditos a empresas y a estas no las controla al prestarlas el dinero.

La Comisión Europea es un órgano ejecutivo y legislativo de la unión europea. Se compone de 28 miembros y un presidente, nombrados todos ellos por el parlamento europeo. Podríamos decir que es el consejo de gobierno de la Unión, por lo tanto público y democrático. Tan democrático como el consejo de ministros, al que en realidad nadie vota pero sale elegido entre los diputados electos.

La última institución que forma la troika es el BCE, el BCE es un organismo público que hoy sustituye en muchas de sus funciones a los bancos centrales de los distintos países. Sus fondos se nutren en su mayor parte de las aportaciones de los estados miembros del Euro, en menor medida se nutre de la creación de dinero y de las aportaciones de los bancos privados (*en teoría tienen que aportar al BCE el 2% de los depósitos de sus clientes*).

Es inexplicable por ejemplo, que el BCE no inyecte dinero en ningún caso directamente a los estados de dónde saca los fondos y que si lo haga con harta frecuencia a las compañías multinacionales. El BCE ha sacado un plan de compra de deuda milmillonario, pero las compras las hace en el mercado secundario. ¿Qué quiere decir esto? El estado saca la deuda (*se endeuda a un altísimo tipo de interés*), se la compra un banco y el BCE le compra la deuda a ese banco (*a un tipo de interés mucho más bajo*). Negocio redondo para el sistema bancario. **¿Tiene eso sentido? ¿Por qué el**

BCE no compra la deuda, a un tipo moderado o con otras condiciones favorables de pago, directamente al país que la sacó?

El FMI y el BCE actúan como unos usureros con los estados, cuando prestan dinero, toman el control político del país moroso y le obligan a hacer cambios legislativos, todos dirigidos al adelgazamiento de los estados. Privatizaciones de todas las empresas del estado, subidas de impuestos, limitación de los derechos de los trabajadores, etc. Pareciera que no quieren que esos préstamos sean devueltos, para así poder embargar y los estados pareciera que hacen lo posible por complacer las expectativas de los usureros. La comisión Europea, la última pata de la troika, apoya a las otras dos en todas sus medidas, comportándose como una enemiga de los estados a los que representa.

Se supone que la legitimidad de estas instituciones la da el voto de la gente, ya que han sido creadas y son sostenidas por los representantes que nosotros elegimos en las elecciones. Pero es evidente que no es así, parece que la democracia se circunscribe solo a los parlamentos nacionales, unos parlamentos que son continuamente presionados por esas instituciones para actuar en contra de sí mismos y de los trabajadores.

Las medidas de austeridad de la Troika han multiplicado la deuda de España por tres, han multiplicado los sueldos de los trabajadores por cero coma setenta, han amputado todo gasto social. Menuda austeridad.

Lo que se quiere decir, es que los hombres de negro son personas que solo tienen una lealtad, el dinero, beneficiar a los que les compran. En realidad vivimos en una dictadura disfrazada de democracia, la dictadura del capital. La crisis, esa que ellos usan para ganar más a nuestra costa y ponernos en el lugar que ellos piensan que nos corresponde, nos sirve para que algunos veamos lo que hay detrás del disfraz.

Hoy a los Estados modernos, lo hacen los grandes fondos de inversión, los fondos buitre, los megaespeculadores que amasan sus fortunas en los mercados de futuro y, en general, aquellos tiburones que con un ataque especulativo a las bolsas pueden hundir una moneda, como sucedió en su día con **George Soros** y su ataque a la libra esterlina. Estos usureros son los que les dicen a los Estados y a las instituciones supraestatales (*FMI*), porque a ellos también les prestan, qué políticas han de hacer para devolverles el dinero, o lo que es lo mismo, qué parte del pastel social/"público" se van a comer ellos al ser privatizado en beneficio de los acreedores.

El problema principal de las sociedades capitalistas no está en sus títeres sino en quienes los manejan, el capital. Esto sin negar que deba hacerse una crítica a los consejos de administración del capital que son los aparatos institucionales. Pero ese abordaje es secundario.

La "democracia", como la crítica a su ausencia no es el mal que debamos conjurar, como tampoco la lanza que destruirá al capitalismo. Ya no es una cuestión de cómo se eligen o no las representaciones, del peso ponderado de cada país, según criterios discutibles, de la ausencia de igualdad de oportunidades en la liza política o de tantas cuestiones de orden menor. Es que la democracia es un cuento para *dummies*, una mentira para dormir a las masas, el medio de hacer cómplices a éstas en las consecuencias de unas políticas contra ellas (*"no te quejes, se ha decidido democráticamente"*). El votante ignora absolutamente qué harán con su voto (*y en esto no aprecio diferencia alguna entre derechas e "izquierdas"*) y además desconoce del todo sobre qué vota, cuando vota, así como las repercusiones de su voto.

50 EL PARLAMENTO EUROPEO SENTÓ A LA TROIKA EN EL BANQUILLO DEL ACUSADO

La Eurocámara ha investigado la Troika y sus métodos de trabajo. Los eurodiputados han celebrado debates y visitas sobre el terreno, cuyas conclusiones quedan reflejadas en dos informes aprobados por el pleno el 13 de marzo de 2014.

La comisión de Asuntos Económicos y Monetarios del Parlamento Europeo realizó una evaluación de la Troika, cuyos ponentes fueron el eurodiputado popular austriaco Othmar Karas y el socialista francés Liem Hoang Ngoc. Al mismo tiempo, la comisión parlamentaria de Empleo y Asuntos Sociales realizó un segundo informe liderado por el eurodiputado socialista español Alejandro Cercas. Los dos informes se centran en, respectivamente, los métodos de trabajo y el impacto social.

El informe aprobado por la comisión de Economía reconoce las dificultades a las que se enfrentó la Troika y los resultados alcanzados en medio de una situación crítica. Pero también subraya los problemas internos de este dispositivo que reúne a tres instituciones diferentes, cuyas responsabilidades, estructuras de toma de decisión y transparencia no son equivalentes.

Medidas Inadaptadas

El informe también critica que la Troika no lograra adaptar las medidas impuestas a las circunstancias particulares de cada país. Y propone mejores soluciones para el futuro. Según el informe de la comisión de Empleo, enfocado en Grecia, Irlanda, Portugal y Chipre, los cuatro países citados necesitan un plan de recuperación del empleo y de la protección social. Según Cercas, los programas de ajuste no deben servir para debilitar los acuerdos colectivos suscritos por los interlocutores, ni para recortar o congelar los salarios mínimos ni los sistemas de pensiones -poniéndolos en algunos casos por debajo del umbral de la pobreza-, ni para dificultar el acceso a la atención sanitaria, a las medicinas o una vivienda asequible. La investigación sobre el terreno incluyó que una delegación del Parlamento Europeo se desplazara a Portugal el 6 y el 7 de enero, a Chipre el día 10, a Irlanda los días 16 y 17, y a Grecia el 29 y 30 de enero. Y personalidades que participaron en la toma de decisiones de la Troika como Olli Rehn, vicepresidente de la Comisión Europea, y el ex presidente del Banco Central Europeo (*BCE*), Jean-Claude Trichet acudieron a la Eurocámara para intercambiar sus puntos de vista con los eurodiputados.

La UE saquea y estafa a los pueblos del sur de Europa

El rechazo del Parlamento de Chipre al impuesto a los depósitos bancarios "es parte del hartazgo que tiene el pueblo del sur de Europa ante este saqueo forzado de las cuentas bancarias", declaró el analista Francisco González Tejera a RT.

"Este saqueo de las cuentas bancarias, de la población, en este caso las de Chipre, ha destruido definitivamente la credibilidad que le quedaba a la Troika y a la UE", explicaba hoy el experto Tejera al analizar la situación generada tras el rechazo chipriota al rescate europeo.

El 16 de marzo de 2015 los ministros de la Unión Europea, el FMI y el BCE anunciaban la decisión de establecer un impuesto a los depósitos bancarios de los chipriotas, lo cual generó malestar en los mercados amenazando con convertir al país en un 'infierno financiero' y con repetir el escenario de la crisis de 2008. En opinión de Tejera, dicha decisión consiste en "robar el 6,75% de los ahorros de los pensionistas, de las amas de casa, de los más desfavorecidos", pero el pueblo de Chipre "no ha permitido que se cometa este abuso de la clase trabajadora del sur de Europa".

"Quieren cortarle la cabeza al pueblo, saquear, estafar a los pueblos del sur, a los que consideran inferiores, y generar inseguridad, generar miedo" Es la política, ya generalizada de la Troika, de la UE y de Ángela Merkel, explicaba Tejera, de "cortarle la cabeza al pueblo, saquear, estafar a los pueblos del sur, a los que consideran inferiores, y generar inseguridad, generar miedo".

Para Francisco González Tejera, todo lo que han hecho en Chipre es "quedarse con los derechos sociales y los derechos laborales del pueblo". "Es la línea a seguir, implantada por la Troika y por Ángela Merkel de seguir pisoteando a los pueblos del sur de Europa, que estamos ya diciendo 'basta' a esta dictadura que están creando para quitarnos los derechos y las consecuciones históricas hechas durante muchos año", añadió.

¿Podría haber represalias?

En respuesta a la pregunta de si la actuación de Chipre hoy podría desencadenar represalias, Tejera aseguró que el mensaje es claro: "Ya está bien de saqueos y hay necesidad de hacer otro tipo de políticas y de acabar con esta dictadura a la que están sometidos los pueblos del sur de Europa".

"Las represalias no existirán si nos plantamos como ya lo hizo Islandia"

Ante este escenario, Tejera considera que "las represalias no existirán si nos plantamos como ya lo hizo Islandia". La solución para revertir esta situación de profunda crisis y de "abuso permanente" es, según afirma Tejera, "salir del euro, salir de la Unión Europea y construir una Europa de los pueblos y de la solidaridad" puesto que "no únicamente nos someten al empobrecimiento sino a un estrés que es permanente", añadiendo que "tenemos que plantarnos para evitar que tomen represalias y que sigan pisoteando nuestros derechos".

NUEVA CENTURIA AMERICANA

«El proceso de transformar a EE.UU. en la fuerza dominante del mañana será largo, si no interviene algún suceso catastrófico y catalítico como el de un nuevo Peral Harbor» Proyecto Nueva Centuria Americana

51 ¿LA PAX AMERICANA?

La **doctrina Monroe** «*América para los americanos*» sigue siendo – en esencia – el motor principal de la política exterior de los Estados Unidos en su **relación de dominación** de América Latina, la cual está tan enraizada en la conciencia de los ciudadanos norteamericanos, que creen que la injerencia político-militar de su gobierno en otras naciones del planeta, es para el bien de la humanidad, el desarrollo de los pueblos y en pro de la democracia y la libertad.

La Doctrina Monroe fue expresada por el presidente de los Estados Unidos, **James Monroe**, en el séptimo mensaje anual al Congreso, el 2 de diciembre de 1823. Se transcribe a continuación la parte pertinente del mismo: «*...a propuesta del Gobierno del Imperio Ruso, hecha a través del ministro del Emperador que aquí reside, se ha transmitido un poder total e instrucciones al ministro de los Estados Unidos en San Petesburgo para resolver por amigables negociaciones los respectivos derechos e intereses de los dos naciones en la costa noroeste de este continente. Una propuesta similar ha sido hecha por Su Majestad Imperial al Gobierno de Gran Bretaña, que también ha sido aceptada. El Gobierno de los Estados Unidos ha deseado por este amistoso procedimiento manifestar la gran estima que invariablemente tienen por la amistad del Emperador y por su solicitud de cultivar el mejor de los entendimientos con este Gobierno. En las discusiones originadas por este interés y en los acuerdos por las que deberán terminar, se ha juzgado que esa oportunidad es la ocasión para afirmar, como principio en el que los derechos e intereses de los Estados Unidos están involucrados, que los Continentes Americanos, por su condición de libres e independientes que han asumido y mantenido, de aquí en adelante no serán considerados como objeto de futuras colonizaciones por cualquier potencia europea... Se afirmó al comienzo de la última sesión que se estaban haciendo grandes esfuerzos en España y Portugal para* *mejorar la condición de la gente en aquellos países, y que aparentemente se lo estaba haciendo con una extraordinaria moderación. Es necesario remarcar que los resultados han sido muy diferentes a lo que entonces se había anticipado. De los eventos que ocurren en ese lugar del globo, con el que tenemos una estrecha relación y de los cuales proviene nuestro origen, hemos sido siempre unos ansiosos e interesados espectadores. Los ciudadanos de los Estados Unidos compartimos los más amistosos sentimientos a favor de lo libertad y felicidad de nuestros amigos en aquel lado del Atlántico. En las guerras de las potencias europeas, en los problemas que les conciernen, nunca hemos tomado parte, ni tampoco nuestra política lo ha hecho. Sólo cuando nuestros derechos son invadidos o son seriamente amenazados, es cuando o resentimos las heridas o hacemos preparativos para nuestra defensa. Con los movimientos de este hemisferio estamos necesariamente más inmediatamente conectados, y por causas que son obvias para todos los observadores imparciales e ilustrados. El sistema político de las potencias aliadas es en ese aspecto, esencialmente diferente de aquellas de América. Esta diferencia procede de las que existen en sus respectivos Gobiernos; y por la defensa del nuestro, que hemos alcanzado luego de la pérdida de mucha sangre y riquezas, que fuera pensado por la sabiduría de sus más ilustres ciudadanos, y bajo el que hemos disfrutado de una felicidad sin igual, este entera Nación está dedicada. Debemos, por lo tanto, por las francas y amistosas relaciones que existen entre los Estados Unidos y aquellas potencias, declarar que consideraremos cualquier intento por su parte de extender sus sistemas a cualquier parte de este hemisferio como peligrosa para nuestra paz y seguridad. Con las colonias o dependencias de cualquier potencia europea no nos hemos entrometido, ni lo haremos. Pero con los Gobiernos que han declarado y mantenido su independencia, y cuya independencia hemos, en gran consideración y sobre justos principios, reconocido, no consideraremos ninguna intervención con el propósito de oprimirlos, o de controlar de cualquier manera sus destinos por parte de cualquier potencia europea, de otra manera más que como la de una predisposición hostil hacia los Estados Unidos. En la guerra entre esos nuevos Gobiernos y España declaramos nuestra neutralidad al momento de su reconocimiento, y a ella hemos adherido y lo continuaremos haciendo, siempre que no ocurra ningún cambio por el qué, a juicio de las autoridades competentes de este Gobierno, deba hacerse un cambio de actitud por parte de los Estados Unidos, que sea indispensable para su seguridad. Los últimos acontecimientos en España y Portugal muestran que Europa todavía está convulsionada. De este importante hecho, no puede aducirse prueba más fuerte que las potencias aliadas deberían haberlo pensado más detenidamente, en cualquier principio satisfactorio para ellos, el haber intervenido por la fuerza en los asuntos internos de España. Hasta que punto esa intervención debería ser llevada a cabo, por los mismos principios, es un asunto en el que todas las potencias independientes, cuyos gobiernos difieren de aquellos, están interesadas, incluso las más remotas, y con seguridad no hay ninguna más interesada en ello que los Estados Unidos.* **Nuestra política respecto a Europa, que fue adoptada en los comienzos de las guerras que por tanto tiempo han azotado aquel lugar del globo, es sin embargo, la misma, que es la de no intervenir en los asuntos internos de cualquiera de esas potencias; la de considerar al gobierno de facto como el legítimo; la de mantener relaciones amistosas con ellos, y la de preservar dichas relaciones por una franca y firme política, conociendo en todos los casos de los justos reclamos de cada potencia, sin someternos a ofensas de ninguno. Pero respecto a estos continentes las circunstancias son eminente y evidentemente diferentes. Es imposible que las potencias aliadas pudieran extender su sistema político a cualquier parte de estos continentes sin poner en peligro nuestra paz y tranquilidad; ni nadie puede creer que nuestros hermanos del sur, si se los dejase, lo adoptarían espontáneamente. Es igualmente imposible, por lo tanto, que nosotros pudiéramos ver una intervención de cualquier tipo con indiferencia. Si observamos la fuerza y los recursos de España en comparación con los de los nuevos Gobiernos, y la distancia que los separan, es obvio que España nunca podrá someterlos. Es entonces la política de los Estados Unidos de dejar a las partes que resuelvan la situación por sí solas, esperando que las otras potencias sigan la misma conducta...»**

La **doctrina Monroe** implica dos premisas evidentes:

1. El principio de autodefensa.
2. El principio de la autodeterminación.

James Monroe supuso de manera arrogante, que las antiguas colonias españolas asumían como propia su doctrina, considerándose él mismo o su gobierno, el protector e interlocutor legítimo de las repúblicas independientes en América Latina y el Caribe. Pero en lugar de darles verdadera protección a los mestizos y a la población indígena de Hispanoamérica el gobierno de los Estados Unidos estimuló – con el ejemplo de los pioneros europeos en Norteamérica – su explotación y exterminio. Ni siquiera supo proteger a la población indígena de su propio país, que fue víctima de la política de expansión del gobierno Yanqui. De esta manera, los pueblos originarios, como los Sioux, Cheyenes, Cherokees, Apaches, Irokeses y muchos otros más, fueron expulsados de sus territorios, discriminados, masacrados y asesinados, y los que sobrevivieron este genocidio, fueron recluidos en reservas indígenas. **¿Quién defendió a estos pueblos del exterminio masivo? ¿Qué nación europea se atrevió a impedir el genocidio?** Si fueron colonos europeos los que con engaño, hurto y violencia explotaron y vilipendiaron a las grandes mayorías étnicas, muchas veces con el aval de los correspondientes gobiernos.

Theodore Roosevelt y la política del Gran Garrote (*Big Stick*)

Con su nueva visión imperialista a principios del siglo XX, Estados Unidos reafirmó la doctrina Monroe, y el presidente **Theodore Roosevelt** (*Presidente 26º de los Estados Unidos*) emitió el Corolario de 1904 (*Corolario Roosevelt*) para la interpretación del doctrina Monroe. Es decir, la política del **Gran Garrote o Big Stick**. La expresión es del presidente de Estados Unidos, tomada de un proverbio de África Occidental: «*habla suavemente y lleva un gran garrote, así llegaras lejos*» (*speak softly and carry a big stick, you will go far*).

En el corolario se afirma que si un país de América Latina y del Caribe situado bajo la influencia de EE.UU. amenazaba o ponía en peligro los derechos o propiedades de ciudadanos o empresas estadounidenses, **el Gobierno de EE.UU. estaba obligado a intervenir en los asuntos internos del país desquiciado para reordenarlo, restableciendo los derechos y el patrimonio de su ciudadanía y sus empresas**. Bajo la política del Gran Garrote se legitimó el uso de la fuerza como medio para defender los intereses —en el sentido más amplio— de los EE.UU., lo que ha resultado en numerosas intervenciones políticas y militares en todo el continente.

El Gran Garrote también se refiere a las intervenciones estadounidenses ocasionadas por la "discapacidad" de los Gobiernos locales de resolver asuntos internos desde el punto de vista del Gobierno de Estados Unidos, y protegiendo los intereses de ciudadanos y entidades estadounidenses.

En tal sentido, Roosevelt postulaba que los desórdenes internos de las repúblicas latinoamericanas constituían un problema para el funcionamiento de las compañías comerciales estadounidenses establecidas en dichos países, y que en consecuencia los Estados Unidos debían atribuirse la potestad de restablecer el orden, primero presionando a los caudillos locales con las ventajas que representaba gozar del apoyo político y económico de Washington (*hablar de manera suave*), y finalmente recurriendo a la intervención armada (*el Gran Garrote*), en caso de no obtener resultados favorables a sus intereses militares.

Intervenciones de EE.UU. en América Latina

Los diferentes gobiernos estadounidenses a lo largo de los siglos XIX y XX han demostrado ampliamente que la aspiración al poder mundial – Teoría – y la dedicación por lograrlo – Práctica –, son las dos caras de la moneda imperial. Los Estados Unidos lograron su propósito imperial después de la segunda guerra mundial convirtiéndose en una nación más poderosa que el imperio romano de Julio Galius César y el Emperador Augusto, que comprendió un territorio habitado por más de 50 millones de mujeres, hombre, ancianos y niños, que se extendió desde el actual Irak hasta las islas británicas. **Nunca antes en la historia universal existió un imperio más poderoso que los Estados Unidos de Norteamérica.**

El 12 de marzo de 1947 el presidente **Harry Truman** anunció la política internacional norteamericana de la posguerra ante las dos cámaras del Congreso de los Estados Unidos: En la presente etapa de la historia mundial casi todas las naciones deben elegir entre modos alternativos de vida. Con mucha frecuencia, la decisión no suele ser libre. En varios países del mundo, recientemente, se han implantado por la fuerza regímenes totalitarios, contra la voluntad popular. El gobierno de los Estados Unidos ha levantado frecuentes protestas contra las coacciones y las intimidaciones realizadas en Polonia, Rumanía y Bulgaria, violando el acuerdo de Yalta. Debo afirmar también que en otros países han ocurrido hechos semejantes. Uno de dichos modos de vida se basa en la voluntad de la mayoría y se distingue por la existencia de instituciones libres, un gobierno representativo, elecciones limpias, garantías a la libertad individual, libertad de palabra y religión y el derecho a vivir sin opresión política.

El otro se basa en la voluntad de una minoría impuesta mediante la fuerza a la mayoría. Descansa en el terror y la opresión, en una prensa y radio controladas, en elecciones fraudulentas y en la supresión de las libertades individuales.

La **Doctrina-Truman** estaba dirigida en primera instancia a contrarrestar el "peligro de la revolución comunista mundial" y constituyó la piedra de toque de la guerra fría. En cierta medida, la doctrina de Truman puede considerarse como la adaptación de la doctrina Monroe a la nueva coyuntura política mundial. El mundo después de la segunda guerra mundial se convirtió en bipolar. Para Truman la Unión Soviética representaba sin discusión alguna el "reino del mal", lo cual infería que los Estados Unidos eran por conclusión, el paraíso terrenal.

En este contexto internacional, la administración Truman desarrolló a partir de 1947 un nuevo concepto estratégico de Seguridad Nacional. La ley del 26 de Julio 1947, conocida como **National Security Act**, tiene una importancia histórica posguerra, puesto que representa la base jurídica del poderío militar de los Estados Unidos en el mundo entero. Esta ley dictaminó la creación del ministerio de defensa, de la Fuerza Aérea, del Consejo de Seguridad Nacional y de la Central de Inteligencia.

La doctrina que cobró popularidad e importancia por su carácter abiertamente imperial es la conocida como "Doctrina Bush", ejecutada a raíz de la falsa bandera del 11 de septiembre de 2001 contra las torres gemelas en Nueva York. El concepto de Estrategia de Seguridad Nacional dedicado a la transformación de las instituciones de seguridad nacional de Norteamérica para enfrentar los retos y oportunidades del Siglo XXI, hecho público por el mismo presidente George W. Bush el 17 de septiembre del 2002, decía lo siguiente:

«*La presencia de fuerzas norteamericanas en el extranjero es uno de los símbolos más profundos del compromiso estadounidense con nuestros aliados y amigos. Mediante nuestra voluntad de usar la fuerza en nuestra propia defensa y en defensa de otros, Estados Unidos demuestra su determinación de mantener un equilibrio del poder que favorece la libertad. Para bregar con la incertidumbre y enfrentar los muchos retos de seguridad que encaramos, Estados Unidos necesitará bases y estaciones dentro y más allá de Europa Occidental y el nordeste de Asia, como así también arreglos de acceso temporal para el despliegue de las fuerzas de Estados Unidos a gran distancia*»

La injerencia militar los Estados Unidos en los asuntos internos de otras naciones ha seguido siempre el mismo manual:

1. "Protección" a los ciudadanos estadounidenses.
2. La defensa de los intereses norteamericanos en el respectivo país.
3. Conservación de la supuesta democracia.
4. Captura – vivo o muerto – del terrorista de moda.

El imperialismo estadounidense ha constatado algo que muchos filósofos han recalcado: "*La paz de un imperio significa siempre, independientemente del grado de "bondad*" y del sentido de justicia" del emperador, el sometimiento militar de los pueblos y la voluntad intrínseca de expansión y ocupación de otros territorios. Las diferentes doctrinas están siempre en función de intereses ideológicos, político-militares, comerciales y culturales de la nación poderosa. Imperios sin guerras nunca han existido ni existirán".

La guerra es un negocio lucrativo para el gran capital industrial y financiero, con un margen elevado de ganancia, sobre todo, si se consideran las tres dimensiones del fenómeno llamado guerra: Preparación, Ejecución y Prevención. La guerra significa armas y destrucción, y la paz, construcción y rearme. Según el Instituto de Investigación de la paz en Estocolmo (*SIPRI, siglas en inglés*), de 100 compañías vinculadas con la producción y comercio de armamento, 46 son empresas norteamericanas con un volumen de ventas en el año 2000 de más de 96 mil millones de dólares americanos.

Muestras de las múltiples intervenciones de EE.UU.

Históricamente, estas intervenciones no arrancan a partir de la doctrina Monroe, sino la antecedieron, y la doctrina vino a consagrar una política que formaba ya parte de la realidad, como ejemplo se pueden citar:

- 1798-1800, guerra naval no declarada a Francia: esta disputa incluyó acciones territoriales como las que se llevaron a cabo en la República Dominicana, en la ciudad de Puerto Plata, donde capturaron un barco francés.

- 1814-1825, el Caribe. Se libraron repetidos combates entre piratas y barcos americanos en tierra y mar en las inmediaciones de Cuba, Puerto Rico, Santo Domingo y Yucatán.

Éstas no fueron las únicas anteriores a 1823, el año de la declaración de la doctrina Monroe, hubo bastantes otras, todas del mismo signo anunciador de la doctrina.

- 1831, Argentina. El 28 de diciembre, enarbolando bandera francesa, la corbeta USS Lexington destruyó Puerto Soledad, Islas Malvinas. Una partida desembarcó y destruyó el asentamiento, tomando prisioneros a la mayoría de sus habitantes.

- 1835-1836, México. Durante la Guerra de la Independencia de Texas, rancheros y esclavistas toman grandes extensiones de México, al norte del río Bravo. El general estadounidense Gaines ocupa a Nocagdoches, Texas, con el pretexto imaginario de que hay peligro de una "sublevación indígena".

- 1845, México. Anexión de Texas y California, pertenecientes a México. Se conforma el Destino Manifiesto: el hombre blanco debe invadir territorios de pueblos "atrasados", usurpar sus riquezas esclavizando a sus habitantes.

- 1846-1848, México. Estados Unidos le declara formalmente la guerra a México con el objetivo de conquistar más tierras; los militares ocupan, por orden del presidente Polk, el territorio entre los ríos Bravo y Nueces para provocar a México. Le arrebatan la mitad de su territorio. En una lucha encarnizada entran en Ciudad de México.

- 1855. El aventurero estadounidense William Walker, operando en interés de los banqueros Morgan y Garrison, invade Nicaragua y se proclama presidente. Durante sus dos años de gobierno invade también a los vecinos países de El Salvador y Honduras, proclamándose igualmente jefe de Estado en ambas naciones. Walker restauró la esclavitud en los territorios bajo su ocupación.

- 1890. Estados Unidos forma la Unión Panamericana para acelerar sus planes de convertir a América Latina en su "patio trasero".

- 1898, Guerra España-EE.UU. Los Estados Unidos declaran la guerra a España en el momento en que los independentistas cubanos tenían prácticamente derrotada a la fuerza militar colonial.

Las tropas norteamericanas ocupan la isla de Cuba, desconocen a los patriotas, y España se ve obligada a ceder a Estados Unidos los territorios de Puerto Rico, Guam, Filipinas y Hawai. En Puerto Rico, desde 1898 hasta 1947, Estados Unidos impuso el gobernador colonial (*siempre estadounidense*), y éste designaba los funcionarios de su administración, generalmente estadounidenses. El 25 de julio de 2012 se cumplieron 60 años de la fundación del Estado Libre Asociado, fórmula que permitió la elección de gobernador puertorriqueño, reconoció bandera e himno, pero que no alteró su condición colonial.

- 1903, Colombia. Estados Unidos promueve la segregación de Panamá, que entonces era parte de Colombia, y adquiere derechos para abrir el Canal de Panamá. Años después, el ex presidente Teodoro Roosevelt —el real segregador de Panamá— diría: «Yo tomé la zona del Canal mientras el Congreso debatía». "A Colombia se le pagó posteriormente la ridícula suma de $25 millones en compensación".

- 1912, Nicaragua. 2.700 marines norteamericanos invaden Nicaragua "para proteger los intereses de Estados Unidos durante un conato de revolución", dando comienzo a una ocupación que se mantendría casi continuamente hasta 1933.

- 1914, México. Durante la Revolución Mexicana, la Marina de Estados Unidos bombardea la ciudad portuaria de Veracruz, un ataque aparentemente motivado por la detención de soldados norteamericanos en Tampico. El Gobierno mexicano se disculpa, pero el presidente Woodrow Wilson ordena que la Armada ataque a Veracruz. Cien soldados mexicanos, varios cadetes de la Escuela Naval y grupos civiles resisten con heroísmo. Los ocupantes permanecen durante varios meses. 1914-1917 Campaña de hostilidades no declaradas contra la Revolución Mexicana. El general Pershing invade el norte de México, persiguiendo al revolucionario Pancho Villa.

- 1926, Nicaragua. Augusto César Sandino se propone crear un ejército popular para combatir a los ocupantes extranjeros. 1926-33, un repunte de actividad revolucionaria provoca el desembarco de 5.000 infantes de marina "para proteger los intereses de Estados Unidos". Se forma la Guardia Nacional de la familia Somoza. Los infantes de marina realizan grandes operaciones contra el revolucionario Sandino. Estados Unidos realiza entonces el primer bombardeo aéreo en América Latina. Ataca la aldea El Ocotal. Mueren 300 nicaragüenses por las bombas y ametralladoras yanquis. (1928). Después de su retirada, la Guardia Nacional atrapa y finalmente fusila a Sandino (1934). La dictadura militar gobierna por 45 años.

- 1947, Estados Unidos comienza a imponer paulatinamente el Tratado Interamericano de Asistencia Recíproca (*TIAR*).
- 1948, Fundación de la Organización de Estados Americanos.

- 1954, Guatemala. La CIA orquesta el derrocamiento del gobierno democráticamente electo de Jacobo Arbenz en Guatemala. Organiza un ejército de exilados derechistas, que, con la ayuda de bombardeos aéreos, ataca la ciudad de Guatemala. El bombardeo prende un golpe interno de fuerzas militares entrenadas por Estados Unidos, con el apoyo de la iglesia. Siguieron casi 40 años de violencia y represión que culminaron en la política de "tierra arrasada" de los años 80. Más de 150.000 personas perdieron la vida. Arbenz había nacionalizado tierras de la empresa estadounidense United Fruit Company.

- 1960, Cuba. El presidente Eisenhower autoriza la realización en gran escala de acciones encubiertas para derribar al gobierno de Fidel Castro.

- 1961, Cuba. Invasión de Bahía de Cochinos. Una brigada de mercenarios entrenados y dirigidos por EE.UU., con apoyo aéreo y logístico, desembarcan en la isla. Los invasores son derrotados en menos de 72 horas en Playa Girón. Desde entonces, las fuerzas de la CIA han desembarcado muchas veces en Cuba para realizar sabotaje, guerra bacteriológica, asesinato, ponerse en contacto con sus agentes, y otros actos hostiles y armados.

- 1965, República Dominicana. Estados Unidos envía 42.000 efectivos marines al país para reprimir un movimiento que intentaba restaurar en el poder al anteriormente derrocado presidente progresista y democráticamente electo Juan Bosch; alrededor de 3.000 muertos.
- 1973, Chile. El militar Augusto Pinochet toma el poder en un golpe de Estado apoyado por la CIA en contra del presidente electo socialista Salvador Allende.

- 1989, Panamá. Fue la invasión décima tercera de EE.UU. a Panamá. Las autoridades norteamericanas, dirigidas por George H.W. Bush, justificaron la muerte estimada de más de siete mil panameños con la intención de capturar al general Manuel Antonio Noriega por sus presuntos vínculos con el narcotráfico.

- 1994, Haití. Más de 24 mil efectivos norteamericanos con apoyo de barcos de guerra, helicópteros y modernos medios bélicos invaden Haití con el pretexto de garantizar la transferencia de poder de la cúpula golpista, encabezada por el general Raúl Cedras, al presidente electo Jean Bertrand Aristide.

52 EL PODER DE LA MAQUINARIA BÉLICA DEL IMPERIO ESTADOUNIDENSE

Finalizada la Segunda Guerra Mundial y durante todo el período de la "Guerra Fría", la actividad expansionista y de ocupación de Estados Unidos, estuvo limitada por la presencia del poder soviético. Pero después de la caída de la Unión Soviética, la **Pax Americana** entró en condiciones de posicionarse en cualquier lugar del planeta. De acuerdo a un informe anual publicado por el Stockholm Internacional Peace Research Institute (*SIPRI*), instituto que lleva las estadísticas de los presupuestos militares de 159 países, para el año 2004, en el mundo se gastaron un mil cuarenta billones de dólares (U.S.$ 1.040.000.000.000) en presupuestos militares, de ese monto, a Estados Unidos le correspondió un cuarenta y siete por ciento (47%) ya que ese país gastó, de acuerdo a SIPRI, cuatrocientos cincuenta y cinco mil millones de dólares (U.S.$ 455.000.000.000).

Los Estados Unidos de Norteamérica presentaron un rápido crecimiento entre 2002 y 2004, debido a la puesta en práctica de los planes bélicos contemplados en su proyecto de 1997: "Project for the New American Century" (*PNAC*) (*Proyecto para una Nueva Centuria Americana*). Este proyecto fue revisado y puesto en práctica desde Septiembre del 2000 bajo el nombre de "Rebuilding America's Defenses: Strategy, Forces and Resources for a New Century". (*Reconstrucción de las Defensas Americanas: Obligaciones y Recursos para la Nueva Centuria*). En este proyecto, se describen los requerimientos para la consolidación del Imperio en el mundo para los próximos cien años. De acuerdo a este documento, Estados Unidos debe:

1.- Reforzar su posicionamiento militar en sus bases del Sur de Europa, del Sureste de Asia y del Oriente Medio.

2.- Modernizar sus Fuerzas Armadas incrementando la capacidad bélica de la Fuerza Aérea, la Armada y el Ejército.

3.- Desarrollar e instalar una plataforma mundial de defensa misilística que incluya dominio del espacio extraterrestre.

4.- Controlar el ciberespacio común del planeta.

5.- Elevar el presupuesto anual del gasto de defensa a un mínimo de 3,8% del Producto Bruto Nacional (*esta meta se cumplió durante el 2004, ya que ese año el presupuesto de defensa equivalió al 3,9% del Producto Bruto Nacional*).

Después de la desintegración de la Unión Soviética ya no existe nación en el mundo con el suficiente poder militar como para poner en peligro la soberanía territorial de Estados Unidos y sin embargo, a pesar del final de la guerra fría, el invicto imperio continúa desplegando nuevas bases militares (*en 9 de las 15 ex-repúblicas soviéticas ya ha instalado bases*) y su poderío marítimo con más de trece fuerzas de tarea aún continúan esparcidas en todos los océanos del planeta. Sus emblemáticos portaviones como Kitty Hawk, el Constellatión, el Enterprise, el John F. Kennedy, el Nimitz, el Dwight D. Eisenhower, el Carl Vinson, el Theodore Roosevelt, el Abraham Lincoln, el George Washington, el John C. Stennis, el Harry S. Truman y el Ronald Reagan, se mantienen navegando los mares del mundo al mejor estilo de la guerra fría. Un ejército de más de 500 mil personas conformado por soldados, técnicos, espías, educadores, personal administrativo y contratistas, se encuentra desplegado en más de 702 bases en 130 países alrededor del orbe (*no se incluyen las más recientes en Kosovo, en Afganistán, en Iraq, en Kuwait, en Kyrgyzstan, en Qatar, Uzbekistán, Paraguay y Honduras*). Ellos no garantizan el cobro de impuestos como antiguamente lo hacían los centuriones romanos, pero si responden por la sustracción del beneficio proporcionado por un complejo proceso neo-imperial de acciones encubiertas, de fariseísmo económico, de guerras preventivas, y de invasiones que les proporcionan el acceso a las riquezas del mundo en nombre de la paz, la libertad y la lucha contra el terrorismo.

El General **Martin Robertson**, comandante de una base militar ubicada en la región del Camp Lemonier en Djibouti, Francia, señaló que la única forma de poner en acción la "guerra preventiva" era demostrando "presencia global" y ello, en su opinión, significa ganar hegemonía sobre cualquier lugar en el cual no se tenga control. La idea, señala, es crear una "aballaría global capaz de cabalgar sobre las estacas de cualquier frontera y neutralizar a los "bad guys" tan pronto como logremos identificarlos".

A fin de incrementar su presencia militar en el exterior, el Pentágono (*cerebro militar del imperio*) está reposicionando nuevas bases, seis de ellas en Irak, y una en Kuwait que, por cierto, ocupa una extensión equivalente a la cuarta parte del territorio de ese país (*¿quién terminó invadiendo a Kuwait?*) Pero lo que Colin Powell catalogó como las **"new family of bases"** comienzan a desplegarse en países europeos como Rumania, Polonia y Bulgaria en países asiáticos como Pakistán (*donde ya existían cuatro*), India, Australia, Singapur, Malasia, las Filipinas e, increíblemente, hasta en Vietnam, y en naciones africanas como Marruecos, Tunes, Argelia, Senegal, Ghana, Malí y Sierra Leone. La propuesta del Pentágono es construir una cadena de bases al- General Powell rededor del Golfo Pérsico que se sumen a las ya existentes en Bahraín, Qatar, Omán y los Emiratos Árabes Unidos. Todo este crecimiento del poderío militar de Los Estados Unidos va más allá del manido objetivo de enfrentar al terrorismo, la verdadera razón para la construcción de este aro de nuevas bases alrededor del Ecuador es para expandir el imperio y reforzar una ocupación militar planeada como estrategia de dominación del planeta y este plan (*Proyecto para una Nueva Centuria Americana*) se hizo mucho antes de los ataques terroristas del 11-S.

53 PROYECTO MACABRO: LA NUEVA CENTURIA AMERICANA

A partir de 1997 se bautizó con el nombre de "**Proyecto para una Nueva Centuria Americana**", pero en realidad se crearon las bases para que la última gran súper potencia irrumpiera con una avasallante propuesta de dominación orientada a poner al mundo bajo el control absoluto de la aureola económica de la Pax Americana. Dentro de este proyecto se encuentra la documentación que prueba esta nueva tendencia imperial. Esa propuesta que se identifica con el nombre de **"Rebuilding America's Defenses: Strategy, Forces and Resources for a New Century"**, fue elaborada en Septiembre del 2000 (*mucho antes de la acción terrorista contra las torres gemelas la cual fue en Septiembre del 2001*) y en él, como ya se ha dicho, se describen los requerimientos para potenciar a los Estados Unidos como el imperio dominante por los próximos cien años. George Bush Cuando George W. Bush asume la presidencia en el 2001, son los mismos autores del "Proyecto para la Nueva Centuria" quienes asumen también la conducción del Pentágono, del Ministerio de Defensa y de la

Casa Blanca, así que cuando las torres fueron derribadas se abrieron las puertas para que este equipo de guerreristas pusiera en práctica su sueño de un imperio planetario. El Vicepresidente de Estados Unidos, para el período 2001-2004 y 2004-2008 **Dick Cheney** (*judío ex presidente de la Halliburton, empresa fabricante de armas y una de las que logró poseer los mayores contratos de la llamada "reconstrucción de Iraq"*), conjuntamente con el Ministro de Defensa **Donald Rumsfeld** y el Presidente del Consejo de Políticas de Defensa **Richard Perle**, son miembros fundadores del "think tank washingtoniano" creador de dicho proyecto en 1997. Quien fuera el Viceministro de Defensa Paul Wolfowitz (*el 30- 03-05 fue electo Presidente del Banco Mundial*) durante el primer período de Bush, fue el padre ideológico del grupo que elaboró el proyecto y el encargado de su dirección fue un oficial del Pentágono de nombre Bruce Jackson quien posteriormente pasó a dirigir una de las mayores empresas fabricantes de armas: la Lockeheed Martin.

Figura 12. Miembros del Proyecto para el Nuevo Siglo Americano o en inglés PNAC (Project for the New American Century), un grupo ideológico y político establecido en Washington D.C.

Los asesores del Proyecto para la Nueva Centuria Americana (*PNAC en inglés*) son los mismos que conformaron el denominado **Amigos de la Democracia** que auspició la sangrienta confrontación en Nicaragua y el Salvador. Son los mismos actores que durante la guerra fría organizaron el **"Comité para el Peligro Presente"**, que señalaba que una guerra nuclear con la Unión Soviética sería prudente para Estados Unidos. Y son también los mismos que crearon el **"Comité para la Liberación de Irak"** que, bajo la coordinación de Condoleeza Rice (*Asesora de Seguridad Nacional y desde Enero del 2005 fue Secretaria de Estado de la administración Bush*) formularon el plan para preparar psicológicamente a la población estadounidense acerca de la necesidad de una guerra contra Irak. Condoleezza Rice dijo: *"el informe sobre "Rebuilding America's Defenses" constituye un plan con el debido soporte ideológico y económico elaborado durante las administraciones de quienes, por décadas, han conducido los destinos del imperio"*.

Este proyecto, ahora ha sido retomado con fuerza por quienes, desde una perspectiva fundamentalista pretenden librar una cruzada infinita para establecer lo que definen como "el nuevo lugar de América en el Mundo", un eufemismo para encubrir lo que parece ser la gran batalla por los recursos del planeta y de paso (*de acuerdo a los sionistas fundamentalistas que dirigen el proyecto*) por la llamada tierra prometida. El plan estaba diseñado para responder una simple pregunta: **¿Cómo justificar el proyecto para una nueva acción bélica que lograra reposicionar a EE.UU. como única súper potencia?**

La destrucción de las torres gemelas del World Trade Center de Nueva York, constituyó el detonante que le permitió al gobierno de Estados Unidos argumentar cuatro buenas razones para justificar el inicio de una nueva guerra:

1- La búsqueda de armas de destrucción masiva en "países inestables".

2- La colaboración de gobiernos señalados como pertenecientes al "eje del mal" con grupos terroristas como Al Qaeda.

3-La persecución y captura de los terroristas que operan en países forajidos.

4- El derribo de dictaduras para el establecimiento de gobiernos democráticos.

La invasión de tropas de EE.UU. a Afganistán e Irak sirvió para dilucidar estas razones, pero luego de casi dos años de batalla las investigaciones y los hechos posteriores a esas invasiones han demostrado, en forma fehaciente, la falsedad de dichos argumentos.

- No se encontraron armas de destrucción masiva

- No se demostraron vínculos del gobierno de Irak con Al Qaeda.

- No se han capturado terroristas de Al Qaeda en territorio Iraquí.

- Se derribó un gobierno dictatorial, pero a dedo se nombró a otro que viola los derechos humanos, que clausura medios de comunicación y que es Igualmente sanguinario, el presidente designado por el imperio Iyad Allawi, ex-agente de la CIA, en un arrebato de cólera, personalmente se encargó de ejecutar a 8 detenidos por actos de resistencia a los invasores.

La renovada acción bélica de George W. Bush, como ejecutor directo de las políticas del imperio estadounidense, obedeció a cuatro propósitos:

El Primer propósito fue evitar el caos que se avecinaba ante la imposibilidad de mantener el mito del crecimiento sostenido de la economía de los Estados Unidos, **Alan Greenspan**, es el presidente del banco central más poderoso del mundo: el Banco de la Reserva Federal de Los Estados Unidos. Este personaje, hoy convertido en el "gran gurú" de las políticas monetarias del país que motoriza la economía del planeta, declaró el 17 de septiembre de 2004 en la cadena de televisión CNN: "*es indetenible la necesidad de comenzar a incrementar la tasa de interés referencial de los fondos federales*".

El análisis de **"La Trampa del falso crecimiento"** y su consecuencia en el virtual colapso del imperio, se basó en el hecho de que la economía de Los Estados Unidos, aún no ha salido de la gran recesión en la cual se encontraba para el momento del arribo al poder del presidente George Bush y que, más bien, lo que ha ocurrido es que, a partir de ese momento, se ha puesto en práctica un crecimiento anormal basado en una política crediticia expansiva y en un financiamiento de su creciente déficit fiscal mediante la colocación de bonos de la deuda pública (*Bonos del Tesoro*).

De acuerdo a eso, se conoce que en los últimos años, la imposición de una tasa de interés muy baja ha permitido la expansión del crédito y el aumento de la demanda y, lógicamente, como consecuencia de ello, el anómalo crecimiento de la economía de Los Estados Unidos.

Pero el problema es que esta opción de crecimiento a través de la expansión de la demanda, ahora se ha hecho insostenible, y ha convertido el endeudamiento del consumidor promedio en una trampa letal que, al intentar desmontarla, generaría consecuencias impredecibles para la economía del imperio y para el comprometido bolsillo de los contribuyentes norteamericanos.

Durante la administración de George Bush, la capacidad de compra de bienes nacionales e importados se incrementó de manera considerable gracias a la forma tan expedita y barata de acceder al crédito. Es claro que, el uso a bajo costo de la materia prima existente en muchos países del Tercer Mundo, la disponibilidad de mano de obra barata, así como los bajos costos que significa el no tener que responder a severas leyes fiscales o de protección ambiental, han convertido a esos países en lugares muy atractivos para la ubicación de las plantas manufactureras de las corporaciones estadounidenses.

Esto significa que buena parte de los bienes importados por Estados Unidos son producidos por empresas norteamericanas cuyos productos ya no llevan el sello "**made in USA**" y esto, lógicamente ha contribuido a incrementar el gigantesco déficit comercial que presenta esa nación. Para Julio del 2004 el monto de éste déficit alcanzó la cifra de 385 mil millones de dólares.

El problema surge cuando se observa que desde el 2001, el mantenimiento del exagerado consumo del mercado estadounidense y el impulso que éste consumo proporcionaba a su crecimiento económico (*las dos terceras partes de la economía de Estados Unidos depende del consumo*) se encontraba sustentado en la decisión del Banco de la Reserva Federal, de mantener la tasa de interés de referencia al 1%.

La existencia de tan reducido interés referencial, a su vez ha mantenido muy bajos los intereses de préstamos hipotecarios, de adquisición de vehículos, de los créditos al consumidor y de las tarjetas de crédito y ello ha convertido el crédito en el mecanismo preferido del consumidor para la adquisición de cualquier bien o servicio. Esta circunstancia, lógicamente, ha generado una expansión de la demanda que ha hecho posible mantener, en crecimiento sostenido, la economía doméstica de Estados Unidos y la de los países asiáticos y latinoamericanos mencionados.

Pero el estudio del comportamiento de la tasa de interés durante la administración Bush, permitió deducir que la anomalía de tal crecimiento se debió a que la supuesta recuperación de la economía anunciada a partir del 2001, fue más bien una recuperación financiada por el consumidor estadounidense (*cada día más endeudado*).

Además de la expansión de la demanda facilitando el acceso al crédito, el gobierno de Bush, en su intento por demostrar que sacaría al país de la recesión, puso en práctica otro estímulo al crecimiento: el incremento del gasto público a través del presupuesto.

Lo que siguió a partir del 2001 fue un crecimiento acelerado del presupuesto anual. Dicho presupuesto, durante muchos años ha sido deficitario, pero durante los últimos tres años éste déficit (*suma correspondiente a la diferencia entre el monto del presupuesto anual y la disponibilidad de ingresos fiscales necesarios para cubrirlo*) arribó a la suma de 395 mil millones de dólares.

Durante los últimos 30 años el mecanismo de cobertura del déficit presupuestario de Los Estados Unidos, se ha venido resolviendo mediante la colocación Bonos del Tesoro. Durante todo este lapso la masiva inversión de dólares (*fundamentalmente orientados a la adquisición de estos bonos*) provenientes, de reciclaje de petrodólares de naciones de la **OPEP** (*Arabia*

Saudita, Kuwait y en menor grado Venezuela) se han encargado de solventar el problema.

Igualmente, los bancos centrales de China, Japón y otros países, mantienen sus reservas en dólares mediante la adquisición de Bonos del Tesoro. El total de estas colocaciones asciende a 1.3 trillones de dólares. Si a este monto se le suma la adquisición de Bonos hecha por los países de la OPEP, en especial de Arabia Saudita 860 mil millones de dólares (*US$ 860.000.000.000*) más la propia deuda con inversionistas internos, Estados Unidos presentaría la deuda pública más grande del mundo con un monto que, actualmente, supera los 3,7 trillones de dólares.

Y llegó el 2008 y con ello el gran desplome de la economía de EE.UU. (*ya William Engdahl había dicho que la "burbuja de la falsa recuperación de Bush" explotaría en algún momento después del 2005*), y los más perjudicados fueron los millones de propietarios de viviendas que tuvieron dificultades para cancelar sus hipotecas (*especialmente los que firmaron hipotecas bajo el esquema de interés variable*). El mercado de bines raíces se colapsó en virtud de la caída de los precios y la imposibilidad de colocar nuevas unidades habitacionales. La banca entró en situación de dificultad para la recuperación de los préstamos otorgados y el sistema hipotecario entró en recesión.

54 PROYECTO DE NUEVA CENTURIA AMERICANA Y LA OPEP

Los grandes compradores de Bonos del Tesoro de los Estados Unidos, como China y Japón, son altamente dependientes del mercado de consumo norteamericano pero, a su vez, son también grandes demandantes de hierro petróleo y otras importantes materias primas.

Si las materias primas e insumos en general, duplican su precio, (*esto ocurriría si el barril de petróleo supera los 50 dólares*) la capacidad de inversión de estos países en Bonos del Tesoro podría reducirse sustancialmente. Esta caída solo podría ser frenada mediante un incremento en la tasa de interés que hiciese más atractiva la inversión en estos papeles, (*el incremento en el interés de los bonos arrastraría al alza los intereses de los créditos al consumidor y ello acarrearía una mayor reducción en la demanda con las graves consecuencias ya mencionadas para la economía).*

Por otra parte, si los países de la OPEP deciden transar sus operaciones de venta de petróleo en euros en sustitución del dólar tal como lo hizo Irán, Irak y Corea del Norte (*y por eso los tres han sido colocados en la lista del "eje del mal"*) la adquisición de Bonos del Tesoro sufriría una merma cercana a los 600 mil millones de petrodólares al año.

Si el precio del petróleo continúa en ascenso y el valor del dólar continúa debilitándose frente al euro (*y todo parece indicar que así sucederá*), China y Japón además de quedar imposibilitados para continuar invirtiendo sus reservas en Bonos del Tesoro, intentarían deshacerse de esos papeles en la Bolsa de Valores y ello crearía una caída de precios que arrastraría los actuales valores (*ya de por sí sobrevaluados*) del resto de los papeles y bienes cotizadas en la bolsa.

Si a todo esto se le agrega la llamada "burbuja de la bolsa" (*precios de las acciones superiores a los activos que representan*), podría crearse un clima de convulsión y deterioro financiero similar al ocurrido en 1930.

La imposibilidad de colocar Bonos del Tesoro haría muy difícil para los Estados Unidos el cubrir su actual déficit presupuestario. Esta situación, ocasionaría una contracción de la economía producida por la brusca caída de la demanda. Muchas empresas cesarían en sus operaciones o se verían forzadas a declararse en quiebra. El desempleo subiría a niveles insostenibles creándose un círculo vicioso de desempleo.

Una depresión con estas características impactaría peligrosamente a la totalidad del sistema financiero y productivo de Europa y Asia. La economía global se vería severamente afectada, (*tal vez ello explique el denodado apoyo que Bush está recibiendo desde la ONU, a su fracasado intento de estabilizar el desastre que ha ocasionado en Irak*).

El gobierno de George Bush con sus asesores del Pentágono, puso en marcha una alternativa crucial y peligrosa: el empleo de la guerra para lograr el control directo de la producción de petróleo a escala planetaria y por esta vía bajar los precios, satisfacer sus crecientes necesidades de energía y continuar cubriendo su abultado déficit presupuestario mediante el reciclaje de petrodólares a su economía.

Por lo tanto, la caída de los precios del petróleo fue un Plan a largo plazo de la Élite Transnacional (*ET*): "*Los precios del petróleo son un arma altamente eficaz de la guerra económica (...) Es usada por la élite transnacional (la red de las élites basada mayormente en los países del G-7 que imponen y administran el NOM de la globalización neoliberal) para subordinar a Rusia y hacer integrar en ese nuevo orden a cualquier país que aún se resista, como Venezuela o Irán*", sostiene el analista griego **Takis Fotopoulos**, en un artículo que publicó en el periódico ruso 'Pravda' y en la página web del centro canadiense de investigación de globalización 'Global Research'.

Esta caída es "inducida" y "forma parte de un plan a largo plazo", que además incluye sanciones económicas y el bloqueo de nuevos proyectos destinados a facilitar la distribución, agrega Fotopoulos. Para EE.UU., en cambio, los precios bajos de energía podrían ayudar a estimular el crecimiento hasta el 3,5% el año que viene, en vez del 3,1% pronosticado en octubre, estima el analista. Con lo cual, según el experto, no es sorprendente que Arabia Saudita, uno de los líderes de la Organización de Países Exportadores de Petróleo (*OPEP*) y aliado tradicional de Washington, se haya opuesto en la cumbre de Viena a la reducción de la cuota de producción para regular el mercado.

En la época de la globalización, la élite transnacional la utiliza para combatir a cualquier nación que se resista a la abolición de su soberanía, comenta Fotopoulos. Asimismo destaca que el objetivo es conseguir una severa recesión económica en todos estos países, Rusia incluida, y provocar "revoluciones de terciopelo" acompañadas, posiblemente, también por cambios de regímenes.

El Proyecto de Centuria Americana y el petróleo de Venezuela

En 1999, el Gobierno de Irán decidió transar sus operaciones petroleras en euros. En el 2000 el gobierno iraquí hizo lo mismo. En el 2001 el gobierno de Bush señaló a Irán e Irak como pertenecientes al "eje del mal" y un año más tarde 2002, el ejército de los Estados Unidos estaba invadiendo a Irak.

Venezuela, tiene un gobierno electo democráticamente, que no posee armas de destrucción masiva y que su territorio esconde a terroristas, sin embargo, de acuerdo a lo señalado por Michael Ruppert en "The Unseen Conflict", solo bastó que su embajador en Rusia, Francisco Mieres (2000) dejara flotar la idea de la posibilidad de un cambio hacia el euro para que "coincidencialmente" un año después se produjera un golpe de estado apoyado por los Estados Unidos.

Las acciones de rescate de la soberanía nacional puestas en práctica por el gobierno de Hugo Chávez, como la propuesta denominada Alianza Bolivariana para los Pueblos de Nuestra América (*ALBA*), causó gran preocupación entre los hacedores de la política exterior de la Casa Blanca por cuanto ella, obviamente, se sale del marco de los intereses geoestratégicos del imperio. El ALBA vista como una propuesta alternativa a la identificada como Asociación de Libre Comercio para las Américas (*ALCA*), promovida por Estados Unidos, propone una nueva forma de establecer transacciones de comercio que podría no hacer uso del dólar como medio de cambio.

La posibilidad de que Estados Unidos pudiera auspiciar un nuevo golpe de estado o, incluso, intervenir militarmente en Venezuela, es algo que debe ser seriamente analizado y sobre lo cual se deberían establecer planes de contingencia.

Otro de los países identificado por Bush como perteneciente al "eje del mal" es Corea del Norte quien decidió desde Diciembre del 2002 sustituir el dólar por el euro en sus operaciones comerciales.

Pero, ¿cuál sería el impacto que, sobre la economía de los Estados Unidos, tendría la decisión de los países de OPEP de transar sus ventas de petróleo en euros?

Cuando los consumidores de Estados Unidos adquieren bienes importados están enviando dólares a los países productores de dichos bienes y cuando estos países compran petróleo a las naciones de la OPEP le pagan con los mismos dólares. Los países de la OPEP a su vez, colocan éstos dólares de nuevo en la economía estadounidense al invertir en acciones de la bolsa, bonos del tesoro, fondos mutuales o cualquier otro activo que les permita beneficios. Este reciclaje de dólares realizado por los países de la OPEP, como ya se ha dicho, conforman un monto anual que oscila entre los 600 y los 800 mil millones de "petrodólares".

Por otra parte, con el objeto de evitar ataques o manipulaciones especulativas de sus monedas, los bancos centrales de los países mantienen reservas en dólares por montos equivalentes a la cantidad de dinero en circulación en sus respectivos mercados, de manera que mientras mayor sea la presión para devaluar, mayor será la tendencia a incrementar los dólares en reserva. Esta circunstancia por, supuesto, contribuye a darle mayor fortaleza al dólar como moneda de reserva. Esta hegemonía del dólar, en buena medida se debe, precisamente, al hecho de que como todas las transacciones del mercado petrolero son realizadas en dólares, entonces el dólar es, por ahora, la única moneda a través de la cual, se puede comprar petróleo.

De acuerdo a lo señalado por el Dr. Alí Rodríguez Araque Ex Presidente de Petróleos de Venezuela, S.A (*PDVSA*) y Ex secretario General de la Organización de los Países Exportadores de Petróleo (*OPEP*). De los 85 millones de barriles diarios que se producen en el mundo 30 millones son colocados por la OPEP en el mercado internacional. Sí el costo promedio se mantuviera en 48 dólares por barril. Si estos 30 millones de la OPEP fuesen negociados en euros, ¿cómo se perjudicaría la economía de Estados Unidos? Saquemos la cuenta: 30 millones de barriles por 48 dólares serían 1440 millones de dólares diarios que multiplicados por los 365 días del año darían, 525.600 millones de dólares al año (*525.600.000.000 razones para invadir a cualquier país*) Todo esto sin tomar en cuenta, que Estados Unidos también tendría que adquirir euros para poder cancelar el valor de los 10 millones de barriles diarios que actualmente le compra a los países de la OPEP.

Es por estas razones, que el Pentágono, de acuerdo a un artículo de **William Clark** publicado en el Sydney Morning Herald el 30 de Mayo del 2003 ha planificado un período de 5 a 7 años de guerra y es la misma razón por la cual, en el reciente libro de Wesley Clark el autor establece que cualquiera que sea la geoestrategia de "guerra al terrorismo" seguida por Estados Unidos frente al problema del "Global Peak Oil", ella siempre incluirá otros escenarios muy distantes al Oriente Medio, como es el caso de África (*¿Sudán?*) y la región andina en Sur América (*¿Venezuela?*).

El cuarto propósito se refiere a la forma mediante la cual, el gobierno de Bush puede justificar la conducta expansionista de los Estados Unidos valiéndose de las expectativas que, sobre la política exterior de ese país, poseen los 20 millones de Cristianos Sionistas que creen y promueven la realización de la llamada "Séptima Dispensa".

Esta séptima dispensa que también es conocida como la Dispensa del Milenio, señala una visión apocalíptica del futuro de la humanidad. Esta visión se encuentra establecida en una profecía bíblica que, de acuerdo a las creencias de respetables académicos como los profesores del Seminario Teológico de Dallas, del Instituto Moody de la Biblia, de influyentes judíos como Baruch Ben-Yosef del templo de Mount Yeshiva, y de políticos como George Bush, y Tony Blair, se encuentra en su fase de inminente ejecución.

El Dispensacionalismo es, tal vez, la concepción teológica de mayor influencia en los Estados Unidos. El pensamiento dispensacionalista de los llamados Cristianos Sionistas, tuvo su inicio como un movimiento religioso en la Inglaterra del siglo XVIII bajo la conducción de John Nelson Darby, sin embargo, fueron los evangelistas Cyrus Scofield y D.L. Moody los que contemporáneamente se han encargado de difundir esta sectaria doctrina religiosa entre los evangélicos estadounidenses. Dentro de las filas del Dispensacionalismo también se encuentran ex presidentes como Jimmy Carter, el extinto Ronald Reagan y el actual presidente George W. Bush.

Es importante recordar que Venezuela, **es el país con las mayores reservas de petróleo no convencional del planeta**: el miércoles 19 de enero de 2011, el Ministro de Energía y Presidente de Petróleos de Venezuela S.A (*PDVSA*) Rafael Ramírez Carreño anunciaba que a finales del año 2010 Venezuela contaba con un nivel **de 217.000 millones de**

barriles de petróleo, y para esta fecha ya se logro un volumen de reservas **de 297.000 millones de barriles de petróleo** de los cuales **220.000 millones** son de la Faja del Orinoco. De ellos en el 2010 se certificaron 86.400 millones de barriles, elevando en un 40,64% sus reservas probadas de petróleo, lo cual colocaría a Venezuela como el país con las mayores reservas de petróleo a nivel mundial -incluso por encima de Arabia Saudita- aunque el 75% de ellas correspondería a crudo extrapesado en la Faja Petrolífera del Orinoco.

Las empresas que hacen estas certificaciones para PDVSA son empresas petroleras que han recibido áreas para su eventual explotación en la faja o empresas especializadas en estos menesteres. Una de las empresas contratadas por PDVSA, Ryder Scott, certificó las reservas probadas del área Carabobo, el cual contiene varios bloques de 500 kilómetros cuadrados cada uno. Según informó PDVSA en 2007:

"La empresa internacional decir Ryder Scott certificó 129,14 millardos de barriles de Petróleo Original en Sitio (POES) en el Área Carabobo de la Faja Petrolífera del Orinoco, de los cuales 45 mil 548 millones se descubrieron en el Bloque Carabobo 1, 30 mil 660 millones en el Bloque Carabobo 2, 28 mil 650 millones en el Bloque Carabobo 3 y 24 mil 291 millones en el Bloque Carabobo 4. Se espera que con un factor de recobro de 20%, se desarrollen reservas estimadas en 25 mil 92 millones de barriles en el Área Carabobo".

Además de los tradicionalmente explotados yacimientos de petróleo crudo ligero convencional al occidente del país, Venezuela tiene grandes depósitos de petróleo crudo pesado y extrapesado -anteriormente clasificados como bitumen- en la llamada Faja del Orinoco, de un tamaño y extensión similar al yacimiento de arenas de alquitrán de Athabasca en Canadá.

El petróleo extrapesado de la Faja del Orinoco, aun cuando menos viscoso que el de Athabasca -lo que significa que puede ser extraído por medios más convencionales-, está sin embargo enterrado a mayor profundidad -lo que significa que no puede ser extraído por minería superficial, como ocurre con el canadiense-. Las estimaciones de las reservas recuperables en la Faja del Orinoco entre 100.000 y 270.000 millones de barriles. En 2009, la USGS actualizó esta cifra a 513.000 millones de barriles (8.16×10^{10} m³).

55 LA CODICIA Y LOS PELIGROS LATENTES DEL LUCRATIVO NEGOCIO DE LA GUERRA

Mucho antes de que George Bush Jr. **iniciara la cacería contra Saddam Hussein** en el Irak de 2003, Washington había elaborado el mecanismo de la repartición de ese importante botín de guerra que prometía acceder a las segundas mayores reservas de petróleo mundial y a la colosal reconstrucción del país. De no ser porque ese documento de 99 páginas elaborado por la USAID (*Agencia de EE.UU. para el Desarrollo Internacional*) se filtró a *The Wall Street Journal* y luego a *The Guardian*, es posible que muchas empresas de España y el Reino Unido se hubiesen quedado sin su parte del tesoro. La USAID había enviado una invitación secreta a cinco grandes empresas de Estados Unidos para que presentaran ofertas en la reconstrucción de edificios, puentes, hospitales, caminos, aeropuertos, puertos, plantas para tratamiento de agua, etc. El piso inicial que ofrecía el gobierno a estas empresas fue de 900 millones de dólares, con la promesa de que **los trabajos se harían...** *aunque ya estuviesen hechos*. Uno de los representantes de estas empresas favoritas del gobierno (*o quizás sea al revés*) lo sintetizó con estas palabras: "*la verdad es que hay una enorme ironía en esto de pedir contratos para reconstruir puentes que aun no se bombardean*". Los costos de esa guerra fueron cubiertos con fondos públicos (*la deuda pública de Estados Unidos pasó de 6 a 16 billones de dólares en 10 años*), mientras los beneficios derivados de la reconstrucción de Irak y la explotación de petróleo quedaron en manos privadas.

Consternación en Londres

La filtración de esta noticia provocó consternación en el gobierno de Tony Blair, en marzo de 2003. Las tropas británicas compartían de igual a igual los riesgos con las tropas de Estados Unidos en Irak, por lo que Tony Blair hizo ver que no era justo que solo Estados Unidos se quedara con el botín de guerra. *The London Times* alertó de este escándalo y el 3 de junio de 2003 preguntaba con qué derecho "sólo las empresas de Estados Unidos serían las beneficiadas de esta guerra". El gobierno de Bush daba por descontada su posesión del petróleo y el impulso que tendría la industria de armamento y por eso había firmado el compromiso con empresas cuyo rol prioritario era la construcción. **Mediante los jugosos contratos a las empresas constructoras se licuarían los grandes excedentes que dejaba el petróleo.**

Las cinco empresas contactadas por la USAID eran **Halliburton Company** (*a través de Kellogg Brown & Root*), **Bechtel Corp, Parson Engineering, Lewis Berger Group y Fluor Corporation**. Estas cinco empresas estaban profundamente arraigadas en el gobierno y sus contribuciones al mundo político sumaban más 55 millones de dólares, el 68% destinado al partido republicano. Kellogg Brown & Root y su matriz Halliburton Company, habían sido dirigidas desde 1990 por Dick Cheney quien, además de su sueldo, recibía un cheque anual por un millón de dólares y cuando renunció en 2000 para entrar en el gobierno de Bush, recibió un premio de 20 millones de dólares como *jubilación*.

Para Estados Unidos, el control de Irak significaba **el control de las segundas mayores reservas de petróleo mundial**, donde de 70 campos petroleros, solo quince eran explotados. A su vez, las británicas British Petroleum y Shell llevaban tiempo sugiriendo al gobierno iraquí que le convenía aceptar a las petroleras extranjeras y dividir los ingresos de la explotación del petróleo. Esto obligó a hacer un cambio en la ley que otorgaba a la Compañía Nacional de Petróleo de Irak la supervisión de los campos petroleros, afirmando que el petróleo era un recurso estatal y que debía ser explotado por el estado. La modificación consistió en anteponer una palabra y dejar la supervisión a los "campos existentes" que eran menos de un tercio del petróleo de Irak. Con ello, el 70% de los campos "no existentes" fueron abiertos a las trasnacionales petroleras.

Las grandes constructoras

Las gigantes constructoras de Estados Unidos habían comenzado a repartirse el botín dejado por las guerras del medio oriente desde el fin de la guerra Fría en 1990. Lewis Berger Group y Halliburton acumularon gran experiencia reconstruyendo ciudades en Kuwait, Turquía, Georgia,

Afganistán, Jordania y Uzbekistán. El 24 de marzo de 2003, y después de otorgar contratos menores a puertas abiertas, USAID otorgó a puertas cerradas un contrato a Halliburton por 4.800 millones de dólares por reabrir y operar el único puerto de aguas profundas de Irak que es el Umm al Qasr.

La administración Bush aseguró al Congreso que la guerra iba a ser rápida y con pocas bajas, y que se pagaría sola. El subsecretario de Defensa **Paul Wolfowitz** señaló que los ingresos petroleros de los próximos dos a tres años (2004-2007) aportarían a Irak de 2 a 3 mil millones de dólares, lo que sería suficiente para reconstruir el país y establecer la democracia.

Sin embargo, el 20 de marzo de 2003 el Chicago Tribune señaló que el gobierno estaba mintiendo, y que los republicanos serían la vergüenza de la irresponsabilidad fiscal al disparar la deuda pública. El periódico señalaba que **la invasión a Irak podía superar los 100 mil millones de dólares**, una suma mayor al presupuesto anual de Energía, Comercio, Vivienda y Desarrollo Urbano, Interior y Justicia combinados, y que en una década el costo total podría superar los 600 mil millones de dólares. El año 2008, cuando se cumplían cinco años del inicio de la invasión a Irak, Joseph Stigliz calculó los costos en 3 billones de dólares, cinco veces más que lo estimado por el Tribune.

Según el Instituto Watson de la Universidad Brown de Estudios Internacionales, la guerra de Irak ha costado 1,8 billones de dólares. Se incrementa a 2,2 billones de dólares cuando agregamos los costos futuros del cuidado a los veteranos de guerra, y a 3,9 billones de dólares cuando se incorporan los intereses de la deuda nacional hasta el año 2053 (*desde los años 90 las guerras se financian con crédito bancario*).

Hasta el New York Times, sin duda más sabio que en aquellos años, señala ahora diez años después de su inicio, que la guerra de Irak todavía persigue a Estados Unidos en los casi 4.500 soldados que murieron allí, los más de 30.000 estadounidenses heridos que han llegado a casa, los más de 2 billones de dólares gastados en operaciones de combate, la reconstrucción, el déficit y las lecciones aprendidas sobre los límites del liderazgo y el poder. El principal objetivo de la guerra de Irak fue terminar con la industria estatal y permitir el acceso a las petroleras transnacionales. Diez años después de la invasión toda la industria petrolera está privatizada y dominada totalmente por empresas extranjeras. Hoy nadie niega que esa guerra fuera por el petróleo y que los únicos que ganaron fueran Exxon, Chevron, Shell y BP.

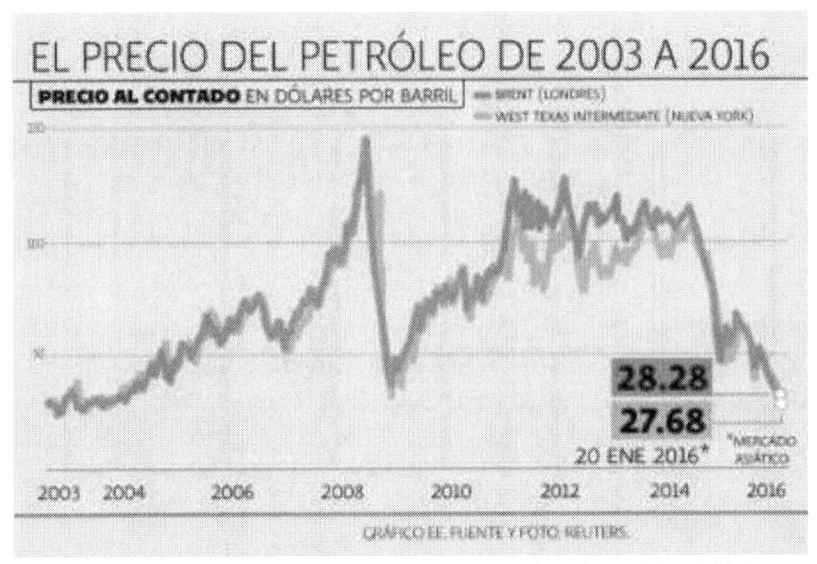

Figura 13. Variación del precio del petróleo de 2003 a 2016.

El petróleo iraquí que antes era de propiedad estatal, facilitaba el agua y la electricidad a la población. Desde que esa riqueza fue privatizada en unas pocas manos, los iraquíes deben pagar el agua y la electricidad a precios elevados. Además, como las empresas petroleras importan sus trabajadores, el desempleo en Irak es superior al 50%.

Contrariamente a lo que decía el gobierno de Bush, Irak no necesita empresas petroleras trasnacionales para aprovechar la riqueza. Antes de la invasión de Estados Unidos, Irak producía 2,5 millones de barriles de petróleo al día. Desde la invasión, este promedio ha bajado 2,2 millones de barriles e incluso 1,7 millones de barriles. El petróleo de Irak es el más barato de producir y su costo en 2003 no llegaba a los 60 centavos de dólar por barril. Años en que el petróleo promediaba los 25 dólares el barril, por tanto ofrecía un espectacular retorno de la inversión.

La administración Bush no dijo que iba por el petróleo, como hoy se reconoce, sino que justificó la invasión a Irak con la promesa de librar al mundo de las armas de destrucción masiva de Saddam Hussein, armas para una guerra biológica que nunca se encontraron. Esta ha sido la mentira más burda e infundada de la historia. Diseñada para provocar miedo, mientras se entregaba el mundo a cinco empresas privadas.

56 LAS COMPAÑÍAS QUE MÁS ARMAS VENDEN

De acuerdo al informe publicado por el SIPRI (*Stockholm International Peace Research Institute* ó *El Instituto Internacional de Estocolmo para la Investigación de la Paz*), la industria de armamentos es uno de los sectores económicos que más ha crecido en los últimos tiempos. 465.770 millones de dólares es lo que han percibido de importe por ventas en 2011 las cien mayores empresas de armamento y equipamiento bélico, con un aumento del 14% en relación al año anterior.

De esta forma, el anuario del SIPRI refleja el profundo y sostenido vigor de la industria bélica, capaz de sobrellevar con éxito la crisis económica financiera de 2008. A pesar de que no se suele informar públicamente de los rendimientos de estas empresas, sus productos y servicios bélicos absorben gran parte de los presupuestos públicos, y reciben numerosos beneficios a diferencia de otros sectores industriales.

Según la publicación, las cien compañías más rendidoras del sector acaparan medio billón de dólares anuales en relación al gasto público. Cabe destacar que la mayoría de las fábricas de armamento son de origen privado. De acuerdo a la lista publicada por el SIPRI, casi la mitad de las cien empresas más lucrativas del sector son de origen estadounidense. Estas son las diez primeras compañías que más armas vendieron durante el 2011 (ventas y ganancias netas expresadas en millones de dólares estadounidenses; las cifras entre paréntesis corresponden a los datos del año 2010):

1 (1) - Lockheed Martin (EE.UU). Aviones, misiles, electrónica, espacio aéreo. Ventas: 36.270$ (35.730$). Ganancias netas: 2.655$. Empleados: 123.000.

2 (3) - Boeing (EE.UU). Aviones, electrónica, misiles, espacio aéreo. Ventas: 31.830$ (31.360$). Ganancias netas: 4.018$. Empleados: 171.700.

3 (2) - BAE Systems (Reino Unido). Aviones, artillería, electrónica, misiles, vehículos militares, naves. Ventas: 29.150$ (32.880$). Ganancias netas: 2.349$. Empleados: 93.500.

4 (5) - General Dynamics (EE.UU). Artillería, electrónica, vehículos militares, naves. Ventas: 23.760$ (23.940$). Ganancias netas: 2.526$. Empleados: 95.100.

5 (6) - Raytheon (EE.UU). Misiles, electrónica. Ventas: 22.470$ (22.980$). Ganancias netas: 1.896$. Empleados: 71.000.
6 (4) - Northrop Grumman (EE.UU). Aviones, electrónica, misiles, buques de guerra, espacio aéreo. Ventas: 21.390$ (28.150$). Ganancias netas: 2.118$. Empleados: 72.500.

7 (7) - EADS (Unión Europea). Aviones, electrónica, misiles, espacio aéreo. Ventas: 16.390$ (16.360$). Ganancias netas: 1.442$. Empleados: 133.120.

8 (8) - Finmeccanica (Italia). Aviones, artillería, electrónica, vehículos de artillería, misiles. Ventas: 14.560$ (14.410$). Ganancias netas: 3.206$. Empleados: 70.470.
9 (9) - L-3 Communications (EE.UU.). Electrónica. Ventas: 12.520$ (13.070$). Ganancias netas: 956$. Empleados: 61.000.

10 (10) - United Technologies (EE.UU). Aeronaves, electrónica, motores. Ventas: 11.640$ (11.410$). Ganancias netas: 5.347$. Empleados: 199.900.

57 ¿POR QUÉ EE.UU. TIENE UNAS 800 BASES MILITARES POR TODO EL MUNDO?

EE.UU tiene cerca de 800 bases militares a lo largo del mundo, cuyo mantenimiento cuesta unos 100.000 millones de dólares al año a los contribuyentes del país. La cantidad de esas bases podría resultar mucho más alta si se toman en cuenta las instalaciones aún abiertas en Irak y Afganistán.

La mayoría de las bases estadounidenses se construyeron después de la Segunda Guerra Mundial. La Guerra de Corea, así como la Guerra Fría contribuyeron al aceleramiento de la expansión de la infraestructura militar del país norteamericano a otros Estados, afirma el profesor de la Universidad Americana, David Vine, en su nuevo libro 'Nación de bases. Cómo las bases militares estadounidenses en el extranjero dañan a EE.UU. y al mundo' (*'Base Nation. How U.S. Military Bases Abroad Harm America and the World'*).

En un intento de contener al comunismo soviético, las fuerzas de EE.UU. se expandieron por todo el planeta, particularmente por las regiones consideradas por Washington 'vulnerables' a la influencia de la URSS. Pero incluso tras el fin de la Guerra Fría, gran parte de la infraestructura militar construida en esa época sigue estando operativa hasta hoy en día, publica el portal 'Vox'. Actualmente la mayoría de las tropas de EE.UU. están estacionadas en países aliados: Japón, Alemania y Corea del Sur. Este abril EE.UU. amplió su presencia militar también en Latinoamérica. La base aérea estadounidense de Soto Cano en Honduras, conocida también como 'Palmerola', a 86 kilómetros de Tegucigalpa, cuenta con una nueva unidad especial. Según un reciente informe del Departamento de Defensa de EE.UU y la información de su Centro de Datos del Personal de Defensa, **Estados Unidos cuenta con bases militares en al menos 74 países** (*la mayor parte en Europa, África y América Latina*) y tropas alrededor de prácticamente todo el mundo.

Entre los datos analizados destaca que actualmente hay más de 40.000 tropas estadounidenses y 179 bases militares en Alemania; más de 50.000 tropas y 109 bases militares en Japón; más de 28.000 tropas en 85 bases de Corea del Sur y decenas de miles de tropas con cientos de bases en toda Europa. El portal Quartz, que ha solicitado una aclaración de los datos al Departamento de Defensa por su inconsistencia (*sin obtener respuesta*), ha elaborado una investigación dirigida por David Vine, profesor asociado de antropología de la Universidad Americana (*EE.UU*), en la que **revela la presencia militar mundial de EE.UU.** a partir de los datos del Departamento de Defensa, la prensa y Google Maps.

Figura 14. Presencia militar de EE.UU. alrededor de mundo.

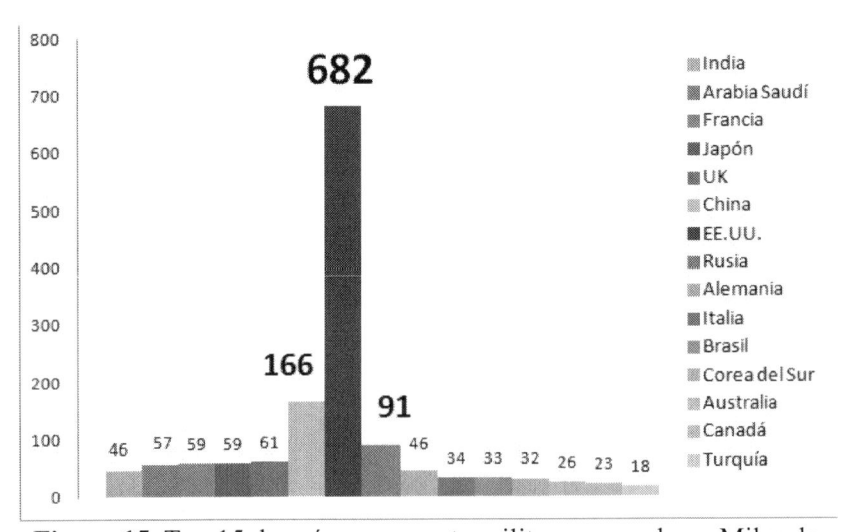

Figura 15. Top 15 de países con gasto militar expresado en Miles de Millones de dólares anuales. Fuente: SIPRI

NUEVO PLAN CÓNDOR EN AMÉRICA LATINA

«Hay un nuevo Plan Cóndor: ya no se necesitan dictaduras militares, se necesitan jueces sumisos, se necesita una jueza corrupta, que incluso se atreve a publicar conversaciones privadas, lo cual es absolutamente ilegal».
Rafael Correa

¿AMÉRICA LATINA, EL PATIO TRASERO DE LOS ESTADOS UNIDOS DE AMÉRICA?

Un ciego estaba sentado en la acera. Sobre sus rodillas tenía una gorra. A un costado, un cartel escrito con tiza decía: "*Ayúdeme, por favor, soy ciego*". Un especialista en Marketing se acercó a él, escribió algo en el cartel y, sin mediar palabra, se marchó. Horas después, la gorra rebosaba de dinero. El experto en publicidad regresó. Lo reconoció el ciego por sus pasos. Le preguntó qué había escrito en el cartel. "*El mismo mensaje, pero con otras palabras*", respondió el publicista. El cartel decía ahora: "*Estamos en primavera y no puedo verla*".

Por favor no olvidar la parábola descrita anteriormente; ahora bien, las relaciones políticas de los Estados Unidos con la América Latina han estado históricamente marcadas por las asimetrías del poder político-económico-militar. Sin duda alguna, la independencia de los Estados Unidos en 1776 – la primera en el continente – y los inicios de la revolución industrial norteamericana en 1877 son factores de desarrollo político-social y económico que jugaron un papel determinante en la dinámica del desarrollo dialéctico desigual de las respectivas sociedades. No obstante, estas teorías desarrollistas – por muy interesantes que sean –, explican solamente aspectos parciales de las relaciones bilaterales asimétricas, no así, el comportamiento prepotente de los Estados Unidos a nivel político-militar, diplomático y comercial con América Latina.

Es un hecho incuestionable que las relaciones de los estados de Centro y Sur América con el gobierno norteamericano se desarrollaron siempre en un plano vertical, sobre todo durante el siglo XIX y el XX. Esta relación jerárquica, cuyo carácter y contenido es imperialista, fue la que hizo posible la tristemente célebre metáfora del "patio trasero". La doctrina Monroe demarcó el limes americanus.

En la Casa Blanca de Monroe, unifamiliar, racista y xenófobo, América Latina era simplemente "el patio trasero", el Gran Caribe la "alberca" y Panamá el "taller de armería".

El especial interés de los Estados Unidos por Panamá, data de los tiempos de la guerra con España en 1898, cuando el gobierno norteamericano comenzó a dar los primeros pasos como nación aspirante a convertirse en imperio. La topografía del Istmo de Panamá presentaba todas las ventajas del terreno que una base estratégica de operaciones militares debe reunir. La construcción del canal interoceánico a principios del siglo veinte, no solamente acortó la ruta comercial intercontinental naviera, sino que también condicionó la instalación de bases militares para la "eventual" defensa estratégica del canal de Panamá y del espacio marítimo comprendido entre la Gran Cuenca del Caribe y el Pacífico Norte.

En el mundo, la preeminencia norteamericana como "agente del bien" se diluyó como el azúcar en el café, y pasó a ser un Estado que financia el Terrorismo. En una comisión bipartita reunida en Washington por el Center for Strategic & amp; International Studies (*CSIS*), **Richard Armitage**, secretario de Estado adjunto para Medio Oriente durante el primer período **de George W. Bush**, y **Joseph Nye**, profesor de Harvard, concluyeron: «*Desde el 11 de septiembre de 2001, los Estados Unidos han exportado terror, temor y furia*»

En esa oportunidad, **Joseph Nye** estableció la diferencia entre la persuasión que ejercen los Estados Unidos para convencer a otros países de acompañarlos en sus planes, llamada poder blando (*soft power*), y la coerción con la cual pueden obligarlos a ir detrás de ellos, llamada poder duro (*hard power*). Tras el desafortunado resultado de la guerra, hubo un cambio de actitud en el gobierno de Bush con el pedido de fondos para reforzar el poder civil en Irak, formulado por el jefe del Pentágono, Richard Gates.

Enterados de ello, Nye y Armitage propusieron una tercera vía, llamada poder inteligente (*smart power*). ¿En qué consiste? - En la capacidad de combinar el poder blando y el poder duro, de modo de trazar una estrategia convincente y exitosa que mejore la degradada imagen de los Estados Unidos.

En cierto modo, la comisión presidida por Armitage y Nye quiso ser como el publicista que se topó con el ciego. Procuró alentar un cambio de estrategia. O, al menos, instar a ello en vísperas de la salida de los neocons de la Casa Blanca tras las elecciones de 2008. Tarde, Bush Padre giró hacia asuntos que debieron ser prioritarios, como un acuerdo de paz israelí-palestino.

Sí los Estados Unidos aplicaran el poder inteligente, **¿cómo deberían comportarse los otros países?** En el libro «*El Poder*», **Dick Morris**, famoso por haber asesorado a **Bill Clinton** en la reelección de 1996, y su socio argentino, **Luis Rosales**, experto en relaciones internacionales, dicen que "América latina no puede escapar de la proximidad de los Estados Unidos" y que "su éxito o su fracaso estará relacionado inevitablemente con su política de vinculación con el mercado norteamericano".

A diferencia de la década de los noventa, cuando no había otro discurso que no fuera la exaltación del libre comercio, Morris y Rosales aportan como novedad la conversión en la región desde el ascenso de Hugo Chávez y de otros líderes de orientación izquierdista.

Lo mismo dijo el titular de la Brookings Institution, Strobe Talbott, subsecretario del Departamento de Estado en el gobierno de Clinton, antes de la asunción de Cristina Kirchner: "El mayor desafío de América latina es el nexo entre la política y la economía". Eso lleva inmerso un mensaje: América Latina es la zona más deseada por las garras del imperio estadounidense, si algún gobierno se opone a la política exterior de EE.UU. obviamente tendrá problemas. ¿Razones? – Sobran.

En función de lo expuesto en el texto anterior se cita: uno de los documentos oficiales más trascendentales es el programa estratégico **"US Southern Command Strategy 2018 Partnership for the Americas"**, donde se asegura que "los países de Latinoamérica y del Caribe son estratégicamente importantes para la seguridad nacional y el futuro económico de los Estados Unidos".

«*Latin American and Caribbean nations are strategically important to the national security and economic future of the United States. The long-term interests of the U.S. are best served by a hemisphere of stable, secure, and democratic nations. A prosperous future for all rests on a foundation of shared values; efficient governments; free societies; and open, market-based economies*»

"Los grandes intereses a largo plazo de los Estados Unidos están mejor resguardados en un hemisferio de países estables, seguros y democráticos. El futuro próspero para todos se asienta sobre una base de valores compartidos, gobiernos eficientes, sociedades libres y economías abiertas de mercado". Es decir, el plan estratégico del Comando Sur especifica como parte de su estrategia no sólo que el continente tiene una importancia estratégica sino que es primordial controlar qué tipos de sociedades, gobiernos, democracia y economías necesitan en el resto del continente para su propia defensa.

Documentos similares, en ocasiones con un enorme sesgo de acuerdo a la orientación política de los gobiernos, pueden encontrarse tanto en los archivos del southcom como de la cuarta flota. Tales como en el que menciona estar "atento a la potencial turbulencia geopolítica que podría impactar a los ciudadanos y al personal militar estadounidense en la región, particularmente en Cuba, Haití, Bolivia y Venezuela". Salvo Haití, tres países en los que durante el 2012 no había grandes conflictos, y en los que el Comando Sur esgrimía como argumentos para parar la oreja el cambio de gobierno de Fidel Castro a Raúl Castro y la implementación de la reforma económica, protestas salariales en Bolivia y la enfermedad del Comandante Hugo Chávez (*para el año que se produjo el documento seguía con vida*) en Venezuela. Tres países del ALBA, bloque económico al que se hace referencia nuevamente en el mismo documento como un bloque influenciado por Irán.

También se revelan allí y en otros documentos no sólo detalle del intercambio militar con los países de la región sino una gran preocupación a partir del desafío que les representa la compra de armamento y la creciente influencia de China, Rusia e Irán, sobre todo Irán (sic) sobre la región a quien le dedican un apartado especial a diferencia de China y Rusia que son tratados en conjunto.

A los documentos mencionados, para descartar que la intromisión en asuntos internos se trate de una nueva aventura, cabe añadir que Latinoamérica ha sido objeto de la primera doctrina expansionista que EE.UU. desarrolló (*doctrina Monroe en 1823*) autoproclamándose defensor del continente, también se le han dedicado a la región los primeros grandes acuerdos militares (*el TIAR en 1947, dos años antes de la formación de la OTAN*) *y la dedicación del mayor personal civil y militar en el Comando Sur*) a los países del continente, lo cual da cuenta de una estrategia clara y continuada respecto al continente de ya casi 200 años.

Si bien en la última década y media EE.UU. ha perdido su dominio absoluto e indiscutible en los campos de la economía y la política global, dando lugar a un mundo multipolar lleno de disputas de distinto tipo que lo ponen en jaque, reconocido por el propio Departamento de Estado, el Pentágono e intelectuales de ultraderecha como el ex consejero de Carter, **Zbigniew Brzezinzki**; a pesar de eso, aún perdura su predominio militar, controlando la mitad del presupuesto bélico a nivel planetario. Ante este panorama la estrategia para América Latina y el Caribe se recrudece. Es de primordial importancia para EE.UU. no perder el control de su propio patio trasero, dividiendo a los países de la región, plagando la zona de presencia militar e impulsando y apoyando alianzas y golpes en aquellos países con gobiernos que no cumplen con las exigencias de la seguridad estadounidense. Desde nuestro lado queda, al menos, tener en claro esos objetivos para actuar en consecuencia.

Frente a ello, como si del ciego se tratara, el publicista escribiría "el mismo mensaje, pero con otras palabras". Tan lejos de Dios, tan cerca de los Estados Unidos, la ceguera ideológica es, a veces, peor que la biológica, parafraseando al presidente mexicano Porfirio Díaz (1830-1915).

¿Cómo se convirtió Panamá en un campamento militar de los Estados Unidos?

Para explicar la presencia militar de los Estados Unidos en Panamá y su injerencia directa del gobierno en los asuntos internos de ese país es necesario tener en cuenta tres períodos históricos importantes en el devenir de la República de Panamá.

El primero está enmarcado a principios del siglo XIX, cuando Tomas Jefferson – presidente 3º de los Estados Unidos, se entusiasmó con la idea de Alejandro de Humboldt de construir un canal interoceánico en el Istmo de Panamá.

«El istmo de Panamá, es un accidente geográfico localizado en Panamá, entre los océanos Pacífico y Atlántico, que une América del Sur y América Central. Tiene una longitud de unos 700 kilómetros, su anchura varía entre 50 y 200 kilómetros, y está accidentado por la cordillera de Talamanca. Al norte, se halla el golfo de los Mosquitos y al sur el Chiriquí y el Panamá. El canal de Panamá atraviesa el istmo, permitiendo el tránsito de barcos entre los dos océanos que une»

En 1831, al estallar la guerra civil neogranadina, Panamá se separó durante algo más de un año de Nueva Granada, con la intención de formar una Confederación Colombiana, manteniendo su autonomía. En 1855 se creó el Estado de Panamá, federado a Nueva Granada (*actual Colombia*). La primera referencia expresa a derechos de intervención militar de Estados Unidos en Panamá, aparece en el tratado **Mallarino-Bidlak**, de 1846 firmado entre Washington y Bogotá. El documento otorgaba a Estados Unidos autorización para construir un ferrocarril transistmeño, cuya terminal atlántica sería la isla de Manzanillo, en la bahía de Limón. Con la línea férrea, Estados Unidos pretendía, por un lado, obtener una vía más rápida para unir su costa este con la oeste; y, por otro, contrarrestar la presencia británica en la zona, especialmente en Nicaragua.

El segundo período comienza en 1903, año en que Panamá se convirtió en República, azuzada y apoyada por el gobierno de **Theodore Roosevelt**. Esta etapa duró 33 años y terminó en 1936, cuando los Estados Unidos renunciaron al derecho de intromisión en los asuntos internos de

Panamá, establecido en el artículo 136 de la constitución política de Panamá de 1904, que otorgaba al gobierno de los Estados Unidos el derecho a intervenir en cualquier parte de la república en aras restablecer la paz y el orden público. Los Estados Unidos se convirtieron tácitamente en el protector y celador de la independencia de Panamá.

Incluso existieron en este período dos Panamás: La hispanoamericana y la zona del canal. La primera, un protectorado con todas las de la ley, y la otra un enclave político-militar y comercial con un código de ley propio, aprobado por el congreso de los Estados Unidos el 19 de junio de 1934.

El último período comienza en 1939 con la ratificación por parte del congreso estadounidense del **tratado Schubert Hull-Alfaro** (*o conocido también como Tratado Arias-Roosevelt*). En lo político el tratado garantizaba la soberanía de la República de Panamá, al eliminar la cláusula que autorizaba a los Estados Unidos a intervenir en los asuntos panameños. También se acordó que la defensa del canal por parte de los norteamericanos sería remplazada por una cooperación y responsabilidad compartida en el funcionamiento y protección del Canal.

En lo económico los Estados Unidos se comprometían a cooperar para eliminar el contrabando; también se autorizó a los productos panameños el libre acceso a la zona del canal, dándoles la oportunidad a los comerciantes de vender directamente a los barcos que estuvieran en la zona de canal.

En otras consideraciones, el gobierno de los Estados Unidos se comprometió a hacer cumplir las leyes de la aduana e inmigración de la República de Panamá, y también a facilitar oficinas para la Aduana de Panamá en los puertos terminales del canal. Otra significativa conquista para Panamá fue el aumento en el pago anual por el arrendamiento del Canal, desde 250.000 dólares hasta 430.000. Los Estados Unidos renunciaban al mantenimiento y funcionamiento del Canal, pero sin dejar de brindar cierto nivel de seguridad

Esta etapa terminó el 31 de diciembre 1999, cuando el canal de Panamá quedó bajo la tutela del gobierno panameño. **¿El comienzo de una nueva era en Panamá?**

Para garantizar la defensa estratégica del canal durante la segunda guerra mundial, los Estados Unidos montaron un cordón militar compuesto por bases militares aeronavales y fuerzas terrestres. El peligro del sabotaje al canal y las emboscadas marítimas por parte de la flota de submarinos hitlerianos en el Mar Caribe sirvieron de argumento político-militar para legitimar la existencia del cuartel general del Comando de Defensa del Caribe del ejército norteamericano en el Istmo de Panamá.

Después de finalizada la segunda guerra mundial, los Estados Unidos fortalecieron su presencia militar en Panamá, estableciendo con carácter permanente el cuartel general del **Comando de Defensa Sur**, el cual controla y dirige las operaciones defensivas estratégicas de Centroamérica, el Caribe y América del Sur. El cuartel general del Comando Sur del ejército norteamericano fue trasladado a Miami recién en 1997, es decir, cincuentaiocho años más tarde del estallido de la segunda guerra mundial. Las bases militares norteamericanas fueron clausuradas – oficialmente – dos años más tarde.

No obstante, el Istmo de Panamá continúa siendo catalogado por el departamento de defensa norteamericano como una base de operaciones militares estratégica en el marco de la "Seguridad Nacional".

¿Pero, ya no hay bases militares en Panamá?

De ser verídica la información del **Movimiento por la paz, la Soberanía y la Solidaridad entre los Pueblos** (*MOPASOL*), en Panamá se encuentran funcionado 12 bases militares aeronavales. Por otra parte, el ex ministro de seguridad panameño, **José Raúl Mulino** confirmó públicamente en octubre del 2012 la construcción de cuatro nuevas bases militares norteamericanas en suelo panameño, lo cual significaría que en el territorio comprendido entre Panamá y Colombia estarían funcionando aproximadamente veinticinco bases militares modernas.

Bajo el la premisa de la supuesta guerra contra el narcotráfico, los Estados Unidos justifican y mantienen su presencia militar en Centroamérica, el Istmo de Panamá y Colombia. El Plan Colombia es un proyecto económico-militar entre los gobiernos de Colombia y los Estados Unidos, concebido en 1998 y presentado oficialmente en 1999 por el ex presidente colombiano **Andrés Pastrana**, y que tiene como objetivos prioritarios aparentemente la erradicación de las causas socio-económicas de la pobreza, la violencia civil y la intensificación de la guerra contra el narcotráfico. Indudablemente, el consumo de drogas es un grave y serio problema de índole social que afecta no solamente a los norteamericanos (*principales consumidores de estupefacientes del planeta*).

El Plan Colombia comenzó en 1999 con un presupuesto de aproximadamente 7.500 millones de dólares, cuya finalización estaba planificada para el año 2005.

En función de los hechos, actualmente el Plan Colombia es solamente una vil excusa de la estrategia político-militar de la Seguridad Nacional de EE.UU. La guerra contra el "Narcoterrorismo" justifica de cara al Congreso y a la sociedad norteamericana, la presencia militar de los Estados Unidos en la región.

No obstante, tales programas socio-económicos, como el Plan para la Prosperidad y la paz en Colombia, concebidos y financiados por el gobierno de los Estados Unidos, están condenados al fracaso, puesto que estos pseudo planes no están dirigidos a erradicar verdaderamente los factores de pobreza y desigualdad socio-económica en los países donde la insurgencia es fuerte y organizada. Tanto el **Plan Colombia**, como el **Bell Trade Act** en las Filipinas en 1946 o la Alianza para el Progreso en 1961, son programas que forman parte de un plan global estratégico político-militar-económico de contrainsurgencia para el pleno dominio de la región.

El establecimiento y consolidación de sus avanzadas militares, así como la formación político-militar e ideológica de sus "terroristas" forman parte de ese plan defensivo estratégico. No es casual entonces, como se ha expuesto anteriormente, que Panamá fuera durante muchos años la sede de la Escuela Militar para las Américas, también conocida como la Escuela de los dictadores o Escuela de asesinos. Allí se formaron los terroristas militares más oscuros y criminales de América Latina.

La Escuela del Terror de las Américas

La Escuela de las Américas fue establecida en Panamá en 1946 y hasta 1984, donde actualmente -y desde el año 2000- funciona el hotel Meliá Panamá Canal. Nació con la denominación inicial de **Latin American Training Center, Ground Division** (*Centro de Entrenamiento para Latinoamérica. División de Tierra*). Su misión principal era fomentar o servir como instrumento para preparar a las naciones latinoamericanas a cooperar con los Estados Unidos y mantener así un equilibrio político contrarrestando la influencia creciente de organizaciones políticas de ideología marxista o movimientos de corte izquierdista. Todo ello en el nuevo marco internacional de la Guerra Fría, entre las potencias aliadas y la Unión Soviética.

En 1950 se rebautizó como: **United States Army Caribbean School** (*traducción al español: Escuela del Caribe del Ejército de los Estados Unidos*), y trasladada a Fort Gulick, también en Panamá; ese mismo año se adoptó el idioma español como idioma oficial de la academia. En julio de 1963 el centro se reorganizó bajo el nombre oficial **United States Army School of the Americas** (*USARSA*), o más popularmente como **Escuela de las Américas**.

Más de 60.000 militares y policías de hasta 23 países de América Latina se graduaron allí, algunos de ellos de especial relevancia por sus crímenes contra la humanidad como: **los generales Leopoldo Fortunato Galtieri o Manuel Antonio Noriega,** y luego trasladada a Fort Benning, Georgia en 1984. Allí se les adiestró y entrenó en el "arte" de la tortura, en la guerra psicológica y en la lucha antiguerrillera. Definitivamente, en Fuerte Amador el amor por la justicia social-económica y la libertad de acción y pensamiento, brilló por su ausencia. El presidente de Panamá, **Jorge Illueca,** describió a la Escuela de las Américas como "**la más grande base gringa para la desestabilización en América Latina**", y los principales diarios internacionales la apodaron "La Escuela de Asesinos".

La historia de muerte que rodea a los graduados de la Escuela de las Américas es larguísima: cientos de miles de latinoamericanos han sido torturados, violados, asesinados, desaparecidos, masacrados y obligados a refugiarse en otros países por soldados y oficiales entrenados en esa Escuela. Los sanguinarios egresados de la **USARSA** persiguen a los educadores, organizadores de sindicatos, trabajadores religiosos, líderes estudiantiles, y a los pobres y campesinos que luchan por los derechos de los damnificados.

Históricamente el imperialismo norteamericano se preparaba estratégicamente para combatir la "subversión comunista soviética" en su patio trasero. Cuba, convertida en el "burdel caribeño" de la mafia norteamericana, se transformó de la noche del 31 de diciembre de 1959 a la mañana del primero de enero de 1960, con el triunfo de la revolución cubana, en el enemigo número uno de la sociedad norteamericana. La revolución cubana es desde entonces, la espina clavada en el costado del gobierno de los Estados Unidos.

Como se mencionó anteriormente en Julio de 1963, el gobierno de los Estados Unidos decidió cambiarle nuevamente el nombre a la "**Escuela del Caribe**"; probablemente porque asumió que el "peligro comunista" no se limitaba solamente a la región de la Gran Cuenca del Caribe, sino que abarcaba la totalidad del continente americano. El nombre de "Escuela Militar de las Américas" calzaba mejor con el carácter y contenido continental y anticomunista del centro de entrenamiento militar. En 1984, luego de haberse firmado los acuerdos que reglamentaban el traspaso del canal de Panamá al gobierno panameño, la "Escuela de las Américas" fue trasladada al Fuerte Benning in Georgia/USA. Desde entonces la "School of the Americas" (*SOA*) dejó de existir y en su lugar apareció el Instituto de Cooperación para la Seguridad del Continente Americano (*WHISC, en sus siglas en inglés*).

Existen dos períodos en la historia político-militar del gobierno de los Estados Unidos en Latinoamérica que influyeron esencialmente y condicionaron el fomento y desarrollo de la "Escuela de las Américas". El primer período comienza con el estallido de la primera guerra mundial en 1914 y termina en 1960 con la derrota del dictador **Fulgencio Batista** en

Cuba. El segundo período se extiende desde 1961, simbólicamente representado por la invasión mercenaria en playa Girón hasta el presente.

El interés especial de los Estados Unidos por América Latina, data de principios del siglo XIX, pero con la inauguración del canal de Panamá en agosto de 1914, la zona de Centroamérica y el Gran Caribe se convirtió en área estratégica militar del gobierno de los Estados Unidos. Fue precisamente **John F. Kennedy**, el presidente norteamericano que impulsó y estimuló de manera decidida y resoluta la doctrina de contrainsurgencia a partir de 1961.

Kennedy, quien estaba convencido que la guerra contra el "comunismo internacional" no solamente se debía combatir con medios militares, sino también a través de un plan estratégico político, económico e ideológico que sería la base de la supuesta "revolución pacífica" en América Latina.

La Alianza para el Progreso fue financiada por la **Agencia de los Estados Unidos para el Desarrollo Internacional** (*United States Agency for International Development*), pero pronto quedó al descubierto, que la agencia servía solamente para estrechar la unidad entre la oligarquía latinoamericana, la oligarquía militar y la iglesia católica. La Alianza para el progreso fue en realidad la unidad de la clase dominante en función de fomentar el retroceso de los países pobres del continente americano.

Después de la revolución cubana, surgieron las primeras guerrillas en Venezuela y Colombia, como respuesta a la situación de pobreza y de extrema desigualdad social en que vivía la mayoría de la población pobre. En El Salvador a mediados del siglo XX el 67 % de las tierras fértiles estaba en manos de un 4% de la población, mientras que el 96% de todos los propietarios de tierra poseía el 33% de las tierras cultivables. En Colombia la situación era parecida: Al 5% de la población le pertenecía el 80% del terreno cultivable, mientras que el 66% de la población poseía el 5% de las tierras. A esta desigualdad a nivel de propiedad de la tierra se sumaban la cleptocracia de los funcionarios, el sometimiento de los gobiernos nacionales a los lineamientos del gobierno de los Estados Unidos y como colofón, la brutalidad con que los cuerpos represivos y paramilitares castigaban a los campesinos y jornaleros (*miles de desapariciones forzosas*). Los planes de instrucción militar de la "Escuela de las Américas" fueron adaptados a la estrategia de contrainsurgencia de la administración Kennedy. Los militares aprendieron en la *SOA* que la tortura, la desaparición y muerte son los instrumentos idóneos para garantizar la "libertad y la paz" en los pueblos de América Latina, o dicho de la mejor manera: se obligaba a todos los involucrados continuar la política exterior de EE.UU.

Desde 1961 hasta 1990, alrededor de 36.000 oficiales y suboficiales de Latinoamérica visitaron la "Escuela del terror de las Américas". La mayoría de ellos eran colombianos (5827), salvadoreños (5642), peruanos (3465), panameños (3003), bolivianos (2669), venezolanos (2462), chilenos (1968), ecuatorianos (1869), hondureños (1550) y dominicanos (1700).

A partir de 1981 hasta 1990 la situación en América Latina cambió radicalmente y el centro de atención se trasladó a El Salvador y Colombia, dos naciones con estructuras político-sociales parecidas. Ambos países no tienen solamente en común unos de los mejores cafés del mundo, un alto índice de pobreza y una violencia extrema, sino que además en sus territorios operaban los ejércitos guerrilleros más numerosos y mejor armados en toda la historia de la lucha político-militar en América Latina. No es extraño entonces, que Colombia y El Salvador ocuparan los dos primeros lugares en el número de egresados de la "Escuela de las Américas". Dentro de los alumnos destacados de la "Escuela de dictadores", sobresalen:

1. **General Manuel Noriega**, panameño: antiguo agente de la CIA. En 1992 fue juzgado en los Estados Unidos y condenado a una pena de 40 años de reclusión, bajo la acusación de estar relacionado con el cártel de Medellín y Pablo Emilio Escobar Gaviria. La pena se rebajó posteriormente a 30 años y luego a 20 por "buena conducta". A principios de 2008 permanecía en una cárcel de Miami a la espera de que se defina su situación. Francia solicitó su extradición, ratificada en enero de 2008 por un juez estadounidense. Noriega fue condenado en 2010 por la justicia francesa a siete años de cárcel por blanquear dinero del narcotráfico. Un juez francés le concedió la libertad condicional en septiembre de 2011 pedida por sus abogados, al considerar

que Noriega cumplió más de la mitad de su condena francesa: año y medio que lleva detenido en Francia y los dos años y medio que permaneció detenido en Estados Unidos a la espera de la aprobación de su extradición a París. Noriega permaneció en la cárcel parisina de La Santé hasta su extradición hacia Panamá el 11 de diciembre de 2011.

2. **General Efraín Ríos Montt**, guatemalteco: el 10 de mayo de 2013 fue condenado a 80 años por genocidio y crímenes contra la humanidad, pero esta sentencia fue anulada el 20 de mayo de 2013 por la **Corte de Constitucionalidad de Guatemala** (*CC*), debido a que la jueza Jazmín Barrios presidenta del Tribunal Primero de Mayor Riesgo A, no acató los fallos emitidos por dicha corte, siendo una autoridad jurídica de mayor jerarquía por tal razón ha cometido desobediencia y desacato.

3. **General Hugo Banzer**, boliviano: dictador boliviano entre 1971 y 1978, se estima que durante su primer gobierno derechista unos ciento cincuenta prisioneros políticos fueron desaparecidos, habiéndose encontrado, posteriormente, en los sótanos del Ministerio de Interior (*Actual Ministerio de Gobierno de Bolivia*), celdas de tortura y huesos humanos. Banzer desde 1988 ocupa un puesto de honor en el Hall de la Fama de la Escuela de las Américas.

4. **Coronel Roberto D'Aubuisson**, salvadoreño: fundador del partido ultraderechista **ARENA** y de los escuadrones de la muerte en los años 80. El ex embajador Robert White declaró en 1986 al Congreso de los Estados Unidos, que D'Aubuisson participó en la planificación y ejecución del asesinato de Monseñor Oscar Arnulfo Romero. Sin embargo, D'Aubuisson nunca fue acusado formalmente ante la justicia. Murió en la cama como el dictador Pinochet, sin haber pagado frente a la sociedad por los crímenes cometidos.

5. **Coronel Natividad de Jesús Cáceres Cabrera**, salvadoreño: segundo al mando del batallón Atlacatl, responsable de haber realizado la masacre de El Mozote. Cáceres Cabrera es, junto con el Teniente-coronel Domingo Monterrosa y mayor José Armando Azmitia Melara (*ambos ya fallecidos*) responsables directos de dicha masacre.

6. **Manuel Contreras**, chileno: director de la policía secreta chilena (*DINA*) durante la dictadura de del General Pinochet. Contreras fue condenado a 289 años de prisión por secuestro, desaparición y asesinato.

Resumiendo:

Durante la guerra fría, la "Escuela de las Américas" desempeñó un papel determinante en la formación militar en el marco del concepto estratégico de contrainsurgencia, guerra de baja intensidad y la guerra sucia, además en el adoctrinamiento anticomunista de miles de oficiales y suboficiales latinoamericanos.

Con la caída de la Unión Soviética en 1991 desapareció el "enemigo comunista". En su lugar apareció el tráfico de drogas internacional, llamado también narcotráfico y el terrorismo musulmán. Con el nacimiento del "nuevo enemigo" de la sociedad occidental – aunque el tráfico de drogas siempre ha existido– el gobierno de los Estados Unidos se sacó de la manga el argumento político-militar para continuar manteniendo sus bases militares y centros de entrenamiento en todo el planeta. Es posible que el ciudadano común norteamericano esté mal informado, pero los políticos que gobiernan esa poderosa y gran nación – demócratas o republicanos, palomas o halcones –, son personas con gran educación y bien informados, quienes con toda seguridad, saben que mientras persistan las causas de la pobreza y la desigualdad social en América Latina, el peligro de las revoluciones sociales seguirá latente. Mientras el peligro de la revolución marxista se esconda en su "patio trasero", la presencia militar de los Estados Unidos seguirá siendo una realidad inevitable.

58 PLAN CÓNDOR

En los últimos años, la élite transnacional -encabezada por el gobierno estadounidense ha desarrollado nuevas modalidades de intervención en América Latina y alrededor del mundo (*Nuevo Plan Cóndor*). Estas modalidades se llevan a cabo en el marco de la globalización capitalista y bajo la retórica de "promoción de la democracia".

«El Plan Cóndor fue una operación que consistió en la coordinación de acciones entre las dictaduras de derecha que se registró en varios países de Suramérica (Chile, Argentina, Brasil, Paraguay, Uruguay, Bolivia, Perú y Ecuador) entre las décadas del 70 y 80 en el que estuvo involucrado irrestrictamente EE.UU»

El Nuevo Plan Cóndor busca la coordinación de los dirigentes de derecha en América Latina para aislar del contexto regional a las naciones con gobiernos progresistas.

Se busca el revanchismo político de la derecha al destruir y desprestigiar los avances sociales alcanzados por los gobiernos de corte socialista. Esto se evidencia con la llegada en diciembre de 2015 del Gobierno neoliberal de Mauricio Macri en Argentina, cuyas primeras medidas fueron despidos masivos, censura de medios de comunicación, privatizaciones y ataques contra países que no comulgan con sus políticas, como Venezuela.

Según **William I. Robinson** (*profesor de Sociología en la Universidad de California, EE.UU.*) en su libro *«Promoting Polyarchy»* (*Promoviendo la Poliarquía*), publicado en 1996, la agenda de la Élite Transnacional tiene dos dimensiones: promoción de la poliarquía y promoción de la globalización capitalista neoliberal.

Pero, ¿Quiénes son las víctimas de la promoción de la poliarquía capitalista? Hay tres categorías de países blancos:

1.- Países seleccionados para efectuar una "transición" de dictaduras o regímenes autoritarios a regímenes elitistas poliárquicos. No se trata de "desestabilizar" estos países, sino de organizar una transición bajo la hegemonía de una élite civil neo-liberal. Por ejemplo, en Sudáfrica a principios de los noventa, en Chile bajo Augusto Pinochet, en Filipinas bajo Ferdinand Marcos, en Panamá con la invasión norteamericana de 1989, en Haití bajo los Duvalier, etcétera. En primera instancia, la nueva estrategia de promoción de la poliarquía se formuló para esta categoría de países. Una vez funcionando la nueva estrategia, ampliaron el enfoque para incluir como blancos, otras dos categorías de países.

2.- Países que EE.UU. y la élite transnacional (*ET*) intentan desestabilizar y derrocar. En estas categorías figuran en años recientes, Nicaragua bajo los Sandinistas, Haití bajo **Jean-Bertrand Aristide**, Cuba desde 1959, Venezuela desde 1998, Bolivia desde 2006. Y fuera de la región de América Latina, se puede citar a Irán en la actualidad, y el gobierno de Hamás en los territorios palestinos. En estos países, los programas de la promoción de la poliarquía, forman parte de los proyectos de agresión, desestabilización, terrorismo y de amplísimas campañas contrarrevolucionarias.

3.- Países donde las fuerzas populares nacionalistas, revolucionarias, o simplemente fuerzas progresistas que cuestionan el nuevo orden neoliberal, están en ascenso y representan una posible amenaza al dominio de élite local y agenda transnacional. En estos países, los programas de promoción de la poliarquía son diseñados para reforzar las élites locales neoliberales, para mediatizar y des-radicalizar las luchas populares, y para evitar que lleguen al poder por elecciones o por otras vías. En esta categoría, figura actualmente El Salvador, Colombia, y México, por ejemplo, y también figuraron Bolivia antes de Evo Morales y Venezuela entre el Caracazo de 1989 y la elección de Hugo Chávez en 1998.

Surge una pregunta: ¿Cuál es el modus operandi de la nueva intervención política? Veamos:

Los programas de la promoción de la poliarquía operan en varios niveles. En el primer nivel es el diseño más general, y operan en este nivel las esferas más altas del aparato del estado norteamericano: **la Casa Blanca, el Departamento de Estado, El Pentágono, la CIA y otras instancias.** En este nivel, deciden sobre el montaje de programas de promoción de la poliarquía, como componente de la política global hacia el país o región en cuestión.

En el segundo nivel, asignan millones de dólares, repartidos por varios canales (*entre ellos, la AID, la Fundación Nacional para la Democracia, conocido por sus siglas en inglés, NED, la CIA, el Departamento de Estado*), a una serie de organismos norteamericanos e internacionales estrechamente ligados con el estado y con la política exterior de Washington. Son numerosos los organismos que reciben fondos para la "promoción de la democracia". Entre la larga lista figuran el Instituto Republicano Internacional (*IRI*) y el Instituto Democrático Nacional para Asuntos Internacionales (*NDIIA*), brazos oficiales para la política exterior de los partidos Republicano y Demócrata, respectivamente; el Instituto para el Sindicalismo Libre y la Solidaridad Laboral Internacional, entre muchos que podríamos citar. Todos estos organismos y actores se constituyen en una compleja red norteamericana de intervención política.

En el tercer nivel, esta red intervencionista proporciona "subvenciones" (*"grants"*) a una serie de grupos afines en el país intervenido. Estas grandes subvenciones incluyen: financiamiento, dirección, patrocinio político, etcétera. Cada organismo intervencionista norteamericano se especializa en algún sector determinado de la sociedad en el país intervenido. Por ejemplo, el IRI y el NDIIA típicamente trabajan con partidos políticos en el país intervenido, el Instituto para el Sindicalismo Libre con las centrales sindicales, etcétera. La meta es la penetración y el control de la sociedad civil en el país intervenido, ya que los estrategas norteamericanos se han convertido en buenos Gramscianos – saben que para vencer a sus adversarios y para efectuar la dominación, necesitan conquistar la hegemonía en la sociedad civil.

Por tanto, la red intervencionista busca penetrar y captar la sociedad civil en el país intervenido, instrumentalizando una serie de grupos locales, entre ellos: los partidos políticos y coaliciones; los sindicatos y gremios; las cámaras empresariales; los medios de comunicación; las asociaciones cívicas y barriales; los grupos estudiantiles, juveniles, de mujeres; etcétera. La meta es reforzar organizaciones afines o crear organizaciones paralelas que competirán con las organizaciones de los sectores populares y que intentarán eclipsar los grupos radicales, reforzar la hegemonía de las élites locales, e inculcar la agenda transnacional. Todos estos grupos se presentarán como "independientes" y "no partidarios" pero en realidad funcionan como instrumentos de la política norteamericana y de la élite transnacional.

Un indicador poderoso de que un país está sujeto a una operación intervencionista es cuando se produce una verdadera invasión por un ejército norteamericano e internacional de organizaciones no-gubernamentales, de "técnicos", "consultores", "expertos", etcétera. Realizan programas de "fortalecimiento de los partidos políticos y de la sociedad civil", de "educación cívica", de talleres de "capacitación de líderes" y "capacitación de los medios de comunicación", etcétera.

Por ejemplo, la operación "Mangosta" en Venezuela: Una de sus tareas principales fue la de reclutar agentes en el terreno para sus planes desestabilizadores, así como para realizar una diversidad de provocaciones, tratando de poner en jaque a la constitucionalidad en el país hermano. Y la CIA determinó que una parte de los jóvenes venezolanos podrían ser el centro de su labor de reclutamiento. De esta forma, inició su labor de acercamiento a los mismos por medio de diferentes vías. Las formas de captación de sus agentes se han realizado, indistintamente, por vías diversas, aunque fundamentalmente este trabajo lo ha hecho la CIA desde la embajada norteamericana en Caracas, a través de sus oficiales operativos, concentrados en las Oficinas de Cultura y Prensa.

En otros casos, la labor de reclutamiento se ha realizado mediante el empleo de tapaderas de la Agencia como: la USAID, la NED, Provea, el Centro de Divulgación del Conocimiento Económico para la Libertad (*CEDICE*), ONG's europeas (*entre las que sobresalen las alemanas Konrad Adenauer Foundation, Friedrich Naumann Stiftung, así como la española Fundación para el Análisis y los Estudios Sociales - FAES*), organismos estudiantiles vinculados a las derechas europeas y latinoamericanas y así como mediante los grupos de "exiliados" radicados en La Florida

Los medios de comunicación integrados a la red intervencionista, dan amplia cubertura a las actividades de la red, exageran su arrastre para dar una imagen de fuerza, etcétera. Esto es un componente crucial: se trata de la desinformación mediática, o más precisamente, el uso de medios para llevar a cabo la guerra sicológica, la guerra ideológica. En esta nueva época de la globalización, los medios juegan un papel primordial en los procesos políticos y sociales, en la batalla para la hegemonía. Los medios de la red intervencionista utilizan lo que se conoce como: la propaganda negra; el asesinato de carácter (demonización de sus oponentes); los llamados "blowback" (*cuando implantan una información inventada en un medio de comunicación determinado y luego la información es recogida y ampliamente difundida por otros medios locales e internacionales*); el uso de lo que **Joseph Goebbels** (*ministro para la Ilustración Pública y Propaganda de la Alemania nazi entre 1933-1945*) llamó la "gran mentira", etcétera.

El objetivo general de la red es ir desgastando la base social del proyecto contra-hegemónico, del proyecto popular, de implementar el proyecto de la élite transnacional a los sectores populares, los descontentos, las capas medias; ir explotando y cosechando las frustraciones y motivos de queja, los agravios legítimos de la población. Utilizan tácticas cínicas, como: provocaciones; crear "incidentes"; enfrentamientos violentos; desgaste económico (*sabotaje, acaparamiento, provocación de escasez*); tender "bolas"; avivar un ambiente de inseguridad, incertidumbre, y zozobra. ¿Coincidencia? – Todo ha sido previamente planificado.

Sobre todo, la red intervencionista aprovecha de las dificultades económicas que enfrentan los proyectos populares. Buscan agravar estas dificultades y hacer imposible la mejoría material de las masas, pues los proyectos de transformación popular tienen como razón de ser la resolución de los problemas materiales de los pueblos, y esta razón de ser tiene que ser subvertida. También aprovechan al máximo, los errores de los dirigentes de base, de los líderes populares y revolucionarios, del oportunismo y de la corrupción dentro del campo popular y dentro del estado y de los partidos revolucionarios. Incluso buscan fomentar este oportunismo y corrupción, persiguen cultivar aliados "endógenos" a los proyectos populares y revolucionarios.

En el léxico estratégico, todo esto se llama: guerra política y psicológica.

Hay que estar claros: una vez que las fuerzas populares y revolucionarias pierden la hegemonía en la sociedad civil, el imperio y la élite transnacional prácticamente han triunfado. Por ejemplo, en Nicaragua, la revolución Sandinista no pudo ser derrotada militarmente. Los Sandinistas derrotaron a la contrarrevolución armada. Sin embargo, el sandinismo perdió esa hegemonía dentro de la sociedad entre 1987 y 1990, años en que Estados Unidos pasó a implementar la estrategia de la promoción de la poliarquía.

En cuanto a procesos electorales, éstos dotan a la red intervencionista con la oportunidad de desplegar todos sus instrumentos y recursos, de poner en acción todo el abanico de tácticas y maniobras. Pero no son omnipotentes. Cuando los resultados electorales le salen por la culata y ganan candidatos populares, como en los casos de Haití o de Venezuela, de Bolivia y de Palestina, entonces gritan "fraude" con gran fanfarria, montan rápidamente la maquinaria de desinformación, y pasan a la etapa de la desestabilización.

Finalmente en este punto: es de suma importancia destacar que las nuevas formas de intervención política norteamericana no sustituyen sino se conjugan con todo el abanico de instrumentos intervencionistas norteamericanos e internacionales, entre ellos, la agresión militar, las operaciones encubiertas, el chantaje económico, el sabotaje; el accionar de unidades paramilitares y terroristas; atentados golpistas, etcétera, como son testigos nuestros compañeros cubanos, venezolanos y bolivianos.

>> Nicolás Maduro: Venezuela vive la amenaza más grave de los últimos años por la injerencia estadounidense

La estrategia injerencista e intervencionista de EE.UU. en Latinoamérica, en las décadas de 1970 y 1980, se basaba en los golpes militares para derrocar gobiernos y conformar regímenes y dictaduras pro estadounidenses; un ejemplo de estas acciones fueron los derrocamientos de los gobiernos de Salvador Allende en Chile (1973); Isabel Perón en Argentina (1973); el golpe de Juan María Bordaberry en Uruguay (1973).

Elementos de Intervención de orden interno

La serie de juicios contra importantes liderazgos progresistas, la creciente amenaza de grupos paramilitares, la criminalización de los movimientos de avanzada y los golpes a la economía de los países de conciencia popular, son parte de la reconfiguración del Plan Cóndor en América Latina, a juicio del analista y periodista, **Miguel Jaimes**.

Entre los elementos del Plan Cóndor que intervienen el orden interno de los países, Jaimes citó en entrevista exclusiva para el sitio web de teleSUR:

-El constante ataque a la economía y los aparatos productivos de los países suramericanos y progresistas: Las maniobras para la baja de los precios del petróleo, el desabastecimiento en Venezuela, así como el sabotaje en el precio del dólar paralelo y otros relacionados con los indicadores económicos, forman parte del Plan Cóndor. Estos persiguen crear desesperación en la población y, además, afectar el financiamiento de los programas sociales.

-Muerte de líderes de base media y baja de los partidos socialistas y populares: Refiere como ejemplos de persecución de liderazgos populares el asesinato de la líder indígena Berta Cáceres (*Honduras*) y del joven diputado Robert Serra (*Venezuela*). Estas acciones tienen como objetivo, principalmente, restarle los liderazgos influyentes a los partidos sólidos y desmoralizar a sus militantes.

-Empleo de campañas mediáticas para criminalizar a los mandatarios y hundirlos políticamente: Además de buscar que sean procesados y desterrados del ámbito político, se cree que los medios de comunicación buscan influir en la población atemorizándola, manipulándola y deslegitimando los poderes. Ejemplo de ello, es que un ex presidente como Álvaro Uribe (Colombia) "aparezca constantemente en los medios con sus opiniones sobre intervención militar sobre una nación soberana, llamando a las fuerzas armadas a hacerlo, ¿Quién es él para hacerlo? y ¿Por qué los medios han dado tanto despliegue a eso?".

-Violencia y narcotráfico: Un mal que crece a lo largo de todo el continente y que se adueña de las poblaciones incluso más humildes con el objetivo de crear puertos libres para el tráfico de drogas entre el Sur y el Norte. Es una forma de terrorismo que incluso en Venezuela se ha desarrollado con la injerencia de bandas criminales que operan desde Colombia y que, según el analista, no solo busca generar temor e instaurar un mercado, sino además alcanzar el poder.

-Criminalización de los movimientos de izquierda, corrupción y ataques al ambiente: Se busca con apoyo de los medios de comunicación culpar únicamente de la corrupción a los movimientos y partidos de izquierda, pese a que muchos de ellos son los que han iniciado la lucha por el esclarecimiento de estos casos. Se busca establecer una asociación entre los delitos y los líderes de izquierda. Asimismo, refirió que los ataques al ambiente para la explotación de recursos son en parte realizados por el brazo ejecutor y capitalista de los EE.UU.

-ONG y la manipulación de jóvenes: Organizaciones como Súmate, liderada por la ex diputada de derecha María Corina Machado y directamente vinculada con el golpe de 2002, son las encargadas de generar movimientos en las calles con jóvenes utilizados para propiciar acciones violentas. Según documentos filtrados, la USAID y la NED invirtieron más de 100 millones de dólares entre 2002 y 2012 en auspiciar a grupos de oposición y crear al menos 300 nuevas ONG en Venezuela.

59 GOLPE PARLAMENTARIO

El nuevo Plan Cóndor se basa en los golpes suaves y parlamentarios, según han denunciado públicamente presidentes como el venezolano, Nicolás Maduro Moros, y Rafael Correa Delgado de Ecuador.

El parlamentario consiste en que las bases para su ejecución se encuentran dentro del mismo ordenamiento jurídico del país: moción de censura, investigaciones de tipo judicial (*juicio político*), declaración de "incapacidad para gobernar" para forzar una renuncia, entre otros.

Los medios de comunicación privados y las élites político-económicas cumplen un rol importante en la ejecución de estas nuevas acciones, al manipular la información y las leyes para desestabilizar al país.

>> **Guillaume Long**: **Países progresistas viven una amenaza constante a su democracia**

La estrategia golpista parlamentaria disminuye el costo político de los actores involucrados y permite cambiar el rumbo de un país y su política exterior sin necesidad de "derramar sangre", apelando y excusándose en el "respeto de la ley" y a la "democracia".

El golpe parlamentario se ha convertido en la operación política de intervención extranjera más rentable para alterar la correlación de fuerzas, eliminar los liderazgos políticos importantes y cambiar radicalmente los esquemas de poder internacional y bloques de influencia regional.

El ejemplo más reciente del golpe parlamentario es **Brasil**, cuya presidenta Dilma Rousseff fue apartada del cargo por 180 días para enfrentar un juicio político supuestamente por maquillar las cuentas fiscales de 2014 y retrasar los pagos al Banco Central, pese a que la derecha no presentó pruebas de esos crímenes.

El 31 de agosto de 2016, Ocho meses y 17 días después de su inicio, el proceso de "impeachment" contra **Dilma Rousseff** llegó a su desenlace. Alrededor de las 13:30 hora local (16:30 GMT), **61 senadores votaron a favor de retirar a la presidenta de su cargo de manera definitiva**. 20 rechazaron la medida y no hubo ninguna abstención. Y así Michel Temer asume el mando de Brasil hasta finales de 2018 en medio de fuertes protestas por sus políticas privatizadoras y de recortes.

Honduras 2009

El golpe contra el presidente Manuel Zelaya contó con la participación de las fuerzas armadas, sin embargo el Parlamento hondureño participó en el derrocamiento del mandatario, la cabeza del Congreso, Roberto Micheletti, inició una investigación contra Zelaya por supuestas "violaciones al Estado de Derecho".

Los parlamentarios hondureños recurrieron al levantamiento de expediente político exprés donde supuestamente Zelaya estaba "violentando" el Estado de Derecho. El Parlamento se basó en la Ley Especial que Regula el Referéndum y el Plebiscito para llevar a la destitución del mandatario legalmente electo. Al consumarse el golpe parlamentario y militar, Manuel Zelaya fue sacado del país.

>> **La Red de Intelectuales, Artistas y Movimientos Sociales en Defensa de la Humanidad (REDH) rechaza intento de golpe institucional en Brasil**

Posteriormente, se instauró en Honduras un gobierno transitorio sostenido por una Junta Militar hasta que expirara el término constitucional del presidente depuesto, para dar paso a unas nuevas elecciones. Sin la participación del ex presidente Zelaya.

Paraguay 2012

Desde la llegada al poder de Fernando Lugo en el 2008, la oligarquía paraguaya intentó torpedear las iniciativas sociales incluidas en el programa de gobierno que le llevó a la presidencia. En Paraguay se empleó como recurso central para llevar a la destitución de Lugo la "Masacre de Curuguaty".

El objeto de la acusación no era otro que justificar las acciones coordinadas de asedio y presión mediática por parte de la "comunidad internacional" ligada a los intereses de Estados Unidos. Antes del juicio político en el Parlamento el Partido Colorado lo había tratado de destituir unas 23 veces.

Venezuela, el ataque continuado

Desde 2002 se registran los primeros ataques contundentes contra la Revolución Bolivariana. Sólo en 2002 un golpe de Estado contra el presidente Hugo Chávez, que dejó 19 muertos, y un paro petrolero desestabilizaron política, social y económicamente al país.

Venezuela presentó una denuncia ante la Organización de Estados Americanos (*OEA*) con documentos que muestran la intervención de Estados Unidos en el golpe de 2002. Entre otras pruebas, el Gobierno nacional señaló que funcionarios del Departamento de Estado de EE.UU. hicieron un intenso lobby político para justificar el golpe en Caracas.

Además, mediante la denuncia Venezuela destacó la reunión entre el embajador estadounidense Charles Chapiro al golpista Pedro Carmona Estanga, en días cercanos a la deposición del presidente Chávez.

En 2014 otros 43 venezolanos murieron producto de la violencia opositora. Las imágenes de las "guarimbas" le dieron la vuelta al mundo en el marco de una guerra mediática que sugería la violación de los derechos humanos por parte del Gobierno venezolano.

Fotos de la llamada "primavera árabe", también promovida por Occidente, fueron difundidas y atribuidas a supuestas agresiones de funcionarios policiales venezolanos contra el pueblo.

Tras ello, una campaña de "solidaridad" de la derecha internacional hacia Venezuela, pese a que ha sido la misma oposición que promueve la impunidad con **el impulso de la ley de Amnistía**. El estatuto dejaría en libertad a Leopoldo López, ex alcalde opositor que hizo llamados irresponsables a la violencia, que además de las 43 muertes dejó cientos de heridos.

El triunfo circunstancial de la oposición venezolana en las elecciones parlamentarias del 6 de diciembre de 2015 preparó el terreno para acentuar los ataques contra el Gobierno de Nicolás Maduro.

Desde el Parlamento, la derecha ha intentado sabotear la agenda social y económica del Gobierno con un velo de legalidad, mediante impulsan leyes como la de Amnistía y la ley de Propiedad de Misión Vivienda, que pretende privatizar las más de 1.2 millones de nuevas casas construidas por el plan gubernamental para el pueblo venezolano.

Otras de las recientes agresiones de la derecha hacia Venezuela como el desabastecimiento, el acaparamiento y la guerra económica, son parte del Plan Cóndor para dominar al país que instauró la Revolución Bolivariana e impulsó la integración del Sur.

Los anaqueles venezolanos **registran una intermitencia en cuanto a los productos de primera necesidad.** Aparecen por un tiempo, pero dejan de verse por otro período. Esto ocurre principalmente con la leche, azúcar, harina de maíz y de trigo y los productos de aseo personal. Pero se produce un curioso fenómeno: por un tiempo desaparece la leche, pero se encuentran todos los productos que se fabrican con leche.

Lo alertó hace unos meses la ex presidenta Cristina Fernández en la reunión del Mercosur cuando recordó que se cumplen 40 años del Plan Cóndor y advirtió: **"Fue creado para derrocar gobiernos democráticos. Tal vez ahora se esté pergeñando en algún lugar un nuevo plan, que va a ser más sutil y sofisticado. En algunos casos pueden ser buitres y no cóndores, pero siempre son aves de rapiña. Tenemos que fortalecer más que nunca nuestras democracias"**. Perenne el águila imperial sobrevuela territorio latinoamericano, acompañada de buitres y cóndores, se saborean y no encuentran las horas para arremeter y degustar el banquete. Hay que espabilar o nos devorarán como hace 40 años. Estados Unidos viene con la furia de la ola de un mar en tempestad. Quiere arrasar con todo, como un huracán.

Hace unas semanas el gobierno de Estados Unidos a través de la DEA lanzó una bomba mediática contra Venezuela, lo anunciaron como noticia de última hora, hablaban de un cargamento de droga interceptado en Haití que se dirigía a Estados Unidos, al mando un sobrino y un ahijado de Nicolás Maduro. En segundos los noticieros a expensas del imperio lo propagaron por el mundo. Y al día siguiente fue noticia de primera plana en periódicos impresos a nivel mundial. Por supuesto que fue una nota falsa, un plan estratégico para poner a Maduro en los ojos del mundo como una familia y gobierno que trabaja con el narcotráfico. El gobierno venezolano demostró la falsedad de la acusación pero ninguno de los medios que lanzaron la nota se dignó a pedir una disculpa por tal difamación. Mucho menos el gobierno de Estados Unidos y la DEA.

¿Por qué lanzar una bomba mediática así y en este tiempo? Porque este seis de diciembre son las elecciones parlamentarias en Venezuela. Parte del mismo plan derechista fue el asesinato del secretario de Acción Democrática, Luis Manuel Díaz que dio pauta para que Lilian Tintori denunciara a nivel mundial un "terrorismo de Estado" y acusara al gobierno de Nicolás Maduro de pretender acabar con su vida. No hay que olvidar que esta camisa blanca celebró en el búnker privado de Macri cuando el conservador ganó la Presidencia de Argentina. Eso sí, con el mínimo de 679,000 votos, es decir; que los que lo votaron fueron esos fanáticos políticos que no saben lo que significa la o por lo redonda. A pocas horas de ser declarado presidente el rufián arremetió contra Venezuela porque quiere sacarla del Mercosur.

Y no hay que dudar ni por un instante que apoyará como presidente y con dinero del pueblo argentino, un golpe de Estado contra Maduro y Dilma. Que al igual que como hace 40 años lo hicieron otros traidores de la cúpula oligárquica de Suramérica, él también sería miembro de una junta que planee una invasión al Cono sur y que implementaría también sino es él mismo pues un decreto similar al de Noche y Niebla de Adolfo Hitler. Tendríamos de vuelta a plena luz del día a los Escuadrones de la Muerte. Macri tiene el apoyo de la oligarquía latinoamericana, del sector empresarial y de ex presidentes y presidentes derechistas. Despabilemos o nos devorarán.

Avanzan el águila imperial, los buitres y cóndores junto a los lacayos vende patrias, hay que echar un vistazo de cómo tienen a México, Centroamérica y el Caribe que son colonias estadounidenses, de cómo tienen a Perú, Paraguay y Colombia, llenos de bases militares estadounidenses con la finalidad de estar lo más cerca posible de los países con gobiernos progresistas para asegurar el triunfo de una invasión militar.

Hay que ver cómo han acaparado a la Argentina en los últimos días. De cómo se fragua un golpe de estado contra Dilma. Ahora van contra Brasil, no quieren a Brasil en los BRICS. Porque, ¿quiénes conforman los BRICS? Brasil, Rusia, India, China y Sudáfrica. ¿Qué significan estos nombres para el imperio capitalista? Plusvalía y unidad.

Los gobiernos de Lula y Dilma son los únicos que han trabajado en pro de esa parte de la sociedad que vivía en la miseria. Estados Unidos quiere el petróleo de Brasil y Venezuela. Así mismo como muere de las ganas por el petróleo de Siria, por esa razón la invasión militar y el bombardeo. Como se quedó con el petróleo de Irak, (el de México, Peña Nieto se lo entregó solito, bajándose los pantalones) pensará que podrá también hacer lo mismo en Suramérica. Despabilemos. **El presidente del Congreso de Brasil aprobó iniciar un juicio político contra Dilma. ¿Quién es este rufián?**

Uno de los políticos derechistas más poderosos de Brasil. Lleva como carta de presentación una investigación penal por haber aceptado un soborno de cinco millones de dólares como parte de un sistema de corrupción que intenta arruinar a Petrobras. El gobierno de Dilma no permitió que estos buitres y cóndores devoraran la empresa estatal y en respuesta éste mequetrefe le impone un juicio político por corrupción que busca dar un golpe de estado al gobierno progresista y así acabar con el avance de la región. Despabilemos o nos van a devorar.

Este detractor como Lilian Tintori, Leopoldo López y Henrique Capriles en Venezuela, ha orquestado innumerables marchas de camisas blancas que piden el fin del gobierno de Dilma. Lo mismo que los directivos de Clarín y La Nación en Argentina que atacaron al gobierno de Cristina y organizaron marchas de camisas blancas con causa Nisman.

"Estados Unidos intenta retomar el control en América Latina con el apoyo de las fuerzas de derecha", alertó el movimiento popular argentino Patria Grande

Rousseff afirma tener "fuerza, ánimo y coraje" para enfrentar el 'impeachment' Las advertencias fueron difundidas tras la votación en la

Cámara de Diputados de Brasil sobre el proceso de destitución de la presidenta del país, Dilma Rousseff. La agrupación rioplatense denuncia la inminencia de un golpe de Estado en el país sudamericano y afirma que la voluntad de millones de brasileños y brasileñas que eligieron a Dilma "es reemplazada por la de un grupo de legisladores que representan al poder económico concentrado y que en su mayoría están sospechados de corrupción". Según el movimiento argentino, EE.UU. intenta retomar el control del continente americano con el objetivo de "alinear a los países de América Latina y el Caribe" a su estrategia. El nuevo Plan Cóndor activa otro siniestro Plan Cóndor en Latinoamérica Patria Grande recuerda que, durante los años 70 y 80, EE.UU. contó con la ayuda de las fuerzas militares dentro de los mismos países latinoamericanos para instalar "Gobiernos dóciles a su política". Así surgió el Plan Cóndor, "a partir del cual se coordinó el secuestro, la tortura, el asesinato y la desaparición de miles de compatriotas con el objetivo de aniquilar la movilización popular y aterrorizar a la población para instalar las políticas neoliberales". La nueva estrategia de los EE.UU. es la del llamado "golpe blando", a través del cual "se intenta legitimar la destitución de Gobiernos inconvenientes por medio de la articulación entre los medios privados de comunicación, sectores del Poder Judicial y el Parlamento", señala el movimiento popular. "Invariablemente, en todos los casos el cambio de gobierno se realiza por formaciones políticas de derecha, que admiten la democracia solo cuando triunfan, pero operan contra ella apenas quedan fuera del Gobierno", añaden. "Deseos del imperialismo" Ante esta situación, el Movimiento Popular Patria Grande expresó su solidaridad con el pueblo de Brasil, que en este momento se encuentra "en las calles repudiando el golpe". Patria Grande, además, manifestó su preocupación "por el curso de los acontecimientos en desarrollo, de plena afinidad con los deseos del imperialismo: al triunfo electoral de Mauricio Macri en Argentina, ahora le sigue el golpe en Brasil". Recortar derechos sociales, limitar la soberanía económica en beneficio de las trasnacionales, es lo que se menciona por el movimiento como las tendencias del "nuevo ciclo de ajuste neoliberal sobre todo el continente". Procesos de unidad "En estas circunstancias, tenemos que redoblar y profundizar el debate político y los procesos de unidad entre las organizaciones populares de cada país y en todo el continente.

Es preciso coordinar las luchas y las movilizaciones en solidaridad con los procesos agredidos y en cada país, disponernos a asumir en unidad un nuevo ciclo de resistencia, con el objetivo de construir la alternativa política de los pueblos", concluye Patria Grande. El movimiento Según su manifiesto fundacional, Patria Grande se define como una organización de izquierda popular, anticapitalista, antiimperialista, internacionalista y feminista, que inscribe en sus banderas y consignas la lucha por un socialismo para el siglo XXI, de carácter democrático, nuestro americano y ecosocialista.

60 NUEVO PLAN CÓNDOR DE EE.UU. SOBREVUELA AMÉRICA LATINA PARA ELIMINAR LA IZQUIERDA

Cuando en diciembre de 2004 se fundaba el ALBA (*Alianza Bolivariana para América, devenida luego en ALBA-TCP*) y el 5 de noviembre de 2005 en Mar del Plata, Argentina, se enterraba el ALCA (*Área de Libre Comercio de las Américas*), aires de integración económica y política parecían convertirse en un huracán imparable, al abrazo de Chávez, Lula y Kirchner, le siguieron el triunfo de Evo Morales en Bolivia y su Revolución Plurinacional, Rafael Correa y la Revolución Ciudadana en Ecuador, Daniel Ortega y el Frente Sandinista de Liberación Nacional en Nicaragua, Fernando Lugo en Paraguay con la Alianza Patriótica para el Cambio, un nuevo horizonte se abría para nuestro continente.

El ejemplo de resistencia de la solitaria Cuba se impregnaba en los pueblos de América, la dignidad humana comenzaba a prevalecer sobre el vil dinero y las políticas sociales eran los objetivos de los gobiernos progresistas, una nueva era transitaba los caminos del cambio en las sociedades explotadas y discriminadas por más de 500 años que comenzaron a construir la segunda y definitiva independencia.

El imperio no se quedó expectante ante ésta situación, a pesar que sus intereses principales se encontraban en Medio Oriente y el Norte de África no se olvidó de lo que siempre definieron su "patio trasero", y fue montando una red de ONGs, fundaciones y estructurando con los grupos económicos mediáticos una política injerencista que esperaba el momento oportuno para dar el zarpazo.

Manejando los tiempos de las oligarquías locales y coordinándolas con los grandes grupos económicos transnacionalizados, con apoyo de los poderes judiciales y parlamentarios, los golpes blandos se pusieron en marcha.

Manuel Zelaya derrocado en 2009, intento de magnicidio de Rafael Correa en 2010, destitución de Fernando Lugo en 2012, permanente acoso a Hugo Chávez y tras su muerte a su sucesor Nicolás Maduro y la pérdida de la mayoría parlamentaria en las últimas elecciones de miembros de la Asamblea Nacional bolivariana en medio de una permanente agresión externa y guerra económica, derrota en el plebiscito de Evo Morales por una operación de prensa, triunfo electoral de los candidatos de la Embajada Norteamericana en Argentina en 2015 y la reciente destitución de Dilma Rousseff en Brasil, demuestran que nada es casual, sino causal, y dirigido desde los centros de poder imperial al norte del Rio Bravo.

Los gobiernos progresistas de la región se encuentran atrapados entre la legalidad de las democracias construidas en épocas de la independencia de las colonias y reformadas en la pos-guerra con propuestas liberales y bajo la tutela política de los EE.UU. y la prédica de los medios hegemónicos de comunicación en lo que podemos denominar un verdadero "Plan Cóndor de control Informativo", lo que ha condicionado inicialmente la implementación de reformas y políticas alternativas.

Solo tres países de la región han efectuado reformas constitucionales que rompen con la legalidad reaccionaria del statu quo conservador, dando un cambio a la concepción del rol del Estado y el modelo económico en el funcionamiento de la sociedad, contrariando la lógica neoliberal, reconociendo la pluralidad étnica de nuestras poblaciones y buscando un modelo de democracia más participativo: Venezuela (1999), Ecuador (2008) y Bolivia (2009), pero en ninguna de ellas se estableció la comunicación y la información como un bien social que no puede estar en manos de sociedades de capital ni de empresarios particulares.

Es tremendo como dos de los países fundamentales en la economía continental y principales sostenedores del acuerdo de integración económica más importante en volumen y territorio del continente, el MERCOSUR, han sido dominados por las mafias empresariales, mediáticas y judiciales, serviles al norte imperial.

Con una metodología de inicio similar, medios y poder judicial coordinados, Cristina Fernández y Dilma Rousseff sufrieron los ataques sistemáticos de la derecha, que llevaron a la pérdida de las elecciones al Frente Para la Victoria de Cristina y a la destitución a Dilma.

Los sucesores de ambas presidentas, Mauricio Macri, en Argentina y Michel Temer en Brasil, fueron denunciados en los WikiLeaks como informantes o colaboradores de los funcionarios de las embajadas norteamericanas de sus respectivos países, detalle no menor que debemos tener en cuenta cuando analizamos lo que está pasando hoy.

Los ataques del norte sobre el Mercosur tienen un claro objetivo compartido hoy por los gobernantes argentinos y brasileros de destruirlo. Al ingreso de Venezuela al mismo, se producía un interesante vuelco del acuerdo regional, de ser solo un tratado comercial se pasaba a un tratado integrador económico-político-social, con un estado miembro que hacía de bisagra con el otro tratado económico-político-social del ALBA-TCP, liderado por Cuba y Venezuela, de producirse una integración plena del estado bolivariano al Mercosur, de desarrollarse el Banco del Sur (*al que se oponían las burguesías empresariales tanto de Brasil como de Argentina*), se daban las condiciones de un proceso de integración del Sur con América Central y el Caribe, generando un tremendo mercado regional, no ligado a las políticas norteamericanas.

El golpe en Brasil, no solo destituye a Dilma Rousseff, sino que, como en Argentina, produce un brutal retroceso en las políticas sociales, poniendo al Estado en un lugar de subsidio a las corporaciones económicas, a las que les entrega la dirección del mismo y busca redirigir los acuerdos económicos internacionales, los BRICS (*Brasil, Rusia, India, China y Sudáfrica*), podían en corto plazo poner en jaque el dominio comercial norteamericano, y sufrirán un cimbronazo muy duro al retirarse Brasil cuya política se atará a los designios del FMI y el BM sin ninguna duda.

La destitución de Dilma y la asunción de Temer se da en momentos donde se intentaba dar un golpe también dentro del Mercosur, no permitiendo que Venezuela asumiera la presidencia pro-tempore, mientras que arrecian los intentos golpistas contra Maduro, la derecha paraguaya, junto a la brasilera y argentina generan las condiciones para la desintegración del acuerdo regional, aunque por diferentes motivos, acuerdan con el objetivo, además de ser serviles a la política exterior norteamericana.

A los empresarios argentinos ligados a las transnacionales y encabezados por Macri, los seduce la incorporación al Tratado Trans Pacífico y la participación en un Mercosur activo e integrador lo consideran un escollo en sus objetivos, debe ser eliminado, aunque ello signifique ceder soberanía política y económica a las grandes corporaciones y a los países centrales, EE.UU. a la cabeza. Por ello afirmamos al principio de la nota que la restauración colonial en el continente americano es planeada e implementada desde Washington, real beneficiario de los desastres que se avecinan con la aplicación de las políticas del Consenso de Washington en nuestros territorios.

Se debe reconocer que estos avances de la derecha se producen también por la inacción de los gobiernos progresistas que pensaron que podían desarrollar políticas sociales, generadoras de un mercado interno que sacaron a millones de personas de la indigencia y la pobreza, recuperando para el pueblo la plusvalía de la producción, fundamentalmente de bienes primarios y la explotación extractiva, y al mismo tiempo que negociaban con las grandes corporaciones de capital monopólico, controlarlas sin cambiar de raíz la matriz económica y política del país.

No están dentro del capitalismo los genes que permitan resolver el hambre, la distribución injusta de los ingresos, la equidad en el ejercicio del poder y la justicia social, por eso no hay acuerdos estables con los dueños del capital y el imperio como su control fáctico, solo serán transitorios y tácticos, y tanto en Argentina como en Brasil en ésta década ganada al neoliberalismo, sus gobiernos no lograron desmontar las estructuras de poder económico, ni tomaron medidas de fondo como la nacionalización de la banca y el comercio exterior y una reforma agraria acorde con las nuevas necesidades de producción agropecuarias, ni se dieron una política sobre los medios de comunicación y sus propietarios y perdieron la oportunidad, cuando podían hacerlo, de modificar las feudales constituciones que tenemos y desmantelar el aparato judicial, convertido en un partido político al servicio imperial.

La formación de cuadros políticos y el diseño de políticas de ocupación territorial, el impulso al desarrollo de los movimientos sociales y de pueblos originarios, el desmantelar y sustituir las viejas estructuras partidarias en el territorio, el apoyarse permanentemente en la movilización popular, era una necesidad para enfrentar la reacción que se avecinaba y poder asegurar un destino distinto a Nuestra América.

No se podía negociar con los serviles del imperio, eso debemos aprenderlo para el futuro, no pueden haber más Cobos (*Vicepresidente de CFK*) ni Temer en gobiernos populares, un proceso de cambio debe ser profundizado a cada paso para sostenerse y avanzar, sino el enemigo te destruye. Ahora es de esperarse que todos los cañones apunten a la Venezuela Bolivariana, hay que defenderla y confiar en un pueblo movilizado, millones en la calle para recuperar la iniciativa popular en el continente y resistir la restauración colonial con la unidad de los pueblos, único camino para construir un mundo mejor.

61 EE.UU. AUMENTA PRESENCIA MILITAR EN LATINOAMÉRICA CON UNIDAD ESPECIAL EN HONDURAS Y PROYECTO EN ARGENTINA

EE.UU. amplió su presencia militar en Latinoamérica. La base aérea estadounidense de Soto Cano en Honduras, conocida también como 'Palmerola', a 86 kilómetros de Tegucigalpa, aloja desde este miércoles una nueva unidad especial.

De acuerdo con el portal defensa.com, la Palmerola, que suele albergar a entre 500 y 600 soldados estadounidenses de manera permanente, recibe ahora a 250 marines adicionales, al menos cuatro helicópteros pesados y un catamarán anfibio de alta velocidad, destinado a transportar tropas y medios entre puertos dentro de un teatro de operaciones.

La nueva unidad, denominada 'Fuerza de Tarea de Propósito Especial Aire-Tierra de Marines-Sur' o 'SPMAGTF-South' (*de 'Special Purpose Marine Air-Ground Task Force-South'*), estará operativa en la región entre junio y noviembre. Desde el 1 de abril la base ya aloja la unidad, informa, a su vez, La Iguana TV (*http://laiguana.tv/*).

La nueva fuerza es "de respuesta a crisis". Su misión declarada es colaboración en adiestramiento con fuerzas de la región, asistencia humanitaria y operaciones antidroga. La creación de la nueva fuerza surgió a una semana de la visita del jefe del Comando Sur de EE.UU., John Kelly, a Honduras, donde participó en la Conferencia Centroamericana de Seguridad Transnacional, donde asistieron representantes y jefes de las Fuerzas Armadas de 14 países, incluidos Canadá, México, Colombia, República Dominicana, Haití y Costa Rica.

En su momento, el ex presidente hondureño **Manuel Zelaya** declaraba su intención de convertir Soto Cano en un aeropuerto civil con financiación de la ALBA, una decisión rechazada por el embajador de EE.UU. en Honduras. Zelaya fue depuesto en un golpe de Estado en junio del 2009. La base, clave para los intereses de Washington en toda la región, fue protagonista del golpe contra Zelaya, destaca la cadena Telesur. El nuevo Gobierno hondureño canceló la decisión del anterior Ejecutivo y la Palmerola se quedó en su lugar. La noticia sobre la creación en ella de una nueva unidad especial coincide con la intensificación de tensiones entre EE.UU. y Venezuela y la propuesta hecha el 30 de marzo por el secretario general de la UNASUR, Ernesto Samper, de eliminar todas las bases militares de EE.UU. en el territorio latinoamericano.

¿Cómo será Argentina con dos bases militares de Estados Unidos?

Según **Carlos Aznarez** (*Periodista y Escritor Argentino*) los acuerdos que el actual gobierno de Mauricio Macri ya ha puesto en marcha a través del Ministerio de Defensa y que consisten en instalar, en principio, dos bases de la NSA (*Agencia de la Seguridad Nacional*) en Misiones y Tierra del Fuego, y además generar misiones de intercambio con tropas norteamericanas para ejercicios conjuntos tanto en el territorio como en otros países de Latinoamérica. De esta manera, el actual gobierno efectiviza el giro notoriamente entreguista en política exterior, alejándose de la CELAC,

UNASUR y los BRICS. También hace caso omiso de las recomendaciones dadas por el titular de la UNASUR, Ernesto Samper, de que ya es hora de que las bases norteamericanas "se retiren del continente". A la vez, tanto Macri como su canciller Susana Malcorra, embisten contra Venezuela y los países del ALBA y reinstalan las relaciones carnales con EE.UU., pidiendo sumisamente ser parte de la Alianza para el Pacífico, coalición de países que no tratan sólo temas económicos sino que ponen en marcha por acción u omisión acciones intervencionistas de gran calado.

En ese marco, todo indica que lo que en su momento intentó efectivizar el ex gobernador kirchnerista del Chaco, Jorge Capitanich, en las instalaciones del aeropuerto de esa provincia y que fue paralizado producto de la movilización popular y el buen tino de algunos funcionarios de la Cancillería local, ahora cobra cuerpo para realizarlo en dos zonas estratégicas a nivel geopolítico y que afectarían profundamente a la soberanía nacional. Decir Misiones es hablar de la Triple Frontera y del Acuífero Guaraní, una de las fuentes de agua más importantes del mundo, y también un territorio que, desde Ronald Reagan en adelante, siempre despertó apetencias en Washington. Tanto que en una oportunidad, Georges Bush hijo, estuvo a punto de colocarlo como "objetivo militar a bombardear", con la mentirosa excusa de que allí se "entrenaban" milicianos palestinos y de Hezbolah.

Por ello, que Macri y su combo de cipayos hayan dado luz verde a instalar una base de radarización y observación "para combatir el narcotráfico y el terrorismo internacional" (sic) es una muy mala noticia, no sólo para los misioneros que ya han comenzado a movilizarse, sino también para la convulsionada situación que hoy vive Sudamérica. De hecho, ya se han personado varios "observadores" del Comando Sur de EE.UU. y la NSA, que están recorriendo la zona y al parecer se inclinan por que sea **Puerto Iguazú** (*en la frontera con Brasil*) el lugar para instalar este santuario intervencionista gringo. Incluso, algunos medios de Misiones aseguran que esta decisión ha generado revuelo entre algunos mandos militares argentinos ya que no habrían sido consultados. Otros rumores no confirmados, pero francamente creíbles en los tiempos que corren, indican que desde hace varios años, ese territorio es visitado por mandos del ejército norteamericano con la intención de observar lo que ahora está a punto de convertirse en realidad. Algo parecido a la invasión de soldados israelíes que se está dando en el sur argentino y sur de Chile. Con la excusa de "vacacionar" de las brutales acometidas invasoras contra el pueblo palestino, al igual que sus pares estadounidenses, aprovechan la ocasión para hacer "inteligencia" para Tel Aviv sobre franjas muy codiciadas del territorio nacional.

Frente a tal panorama, y en conocimiento de la impunidad con que en estos meses se ha movido el gobierno macrista para arremeter contra los intereses nacionales y la propia población, es que varias organizaciones populares de Misiones ya están planteando nacionalizar el tema y (*como ocurriera con la base fallida del Chaco*) generar en primera instancia una campaña informativa de concientización a la población que ayude a posteriores movilizaciones in situ. También, por la vía parlamentaria, el diputado misionero Daniel Di Stéfano ha presentado en el Congreso de la Nación un proyecto de resolución solicitando al Poder Ejecutivo nacional detalles sobre la instalación de dos bases militares en el territorio argentino. En el caso de Tierra del Fuego, la base de "observación" y "experimentación científica" se instalaría en las proximidades de Ushuaia, y como es fácil de entender sería un verdadero "caballo de Troya" para incidir en un territorio altamente estratégico a nivel geopolítico y cuyas consecuencias militares son imprevisibles ya que a pocas millas está la base de la OTAN en Malvinas, y también el territorio Antártico argentino, bastión también codiciado por Estados Unidos por la importancias de los hielos continentales para la provisión de agua a futuro.

Por último, vale la pena recordar que Estados Unidos acostumbra utilizar varias vías para llevar a cabo su injerencismo militar: en algunos casos utiliza la excusa de "asesoramiento y asistencia humanitaria", generando campañas contra el dengue, el zika o lo que se le ponga a mano. En ese marco, primero desembarcan enfermeras, médicos y paramédicos, y luego siempre aparecen observadores militares cuyas tareas no tienen nada que ver con los objetivos primarios anunciados. Ocurre, entre otros países, en Honduras, en Perú, en Paraguay y en República Dominicana. En otros casos, sin demasiados preámbulos, "arreglan" con gobiernos aliados o sumisos la instalación de bases de observación, colocando radares y otros artilugios tecnológicos de los que no ofrecen mayor información pública. O abren, como ya lo han hecho en 36 oportunidades, bases militares en toda línea (*hay 761 a nivel mundial*) con pistas de aterrizaje y despegue de aviones bombarderos y presencia de efectivos con uniforme y armamento. Los casos de Colombia, Panamá, Perú, Chile (*con su base de "tropas de paz" en Concón*), Curazao, Guatemala y varias más repartidas en pequeñas islas del Caribe. Ahora, el virreinato de Mauricio Macri quiere sumarse a esa peligrosa costumbre de ceder territorio y asegurar la impunidad de la actuación de efectivos civiles y militares estadounidenses en el norte y sur argentinos. Si no se lo enfrenta radicalmente ahora, antes que lo pueda concretar, después no habrá oportunidad para lamentarse por lo que no se haya hecho.

Figura 16. Mapa del acuífero Guaraní, gigantesco reservorio natural (*casi en su totalidad subterráneo*) de agua dulce.

En contexto

El presidente de EEE.UU., Barack Obama, viajó a Argentina a finales de marzo del 2016 para firmar varios acuerdos de cooperación. Entre ellos la apertura comercial irrestricta, la asistencia en la Triple Frontera, la coordinación de misiones militares en África, dar asilo a refugiados sirios, la creación de Centros de Fusión de Inteligencia, cooperación de fuerzas de seguridad en el Comando Sur y en el ámbito nuclear, y la lucha contra el narcotráfico y terrorismo.

El premio Nobel de la Paz, Adolfo Pérez Esquivel, dijo para el momento de la firma de acuerdos que estas acciones son un caballo de Troya para hacer injerencismo en Argentina como ocurrió en Colombia.

"EE.UU. nunca fue aliado de la Argentina, solo hubo buenas relaciones cuando entregábamos nuestra soberanía y recursos, esa es la esencia del TPP, el nuevo ALCA", apuntó.

FINANCIACIÓN DEL TERRORISMO

«Perdonar a los terroristas es cosa de Dios, pero mandarlos con él es cosa mía» Vladimir Putin

En un artículo publicado por el analista internacional **Walter Goobar**, fundador de la **Revista Veintitrés** y el **Semanario Miradas al Sur** en: **https://mundo.sputniknews.com,** explica que el escritor y ex espía ruso **Daniel Estulin** publicó un bestseller en el que revela cómo el gobierno de Washington y sus aliados sustentan al yihadismo para desestabilizar Medio Oriente y África.

Mientras arrecian los bombardeos rusos contra el Estado Islámico en Siria, el escritor, analista y ex agente de contraespionaje del Servicio Federal de Seguridad de la Federación Rusa (*FSB, agencia que sustituyó al KGB tras la desaparición de la URSS*) **Daniel Estulin**, que se hizo conocido por haber revelado la existencia del Club Bilderberg, un club de millonarios que decide estratégicamente los eventos políticos, económicos y social del planeta, vuelve a la actualidad con su último y controvertido libro, **Fuera de control** (*Editorial Planeta*). Un volumen en el que apunta a Estados Unidos y a sus socios, Reino Unido, Arabia Saudita e Israel, como promotores y financistas del terrorismo islamista con el objetivo de desestabilizar Medio Oriente y el norte de África, desde Siria, Irak, Líbano, Yemen, hasta Libia (*sino lo creen, pregúntense cómo están esos países en la actualidad*).

"Los anglo-estadounidenses, en connivencia con los ricos países petroleros árabes liderados por Arabia Saudita, han creado un ejército del Califato con los yihadistas que han salido de la guerra de Siria, algo que los yihadistas nunca habrían logrado por sí solos", afirma Estulin en esta entrevista realizada junto con la colega **Cynthia García** en los micrófonos de Radio Nacional.

– ¿Por qué Rusia en este momento se ha convertido en una suerte de "brazo ejecutor" de la lucha contra el ISIS, cuando es una creación anglo-estadounidense?

– Los rusos son los únicos que realmente están luchando contra el Estado Islámico. Ni EE.UU, ni Gran Bretaña, ni Arabia Saudita han tenido ninguna intención de luchar contra el Estado Islámico. Han usado la supuesta guerra contra el *ISIS* para minar y destruir el régimen de Bashar al Assad, y destruir Siria como Estado-Nación para poder producir un cambio de régimen para poner a alguien más amable con los intereses anglo-estadounidenses. En ese sentido, los rusos están demostrando que esta retórica norteamericana y británica de luchar contra el terror es una mentira, una quimera, porque –al fin y al cabo– los rusos están demostrando lo mucho que se puede hacer en poco tiempo si hay un verdadero deseo de acabar con el terrorismo islámico.

Estulin, nominado al Premio Pulitzer 2014 por su libro **TranEvolution, The Coming Age Of Human Deconstruction**, asegura que la lucha contra el terrorismo es una quimera, una cortina de humo. Para explicar su afirmación se retrotrae a 2008. Cuando **Bradley Birkenfeld**, un analista y banquero estadounidense que trabajaba para el banco suizo UBS, "descubrió 19.000 cuentas secretas en dicha entidad, que acumulaban 54.000 millones de dólares". Unas cuentas que "compartían el gobierno de EE.UU, el británico, Arabia Saudita y los terroristas".

62 OPERACIÓN DE RUSIA CONTRA *'EL'* EN SIRIA

Con toda esta información, Birkenfeld "se dirigió al Departamento de Justicia de Estados Unidos para declarar sobre este asunto. El gobierno le permitió testificar en la sesión cerrada del Senado de EE.UU, en la que estaba presente el entonces senador Barack Obama. Cuando años después, ya como presidente, Obama declara que no entiende de dónde sacan el dinero los terroristas, yo sé que hay mucho idiotas pero no todos los somos".

Después de aquello, recuerda que el gobierno estadounidense, en lugar de premiar a Birkenfeld, "lo metió en la cárcel, y a muchos otros que trabajaron para la empresa Booz Allen Hamilton Inc, en la que estuvo Edward Snowden y que era experta en la financiación del terrorismo, cuya historia está vinculada con todo esto", señala Estulin. Entre las personas encarceladas por EE.UU. por conocer sus vínculos con el terrorismo islamista señala también a Scott Bennett y a varios agentes de la NSA

(*Agencia de Seguridad Nacional de Estados Unidos*). Por eso Snowden huyó del país, porque sabía que iba a correr la misma suerte.

"Bennett y Birkenfeld coincidieron en la cárcel y compararon sus notas y completaron la información que les faltaba para armar el rompecabezas. Cuando Bradley salió de prisión amenazó al gobierno con sacar a la luz esta información, y para taparle la boca le pagaron 104 millones de dólares supuestamente por haber descubierto cuentas de americanos en UBS que no pagaban impuestos. Mentira". Sobre el Reino Unido, el antiguo espía destaca que es el "centro del terrorismo, pues diez de sus grupos tienen su sede en Londres porque la Corona y el MI6 (*servicios secretos*) lo permiten" y añade que "siete lugartenientes de Bin Laden operan desde allí", entre los que cita a Abu Doha, Abu Abdalá y Abu Qataba, quien trabaja para los servicios secretos según el diario The Times.

"Cuando Brad Birkenfeld descubre estas cuentas bancarias, también descubre cómo se financia el terrorismo. No es que uno les da una tarjeta Visa para que puedan sacar dinero de un cajero automático. El dinero se canalizaba a través de una fundación que se llama Optimus. La Fundación tenía como uno de sus grandes testaferros a Abdullah Aziz, que era prestanombres de Osama Bin Laden y Al Qaeda, quien –a través de la Optimus Fundation– financió en 2008 la campaña presidencial del senador Barack Obama, por medio del consejero de UBS para las Américas, Robert Wolf", afirma.

Pero, **¿cuáles son los fines que persiguen EE.UU. y Reino Unido con la financiación de estos grupos?** Desestabilizar determinados países para obtener "el control del mundo. Es una guerra por la supervivencia por los recursos naturales". Un plan trazado ya en los años '70 del siglo pasado. "Entonces el analista Bernard Lewis hablaba del arco de crisis. Si se miran los dos mapas que incluyo en el libro se puede ver que los terroristas están en los centros neurálgicos de cambios de régimen. Y no es porque sean buenos o malos. Los estadounidenses, los rusos, cualquiera... apoyan a quien les apoya a su vez".

63 COSAS SOBRE ISIS Y AL-QAEDA QUE LOS PAÍSES OCCIDENTALES NO QUIEREN QUE SEPAS

El Estado Islámico, *ISIS* o *Daesh*, fue creado por la *CIA (EE.UU.)*, el *MOSSAD (Israel)* y el *MI6 (Reino Unido)* para apropiarse a la fuerza de Siria. El profesor **Michel Chossudovsky**, economista canadiense y director del **Centro de Investigación sobre la Globalización** (*en inglés Center for Globalization and Strategy*), en Montreal, ha recopilado 24 verdades que los gobiernos occidentales no quieren que la población conozca acerca de *ISIS* (o Estado Islámico) y *Al-Qaeda*... **¿Cómo es posible que sigan el juego de los Estados Unidos encaminado a crear un estado mundial policial?** Pasando por la destrucción de pueblos, culturas ancestrales y restos de antiguas civilizaciones. La barbarie en su máxima dimensión.

La guerra del gobierno de EE.UU. dirigida contra el Estado islámico es una gran falacia. El problema de los "terroristas islámicos", llevando a cabo una guerra preventiva en todo el mundo para "proteger los intereses estadounidenses" se utiliza para justificar la agenda militar. El Estado Islámico de Irak y Siria (*ISIS*) es una creación de la inteligencia de Estados Unidos. El "Programa de lucha contra el terrorismo" de Washington en Irak y Siria consiste en apoyar irrestrictamente a los terroristas.

La invasión de los terroristas del Estado Islámico en Irak a partir de junio 2014 fue parte de una operación de inteligencia militar cuidadosamente planeada y secretamente apoyada por los EE.UU., la OTAN e Israel. El mandato de lucha contra el terrorismo es una ficción. Estados Unidos es el "estado patrocinador número uno del terrorismo". El Estado Islámico está protegido por los EE.UU. y sus eternos aliados. Si hubieran querido eliminar las brigadas de ISIS, bien podrían haber bombardeado su aparato militar cuando cruzaron el desierto de Siria a Irak en junio. El desierto sirio-árabe es un territorio abierto. Con los aviones de caza a reacción (*F15, F22 Raptor, CF-18*), habría sido -desde una perspectiva militar- una rápida y conveniente operación quirúrgica.

A continuación se presentan grandes verdades sobre el terrorismo que refutan la manipulación mediática. Interpretada por los medios de comunicación como una empresa humanitaria, su operación militar a gran escala dirigida contra Siria e Irak ha dado lugar a innumerables muertes de civiles. No podría haber sido llevada a cabo sin el apoyo inquebrantable de los medios de comunicación occidentales, que han defendido la iniciativa de Obama como una operación de lucha contra el terrorismo. (*Fuente consultada: Michel Chossudovsky, La guerra de Estados Unidos contra el terrorismo, GlobalResearch, Montreal, 2005, capítulo 2*).

1. Los Estados Unidos han apoyado a **Al Qaeda** y a sus organizaciones afiliadas durante casi medio siglo, desde el apogeo de la guerra afgano-soviética. Por ejemplo, en abril de 2016, un informe reciente del **Instituto Británico de Defensa IHS Jane´s**, ha dicho que **la página oficial de Federal Business Opportunities** (*FBO*) ha presentado durante los últimos meses dos solicitudes en busca de empresas que se encarguen del transporte de armas de Constanta (*Rumania*) al puerto jordano de Aqaba, el cargamento incluía "**rifles AK-47, ametralladoras PKM, ametralladoras pesadas DShK, lanzacohetes RPG-7 y sistemas antitanque 9K111M Faktoria**", ha detallado IHS Jane´s. Un barco con cerca de mil toneladas de armas y municiones abandonó Constanza en diciembre de 2015 rumbo a Agalar (*Turquía*) para luego dirigirse a Aqaba. Otro barco con más de dos mil toneladas de armas partió a finales del pasado mes de marzo y siguió la misma ruta para llegar a Aqaba. "Ya sabíamos que los rebeldes en Siria reciben un montón de armas durante el alto el fuego oficial. También sabemos que estos rebeldes entregan periódicamente la mitad de sus armas procedentes de Turquía y Jordania a Al-Qaeda en Siria (*también conocido como Frente Al-Nusra*)", indica el autor de IHS Jane´s. Por otra parte, ni Turquía ni Jordania usan tales armas con diseño soviético. Esto muestra que estas armas van a Siria, donde como han denunciado un gran número de fuentes, serán entregadas a los grupos terroristas que luchan desde hace más de cinco años para derrocar al Gobierno del presidente Bashar al-Asad.

2. Los campos de entrenamiento de la **Agencia Central de Inteligencia** de EE.UU. (*CIA*) se establecieron en Pakistán. En el período de diez años, desde 1982 hasta 1992, unos 35.000 yihadistas procedentes de 43 países islámicos fueron reclutados por la CIA para luchar en la jihad afgana contra la Unión Soviética. Miles de anuncios, pagados con fondos de la CIA, se colocaron en los periódicos y boletines de noticias de todo el mundo ofreciendo incentivos y motivación para unirse a la Jihad.

3. El 2 de febrero de 1983, el presidente **Ronald Reagan**, recibe, en el Despacho Oval de la Casa Blanca en Washington, bajo el retrato de George Washington, a los líderes de los llamados "Luchadores por la libertad", integristas radicales islámicos financiados y armados por la CIA. Los muyahidines (*o muyahidines*) en el Islam son los combatientes de la Yihad (*guerra santa*). Fue el origen de Al-Qaeda y de los talibanes afganos, que con el tiempo se volverían contra EE.UU. Ronald Reagan en aquella reunión oficial dijo de los futuros talibanes allí presentes: "*Tienen la misma altura moral que los padres fundadores de los Estados Unidos de Norteamérica*".

Figura 17. Reagan reunido con los Muyahidines afganos.

4. Algo que desconoce el pueblo, Estados Unidos difundió las enseñanzas de la yihad islámica en libros de texto "made in America" elaborados en la universidad de Nebraska: Estados Unidos gastó millones de dólares para suministrar a las niñas y niños afganos en edad escolar libros de texto repletos de imágenes violentas y de enseñanzas militantes islámicas, que eran parte de los intentos encubiertos de fomentar la resistencia a la ocupación soviética. Un artículo que publicó ***el Washington Post, el 23 de marzo de 2002*** revela:

Los manuales, que estaban repletos discursos sobre la yihad y mostraba dibujos de pistolas, balas, soldados y minas, han servido desde entonces como principal programa de estudios de sistema escolar afgano. La Casa Blanca defiende el contenido religioso afirmando que los principios islámicos impregnan la cultura afgana y que los libros son absolutamente acordes a la legislación y política estadounidense. Sin embargo, expertos legales se preguntan si los libros violan una prohibición constitucional de emplear dinero de los contribuyentes para promocionar la religión.

Altos cargos de USAID afirmaron en varias entrevistas que dejaron intacto el material islámico porque temían que los educadores afganos rechazaran los libros que carecieran de una fuerte dosis de pensamiento musulmán. La agencia quitó su logotipo de los libros y toda mención al gobierno estadounidense, afirmó la portavoz de USAID Kathryn Stratos. "El apoyar instituciones religiosa no es una política de USAID", afirmó Stratos, "pero continuamos con el proyecto porque el propósito principal es educar a los niños, que es predominantemente una actividad laica". Publicados en las lenguas afganas dominantes dari y pastún, los libros de texto se crearon a principios de la década de 1980 gracias a una subvención de USAID a la universidad de Nebraska-Omaha y su Centro para Estudios Afganos. La agencia gastó 51 millones de dólares en programas de educación universitaria en Afganistán de 1984 a 1994.

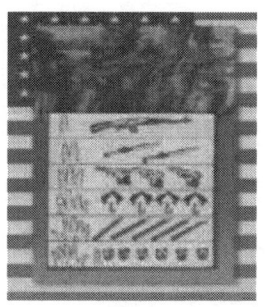

Figura 18. Textos suministrados a los yihadistas.

5. En 1979, el director de los servicios secretos de Arabia Saudí, el príncipe Turki **Al Faycal**, reclutó A **Osama Bin Laden**, que por entonces tenía 22 años, para gestionar financieramente las operaciones de la CIA en Afganistán. Su cometido: conseguir fondos, atraer a fundamentalistas islámicos y armarlos para combatir al ejército de la Unión Soviética, que acababa de invadir el país en apoyo del gobierno pro soviético del Partido Democrático Popular de Afganistán (*PDPA*). La CIA invirtió cerca de 2.000 millones de dólares en aquellas operaciones, cuyo objetivo no era otro que lograr el fracaso de la URSS en plena Guerra Fría y reducir su influencia en Asia Central.

En agosto de 1988, ante el previsible éxito de la resistencia antisoviética, Bin Laden –graduado en Administración de Empresas en la Universidad Rey Abdul Aziz– creó en Pakistán una base de datos con información detallada de los 35.000 voluntarios muyahidines, de 40 naciones diferentes, que había luchado en la guerra afgana. Aquel fichero fue llamado simplemente «Al Qaida» («La base», en árabe) y dio nombre a la red terrorista hoy más temida y perseguida del mundo.

Bin Laden, el colaborador en la sombra de la CIA, pasó entonces a ser considerado por el mismo Departamento de Estado de Estados Unidos un «peligroso terrorista», «uno de los más significativos patrocinadores de grupos extremistas islámicos en todo el mundo». Junto a él, la dirección de Al Qaida quedó en manos de Ayman Al Zawahiri, un cirujano perseguido como responsable de la Yihad islámica en Egipto, que también había luchado en Afganistán, y Mohamed Atef, asesinado por los Estados Unidos en 2001.

Figura 19. Bin Laden cuando se le consideraba un héroe.

Según el Profesor **Chossudovsky**, Al Qaeda se encontraba detrás de los ataques del 11 de septiembre. De hecho, el ataque terrorista de 2001 proporcionó una justificación para librar una guerra contra Afganistán, bajo el argumento de que Afganistán era un estado patrocinador del terrorismo de Al Qaeda. Los ataques del 11 de septiembre, pues, fueron fundamentales para sentar las bases de la "*Guerra Global contra el Terrorismo*".

6. El Estado Islámico o ISIS era originalmente una entidad afiliada a Al-Qaeda, creada por la inteligencia de Estados Unidos con el apoyo del MI6

Británico, el Mossad Israelí, los servicios de Inteligencia de Pakistán y la Presidencia General de Inteligencia de Arabia Saudita (*GIP o Ri'āsat Al-Istikhbarat Al-'Amah (* □□ □)(سة الا س تـخ بارات الـ عامة). Según fuentes de inteligencia israelíes, publicadas en la web **DEBKA**, esta iniciativa ha consistido en *"Una campaña para reclutar a miles de voluntarios musulmanes en países de Oriente Medio y el mundo musulmán para luchar junto a los rebeldes sirios. El ejército turco aloja a estos voluntarios, los entrena y asegura su entrada en Siria"*.

Hay miembros de las fuerzas especiales occidentales y agentes de inteligencia occidentales dentro de las filas de ISIS. Miembros de las Fuerzas Especiales Británicas y del MI6 han participado en el entrenamiento de los rebeldes yihadistas en Siria.

7. Especialistas militares occidentales contratados por el Pentágono han entrenado a los terroristas en el uso de armas químicas. *"Los Estados Unidos y algunos aliados europeos están utilizando a contratistas de defensa para entrenar a los rebeldes sirios sobre cómo asegurar los arsenales de armas químicas en Siria, según informó un alto funcionario de Estados Unidos y varios diplomáticos de alto nivel a la CNN"*.

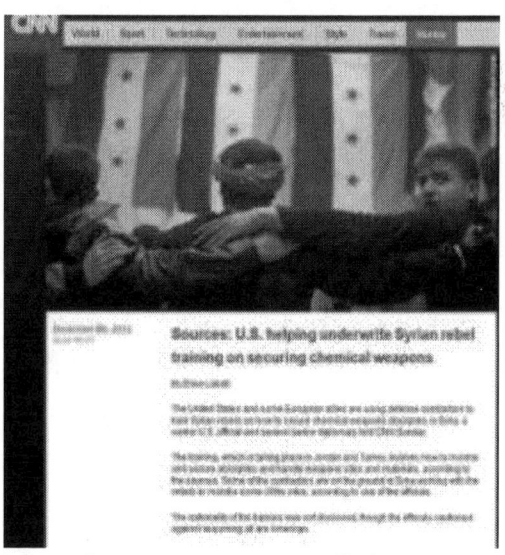

Figura 20. Noticias sobre como EE.UU. y aliados entrenan a los rebeldes sirios para manipulación de armas químicas.

8. Las brutales decapitaciones realizadas por los terroristas de ISIS, forman parte de los programas de entrenamiento patrocinados por la CIA en campos de Arabia Saudita y Qatar y cuyo objetivo es causar pavor y conmoción.

Figura 21. Decapitaciones por ISIS.

9. Israel ha apoyado a las brigadas de ISIS y Al Nusrah de los Altos del Golán, en su lucha contra el gobierno de Al-Assad y las fuerzas chiítas de Hezbollah. Combatientes yihadistas se han reunido regularmente con oficiales de las Fuerzas de Defensa Israelíes (*FDI*), así como con el primer ministro Netanyahu.

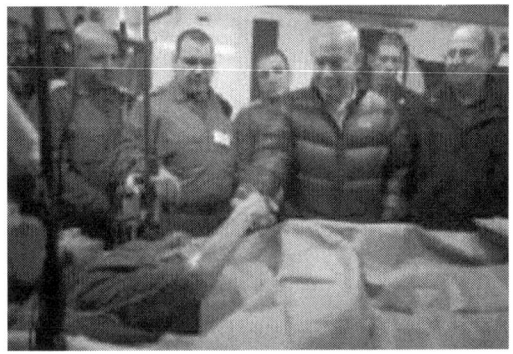

Figura 22. Netanyahu con un mercenario de la guerra de Siria, siendo curado en un hospital de Israel.

El alto mando de las FDI reconoce tácitamente que: "*elementos de la jihad global dentro de Siria, miembros de ISIS y Al Nusrah, son apoyados por Israel*".

10. Los soldados de ISIS dentro de Siria, trabajan a las órdenes de la alianza militar occidental. Su mandato tácito es causar estragos y destrucción en

Siria e Irak. Una prueba de ello, la encontramos en esta foto, en la que el senador estadounidense John McCain se reúne con líderes terroristas yihadistas en Siria.

Figura 23. Senador estadounidense John McCain se reúne con líderes terroristas yihadistas en Siria.

11. Las milicias de ISIS, que actualmente son el presunto blanco de una campaña de bombardeos de Estados Unidos y de la OTAN bajo el mandato de la "lucha contra el terrorismo", continúan siendo apoyadas secretamente por Occidente. Fuerzas chiitas que luchan contra ISIS en Irak, así como miembros del propio ejército iraquí han denunciado repetidamente las ayudas militares suministradas por Estados Unidos a los terroristas de ISIS, mientras a la vez, combatían contra ellos.

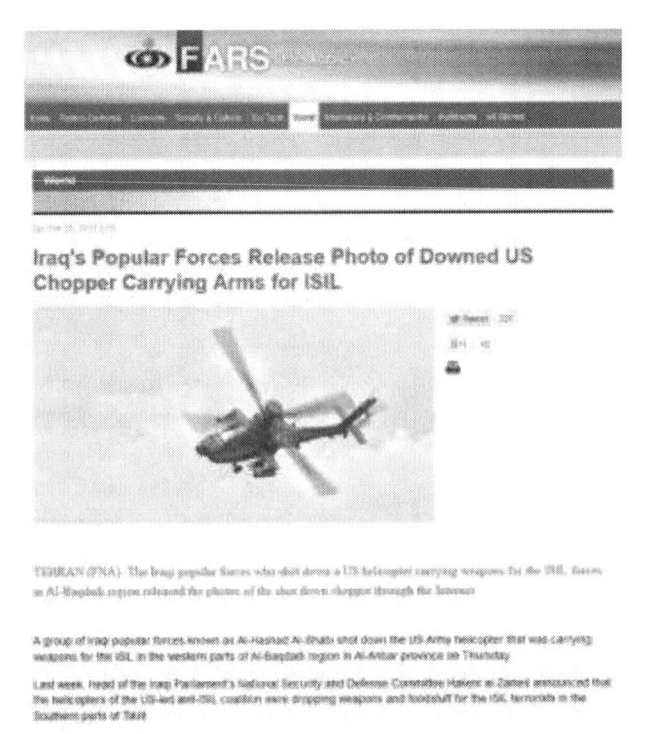

Figura 24. Noticias sobre ayudas militares suministradas por Estados Unidos a los terroristas de ISIS

12. El proyecto de ISIS de crear un califato, forma parte de una agenda de política exterior de Estados Unidos, que pretende dividir Irak y Siria en territorios separados: Un califato islamista sunita, una República Árabe chiíta y la República del Kurdistán.

13. "La Guerra Global contra el Terrorismo" (*GWOT*) se presenta como un "choque de civilizaciones", una guerra entre valores y religiones en competencia, cuando en realidad se trata de una guerra abierta por una conquista, guiado por objetivos estratégicos y económicos.

14. Estados Unidos patrocinó brigadas terroristas de Al Qaeda (*secretamente apoyados por la inteligencia occidental*) que han sido desplegados en Malí, Níger, Nigeria, la República Centroafricana, Somalia y Yemen. Estas diversas entidades afiliadas de Al Qaeda en el Oriente Medio, el África subsahariana y Asia están patrocinadas por la CIA como "activos

de inteligencia". Son utilizados por Washington para causar estragos, crear conflictos internos y desestabilizar a los países soberanos.

15. Boko Haram en Nigeria, Al Shabab en Somalia, el Grupo de Combate Islámico de Libia (*LIFG*) (*con el apoyo de la OTAN en 2011*), de Al Qaeda en el Magreb Islámico (*AQMI*), Jemaah Islamiya (*JI*) en Indonesia, entre otros grupos afiliados a Al Qaeda son apoyados secretamente por la inteligencia occidental.

Figura 25. Grupo terrorista Boko Haram, creado para desestabilizar el continente africano.

16. Los Estados Unidos también apoya organizaciones terroristas afiliadas de Al Qaeda en la región autónoma de Xinjiang Uigur, China. El objetivo subyacente es desencadenar la inestabilidad política en el oeste de China. Yihadistas chinos son reportados a haber recibido "entrenamiento terrorista" en el Estado islámico" con el fin de llevar a cabo ataques en China". El objetivo declarado de estas entidades yihadistas (*que sirve a los intereses de los EE.UU.*) es establecer un califato islámico que se extienda al oeste de China.

Figura 26. Terrorismo auspiciado por EE.UU. en China.

17. La amenaza terrorista es una fabricación de cosecha propia. Se promociona por los gobiernos occidentales y los medios de comunicación con el fin de anular las libertades civiles y la instalación de un estado policial. Se utilizan para crear una atmósfera de miedo e intimidación. A su vez, los arrestos, juicios y condenas de "terroristas islámicos" sostienen la legitimidad del Estado de Seguridad Nacional de Estados Unidos y una férrea aplicación de la ley que, cada vez es más militarizada. El objetivo último es inculcar en las mentes de millones de estadounidenses que el enemigo es real y la Administración de los Estados Unidos va a proteger la vida de sus ciudadanos.

El objetivo final es inculcar en la mente de millones de estadounidenses que el enemigo es real y que la Administración de los Estados Unidos protegerá la vida de sus ciudadanos. Lo mismo se puede decir de países como Francia, Reino Unido o Australia.

Figura 27. Militarización de países europeos.

18. La campaña "antiterrorista" contra el Estado islámico ha contribuido a la demonización de los musulmanes, que a los ojos de la opinión pública occidental se asocia cada vez más con los yihadistas.

19. Cualquiera que se atreva a cuestionar la validez de la "Guerra Global contra el Terrorismo" se marca como terrorista y se somete a las leyes antiterroristas.

En fin, el objetivo último de la "Guerra Global contra el Terrorismo" es someter a los ciudadanos, despolitizar totalmente la vida social en los

Estados Unidos, evitar que la gente piense y conceptualice, desde el análisis de los hechos y cuestionar la legitimidad del orden social inquisitorial que gobierna los Estados Unidos y otros países. (*Fuente consultada: http://www.globalresearch.ca/twenty-six-things-about-the-islamic-state-isil-that-obama-does-not-want-you-to-know-about/5414735=)*

FALSAS BANDERAS

«Sabremos que nuestro programa de desinformación se ha completado cuando todo lo que crea el ciudadano estadounidense sea falso» William Casey

64 HISTÓRICOS ATAQUES DE FALSAS BANDERAS QUE DEBERÍAS CONOCER

Las operaciones de bandera falsa (*false flag ops*), diseñadas por los gobiernos para imputarlas a sus enemigos, son una de las herramientas más sucias de la lucha política. Lo cierto es que hay muchos ataques de bandera falsa documentados a lo largo de la historia, así como numerosos proyectos de operaciones de falsa bandera que nunca llegaron a materializarse, pero de los que quedó registro escrito.

Las operaciones de bandera falsa, diseñadas por los gobiernos con el fin de que parecieran llevadas a cabo por sus enemigos, son una de las herramientas más crueles de lucha política.

El portal **Infowars** ha publicado una lista con cuarenta y dos ataques de bandera falsa que han sido reconocidos por los gobiernos que los perpetraron o prepararon. Es interesante saber que una cuarta parte de las operaciones de bandera falsa enumeradas corresponden a Estados Unidos, que las ha utilizado más de una vez para provocar conflictos internos en los países enemigos o bien justificar invasiones. Les presentamos los países que más veces figuran en la lista. Conozca las operaciones más significativas de la historia mundial:

1- Durante el siglo 20, Japón tuvo derechos especiales sobre un área del sur de Manchuria, en China. Pero China comenzó a unificarse bajo las órdenes del líder nacionalista Chiang Kai-shek, lo que preocupó a los japoneses. Los líderes nipones decidieron entonces invadir el país, pero tuvieron que presentar a China como el agresor. Su plan, que ahora se conoce como el Incidente de Mukden, implicó el auto-sabotaje a un ferrocarril japonés. En 1931, el coronel Seishiro Itagaki organizó el atentado en un tramo de las vías del ferrocarril en Mukden y luego culpó del incidente a los chinos. Esto se utilizó como pretexto para invadir la ciudad de Manchuria.

Figura 28. Invasión de Manchuria.

Esto se conoce como el "incidente de Mukden" o el "Incidente de Manchuria". El Tribunal Militar Internacional de Tokio declaró: Varios de los partícipes en el plan, incluyendo Hashimoto (*un oficial del ejército japonés de alto rango*), han admitido en varias ocasiones su participación en la trama y han declarado que el objetivo del "incidente" era dar una excusa para que el Ejército Kwantung (*un grupo del Ejército Imperial Japonés*) ocupara la Manchuria.

2- En 1939, Hitler necesitaba de un gran pretexto para poder actuar contra Polonia. Así se originó la Operación Himmler, que tenía como objetivo presentar a Polonia como agresor de Alemania. El plan se llevó a cabo la noche del 31 de agosto, y se considera el primer capítulo de la Segunda Guerra Mundial. Consistió en vestir a los militares nazis con uniformes del ejército polaco y hacerlos atormentar las ciudades fronterizas alemanas. Luego de haber presentado el motivo para dar inicio a la guerra, Alemania atacó Polonia el día siguiente y la Segunda Guerra Mundial había comenzado oficialmente. Durante los Juicios de Núremberg un Mayor de la SS nazi admitió que bajo las órdenes del jefe de la Gestapo, él y algunos otros agentes nazis falsificaron los ataques contra su propio pueblo y varias instalaciones de los que culparon a los polacos, para justificar la invasión de Polonia.

Figura 29. Justificación para invadir Polonia.

3- En la noche del 27 de febrero de 1933, un pirómano incendió el edificio del parlamento alemán. El holandés Marinus van der Lubbe dijo que era el responsable de iniciar el fuego, arguyendo que era un comunista que quería vengarse del capitalismo. Hermann Goering, ministro del interior de Prusia, inmediatamente anunció los planes del gobierno para sofocar el levantamiento comunista. Goering aseguró que ya tenía una lista de comunistas para detener. Su rápida respuesta y el esfuerzo de culpar a todo el partido comunista del acontecimiento han llevado a creer que Goering organizó el incendio como una operación de bandera falsa contra los comunistas.

Figura 30. Incendio en la sede del Parlamento alemán en 1933.

4- El líder soviético Nikita Khrushchev admitió por escrito que el Ejército Rojo de la Unión Soviética bombardeó la localidad rusa de Mainila en 1939, por el que acusaron a Finlandia, como base para lanzar la "Guerra de Invierno" contra ese país. El presidente Boris Yeltsin aceptó que Rusia fue el agresor en dicha guerra.

Figura 31. Inicio de la "Guerra de Invierno" contra Finlandia.

5- El Parlamento ruso, el presidente Vladimir Putin y el ex presidente de la antigua Unión Soviética, Mijaíl Gorvachov, admitieron que el líder soviético Josef Stalin ordenó a su policía secreta ejecutar a 22 mil polacos -ente oficiales militares y civiles en 1940, para luego culpar a los nazis.

Figura 32. La masacre de Katyn.

6- El Gobierno británico admitió que -entre 1946 y 1948- bombardeó cinco barcos que transportaban a judíos que intentaban escapar del Holocausto y resguardarse en Palestina. Crearon un falso grupo denominado los "Defensores de la Palestina Árabe", que reclamaron falsamente haber sido los responsables de los ataques.

7- Israel admitió que en 1954 una célula terrorista israelí que operaba en Egipto plantó bombas en varios edificios, incluyendo aquellos donde se encontraban diplomáticos norteamericanos. Dejaron "evidencias" para hacer ver a los árabes como responsables. Una de las bombas estalló de manera prematura, lo que permitió a los egipcios identificar a los responsables. Varios de los israelíes implicados confesaron el hecho.

8- La Operación Ajax, de 1953, fue un plan de la inteligencia británica y estadounidense para derrocar al líder iraní Mohammed Mossadegh, elegido democráticamente. Los iraníes que trabajan para la CIA simularon ser partidarios comunistas de Mossadegh. Organizaron un atentado en la casa de un clérigo para enojar a la comunidad musulmana y enfrentarlos contra el gobierno de Mossadegh. También amenazaron con un castigo brutal a otros líderes religiosos si no apoyaban a Mossadegh. De este modo, la CIA incitó a disturbios y manifestaciones fingiendo ser ciudadanos iraníes. Aquella escalada de violencia iniciada por EE.UU. y el Reino Unido dejó un saldo de entre 300 y 800 personas muertas.

Figura 33. Mohammad Mosaddeq.

9- El ex primer ministro de Turquía, Adnan Menderes, admitió que el Gobierno turco llevó a cabo un ataque con bomba en su consulado en Grecia en 1955 -que afectó la casa materna del fundador de la Turquía moderna- y culparon a Grecia del hecho con el fin de incitar y justificar la violencia anti-greca.

Figura 34. Atentado contra el consulado turco en Grecia.

10- El primer ministro británico, Anthony Eden, admitió a su secretario de Defensa que él y el presidente de Estados Unidos, Dwight Eisenhower, aprobaron un plan en 1957 para llevar a cabo ataques en Siria que luego culparon al Gobierno de ese país, como una vía para lograr un cambio político.

11- Italia admitió que la Organización del Tratado del Atlántico Norte (*OTAN*), con la ayuda del Pentágono y la CIA, llevó a cabo explosiones en Italia y otros países europeos en la década de los años 50, con el fin de atraer apoyo popular a sus gobiernos en Europa en su lucha "contra el comunismo". Un participante de ese complot declaró: "Uno tenía que atacar a civiles, al pueblo, mujeres, niños, personas inocentes, desconocidas. La razón era muy sencilla. Estas personas estaban supuestas a forzar al público italiano a exigirle mayor seguridad al Estado". Cabe destacar que Italia se unió a la OTAN antes de los ataques contra civiles. También, se llevaron a cabo ataques en Francia, Dinamarca, Alemania, Grecia, Holanda, Portugal, Reino Unido, y otros países

Figura 35. Operación Gladio.

12- En 1960, el senador norteamericano Georga Smathers sugirió que los Estados Unidos realizaran un "falso ataque a la Bahía de Guantánamo que sería la excusa para fomentar un conflicto que nos diera la excusa para invadir y derrocar a Fidel Castro".

13- Documentos oficiales del Departamento de Estado de Estados Unidos revelaron que en 1961, el jefe de Estado Mayor y otros militares de alto rango discutieron volar el consulado de EE.UU. en República Dominicana para justificar una invasión. Los planes no se concretaron pero todos fueron discutidos como propuestas series. Sin embargo, bajo la excusa de "proteger a ciudadanos norteamericanos", el Gobierno estadounidense invadió el país caribeño el 28 de abril de 1965, luego que militares dominicanos lograran controlar el poder para exigir la restitución de Juan Bosch como presidente de la República, tras ser derrocado por la derecha y militares con apoyo de los Estados Unidos el 25 de septiembre de 1963.

14- Como admitió el Gobierno de Estados Unidos, y demostrado en documentos desclasificados, en 1962 el Estado Mayor Conjunto de los Estados Unidos elaboró un plan para estallar aviones estadounidenses y cometer ataques terroristas en suelo norteamericano, y culpar a los cubanos para justificar la invasión de Cuba.

15- En 1963, el Departamento de Estado escribió textos que promovían ataques a naciones pertenecientes a la Organización de Estados Americanos -como Trinidad y Tobago y Jamaica-, de los que culparía a Cuba.

16- El Departamento de Defensa norteamericano sugirió pagarle a un funcionario del Gobierno de Fidel Castro para que atacara a los Estados Unidos, en el marco de la llamada "Operación Mongoose": "La única vía que queda para considerar sería el soborno de uno de los comandantes del Gobierno de Castro para que realice un ataque a Guantánamo".

17- El 4 de agosto de 1964, el presidente Lyndon Johnson apareció en la televisión estadounidense para anunciar a la nación que las fuerzas norvietnamitas habían lanzado dos ataques contra destructores de Estados Unidos en el golfo de Tonkin. El 2 de agosto, el destructor USS Maddox alegó haber detectado tres torpederos norvietnamitas que se le acercaban. Según Washington, el buque se encontraba en aguas internacionales, pero varios historiadores tienen razones para creer que el destructor estadounidense estaba navegando (*deliberadamente o no*) en aguas territoriales de la República Democrática de Vietnam. Entonces estalló un combate, tras el cual los buques de guerra de Vietnam del Norte resultaron dañados y se retiraron, mientras que el destructor estadounidense no sufrió daño alguno. El segundo incidente se produjo durante una tormenta tropical en el golfo de Tonkin, cuando el radar de un destructor estadounidense detectó supuestamente diez naves no identificadas. El 7 de agosto de 1964, el Congreso autorizaba al presidente una operación militar a gran escala contra Vietnam. La Agencia de Seguridad Nacional (*NSA, por su sigla en inglés*), admitió que mintió sobre lo que realmente sucedió en el Golfo de Tonkin en 1964. Manipularon datos para que parezca que botes de Vietnam del Norte dispararon contra barcos de Estados Unidos y así crear una falsa justificación para la guerra de Vietnam.

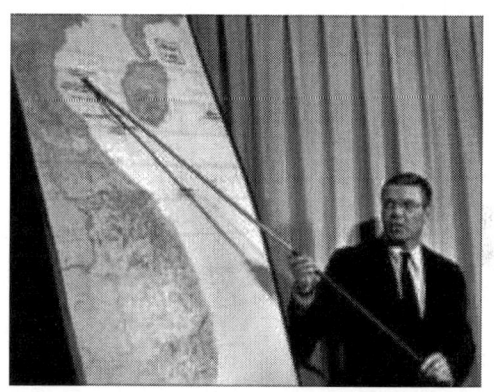

Figura 36. El Secretario de Defensa Robert McNamara en conferencia de prensa señala ubicación de pseudos incidentes.

18- Un comité del Congreso de EE.UU. Admitió que -como parte de la campaña del Programa de Contrainteligencia- el Buró Federal de Investigación (FBI) utilizó a varios provocadores desde los años 50 hasta los 70 para que hicieran ataques violentos y culpar a activistas políticos, sobre todo afroamericanos. El Programa de Contrainteligencia se denomina en inglés "Cointelpro", es un programa del FBI cuyo propósito era investigar y desmovilizar a las organizaciones políticas populares dentro de los Estados Unidos.

Figura 37. J. Edgar Hoover, ex director de la CIA.

19- Un general de alto nivel, Sabri Yirmibesoglu, admitió que las fuerzas turcas incendiaron una mezquita en Chipre en la década de 1970 y culparon a su enemigo griego de ello. Según el general explicó durante una entrevista: En la guerra de Chipre, se organizaron ciertos actos de sabotaje y se culpó al enemigo para aumentar la rabia de la gente contra los griegos. Esto lo hicimos en Chipre; incluso quemamos una mezquita

20- El Gobierno de Alemania reconoció que, en 1978, el servicio secreto alemán detonó una bomba en la pared exterior de una prisión y escondió "herramientas para huir" a un prisionero miembro de la Fracción del Ejército Rojo, con el objetivo de culparlo de la detonación de la bomba.

Figura 38. Fracción del ejército rojo.

21- Un agente del Mossad admitió que en 1984 el Mossad plantó un transmisor de radio en el complejo de Gaddafi en Trípoli, Libia, que transmitió trasmisiones terroristas falsas registradas por el Mossad, con el fin de mostrar a Gaddaffi como un partidario del terrorismo. Ronald Reagan bombardeó Libia inmediatamente después.

22- El consejo de la Verdad y la Reconciliación de Sudáfrica reveló en 1989, que la Oficina de Cooperación Civil (una rama secreta de la Fuerza de Defensa Sudafricana) realizó varios atentados de falsa bandera destinados a desacreditar al ANC (*el Congreso Nacional Africano*). Posteriormente, en los juicios a varios miembros del ANC, la Oficina de Cooperación Civil, trató de contratar los servicios de un experto en explosivos en una operación destinada a poner una bomba en el vehículo del oficial de policía encargado de las investigaciones, para volver a culpar de nuevo al Congreso Nacional Africano del atentado.

Figura 39. Congreso Nacional Africano.

23- Un diplomático argelino y varios oficiales del ejército argelino admitieron que, en la década de 1990, el Ejército argelino masacró a civiles argelinos y luego culpó a los militantes islámicos de los asesinatos.

24- Un equipo de investigación de Indonesia investigó los violentos disturbios que se produjeron en 1998, y determinó que "elementos de las fuerzas armadas habían participado en los disturbios, algunos de los cuales fueron provocados deliberadamente".

25- En 1999, más de 290 personas murieron en atentados perpetrados contra edificios de apartamentos en Rusia. De ese hecho se culpó tanto a los chechenos como a la KGB. Lo cierto es que luego del atentado Rusia invadió a Chechenia.

Figura 40. Falsos atentados chechenos en 1999.

El clamor de venganza de la población ante la matanza desembocó en la invasión de Chechenia, dirigida por Putin como Primer Ministro y provocó una oleada de popularidad para Vladimir Putin, que consiguió una victoria electoral en la primavera siguiente como presidente de la Federación Rusa.

Figura 41. Invasión de Chechenia.

26- Según el Washington Post, la Policía indonesa admitió que el Ejército indonesio mató a profesores estadounidenses en Papúa en el año 2002 y culpó de los asesinatos a un grupo separatista con el fin de conseguir que el aparecieran ante la opinión pública internacional como una organización terrorista.

27- El ex presidente de Indonesia, Abdurrahman Wahid, admitió que policías indonesios y oficiales militares, probablemente tuvieron un papel en los atentados de Bali el 12 de octubre de 2002, que causó 202 muertos, con el fin de culpar de ello a los fundamentalistas de Jemaah Islamiya.

28- Según informa la BBC, el New York Times y Associated Press, funcionarios macedonios admitieron que el Gobierno asesinó a 7 inmigrantes inocentes a sangre fría y fingió que eran soldados de Al Qaeda que intentaban asesinar a un policía macedonio, con el fin de poder unirse a la "guerra contra el terror" iniciada tras los atentados del 11 de septiembre de 2001

29- Funcionarios de la policía en Génova, Italia, admitieron que en julio de 2001, en la cumbre del G8 en esa ciudad, lanzaron dos cócteles molotov y falsificaron el apuñalamiento de un agente de policía, con el fin de justificar la violenta represión contra los manifestantes.

30- Aunque el FBI admitió que los ataques con ántrax del año 2001 fueron llevados a cabo por uno o más científicos del Gobierno de Estados Unidos, la Casa Blanca intentó culpar de los ataques a Al Qaeda y también al Gobierno de Irak, como justificación para el cambio de régimen en ese país.

31- Del mismo modo, los EE.UU. falsamente culpó a Irak de jugar un papel en los ataques del 11 de septiembre, tal y como demuestra un memorando del secretario de Defensa, planteando así una de las principales justificaciones para el lanzamiento de la guerra de Irak. Incluso después que la Comisión 9/11 admitiera que no había conexión alguna, Dick Cheney declaró que la evidencia de la relación de Al Qaeda con el Gobierno de Saddam Hussein era "abrumadora". También dijo que los medios no "estaban haciendo su tarea". Altos funcionarios estadounidenses admiten que la guerra contra Irak fue realmente ejecutada por petróleo, no por el 11 de septiembre o por las supuestas armas de destrucción masiva, que nunca se encontraron.

Figura 42. Proyecto Nueva Centuria Americana.

32- El ex abogado del Departamento de Justicia John Yoo, sugirió en 2005 que los EE.UU. debían pasar a la ofensiva contra Al-Qaeda, haciendo que "nuestras agencias de inteligencia creen una organización terrorista falsa. Podría tener sus propios sitios web, centros de reclutamiento, campos de entrenamiento y operaciones de recaudación de fondos. Podría lanzar operaciones terroristas falsas y pedir fondos para realizar ataques terroristas reales, ayudando a sembrar la confusión en las filas de Al Qaeda, provocando que los operativos duden de la identidad de los demás y cuestionando la validez de las comunicaciones".

33- United Press Internacional informó en junio de 2005: "Oficiales de inteligencia estadounidenses han informado de que algunos de los insurgentes en Irak están utilizando un modelo reciente de las pistolas Beretta 92, pero esas pistolas parecen tener sus números de serie borrados. Los números no parecen haber sido eliminados físicamente; las pistolas parecen haber salido de la línea de producción sin ningún tipo de números de serie. Los analistas sugieren que la falta de números de serie indica que las armas estaban destinadas a operaciones de inteligencia o a células terroristas con respaldo gubernamental. Los analistas especulan que estas armas son probablemente del Mossad o de la CIA".

34- Soldados israelíes disfrazados admitieron en 2005 que lanzaron piedras a otros soldados israelíes para poder culpar de los ataques a los palestinos, como excusa para acabar con las protestas pacíficas del pueblo palestino.

Figura 43. Falsos ataques palestinos a israelitas.

35- La policía de Quebec admitió que, en 2007, las personas armadas con piedras que reventaron una serie de protestas pacíficas, eran en realidad oficiales de policía de Quebec encubiertos.

36- En las protestas del G-20 en Londres en el año 2009, un miembro británico del Parlamento vio a oficiales de policía vestidos de civiles que trataban de provocar a la multitud para que actuara con violencia.

37- Los políticos egipcios admitieron que empleados del gobierno saquearon piezas de incalculable valor del Museo de El Cairo en 2011, así como dañaron varias momias, para tratar de desacreditar a los manifestantes que protestaban contra el gobierno de Hosni Mubarak.

38- Un coronel del ejército colombiano, Luis Fernando Borja, admitió que su unidad mató a 57 civiles, después los vistieron con uniformes y afirmaron que eran rebeldes de las guerrillas de las FARC muertos en combate, conocido como "falso positivo".

Figura 44. Coronel del ejército colombiano, Luis Borja.

39- El respetado periodista del Telegraph, Ambrose Evans-Pritchard, afirmó que el jefe de la inteligencia saudí, el príncipe Bandar, admitió a mediados de 2013 que el gobierno Saudí "controlaba" a los separatistas chechenos.

Figura 45. Príncipe saudita Bandar Bin Sultan

40- Fuentes estadounidenses de alto nivel reconocieron que el gobierno turco, un país miembro de la OTAN, llevó a cabo los ataques con armas químicas de los que se culpó al gobierno sirio de Bashar al Assad; además, miembros de alto rango del gobierno turco, fueron grabados admitiendo planes para llevar a cabo más ataques y echarle la culpa al gobierno sirio.

41- El exjefe de seguridad de Ucrania admitió que los ataques perpetrados por francotiradores durante las protestas del Euromaidán, que iniciaron el golpe de Estado de Ucrania, fueron llevados a cabo para desacreditar al gobierno ucraniano de Víktor Yanukóvich, con el fin de provocar un cambio de régimen en el país, auspiciado por el Gobierno de Barack Obama.

42- La agencia de espionaje británica ha admitido que lleva a cabo ataques de bandera falsa "digital" sobre determinados objetivos, subiendo o escribiendo material ofensivo o ilegal en determinados sitios web o cuentas de redes sociales, para después echar la culpa de las publicaciones ilegales a sus propietarios, con el fin de poder perseguirlos y castigarlos.

Esto se supo gracias a documentos revelados por el ex agente de la NSA **Edward Snowden** a mediados de 2014, que muestran que la agencia británica de espionaje GCHQ desarrolló numerosas herramientas digitales para el espionaje. (Fuente consultada: http://www.washingtonsblog.com).

LA VERDERA CARA DE LA GUERRA EN SIRIA

«Siria nunca venderá su honor, su soberanía nacional y su personalidad por un pedazo de pan» Bashar Al-Assad

GUERRA EN SIRIA

Siria o **Republica Árabe Siria** es un país de Oriente Medio y está situado en el extremo oriental del mar Mediterráneo con una costa de 180 Km. El país tiene una superficie de 185.180 Km2 y una Población de aproximadamente 17.000.000 de habitantes (*estadísticas del 2000*). Siria limita al Norte con Turquía, al este con Irak, al oeste con el mar Mediterráneo y el Líbano y al Sur con Jordania y con Palestina e Israel que ocupa los Altos del Golan Sirios desde la guerra de los 6 días en 1967. Es un país que se opone a la política exterior expansionista de los Estados Unidos e Israel. Siria era antes de la falsa "Guerra Civil" el país más desarrollado de la zona, tanto económica, como política y militarmente y a su vez representaba un gran proveedor de gas y petróleo a nivel medio. Las razones por la que Estados Unidos, sus aliados e Israel planearon estas guerras son muchas. Israel y Turquía no podía permitir que tanto Siria como el Líbano (*País donde se encuentra el grupo armado Hezbollah, aliado de Siria e Irán*) adquirieran demasiado poder en la zona. Los "líderes" de Europa quieren sacar una porción del pastel Sirio que tiene mucho petróleo y gas. Los Monarcas dictadores del Golfo Pérsico quieren expandir sus territorios al igual que Turquía, establecer un monopolio petrolero y complacer al gobierno de Estados Unidos.

Desde el inicio de los tiempos –desde la existencia de Mesopotamia–, el territorio había sido una zona estratégica; además de albergar aproximadamente un tercio de las reservas naturales de petróleo, era un punto de conexión entre Oriente y Occidente. Así pues, a lo largo de los siglos, el territorio se ha visto envuelto en disputas dado a su posición geográfica, siendo éste dominado por los grandes imperios de la Historia: Imperio Persa, Imperio Romano, etc. A raíz de la ruptura del Imperio Romano, se produjo el auge del Islam, consolidándose paulatinamente como religión oficial en Oriente y finalizando con la creación del Imperio Otomano por parte de los turcos, los cuales se establecerían en el territorio hasta la Primera Guerra Mundial. *Tras el final de la Gran Guerra*, la zona se fragmentó dando lugar a Arabia, Jordania, Iraq… y **es entonces cuando aparece lo que hoy en día conocemos como** Siria. Veamos.

1 – El Contexto histórico:

En 1516 el **Sultán Salim I**, que derrotó a los Mamelucos en la ciudad norteña de Alepo, conquistó Siria. Más tarde proclamó a sí mismo como el Califa. Fue bajo su sucesor Solimán el magnífico, cuando el complejo de la **Mezquita de Takiya Suleymaniya** fue construido en la ciudad de Damasco. Los otomanos construyeron muchísimos **Khans** (*posadas*) en los **zocos** (*bazares*) de Alepo y Damasco. Damasco, que fue la última parada obligada para los peregrinos hacia La Meca, tenía muchos grandes khans y zocos y construido por esta causa. Sin embargo los Grandes Khans de Alepo se construyeron para los comerciantes europeos después de que el comercio se abrió hacía Europa. Alepo, una vez más, se convirtió en la principal ciudad de Oriente Medio para el comercio con el Este y el Oeste. Bajo el mandato de Ibrahim Pasha, el Hijo de Muhammad Ali, Damasco se convirtió en el gobierno centralizado de Siria. Ibrahim Pasha ocupó Damasco en 1832 y fundó escuelas, reorganizó el sistema judicial, la reforma de las políticas fiscales y alentó a la educación. También puso a los cristianos y judíos en pie de igualdad con los musulmanes. Durante la Primera Guerra Mundial, los otomanos masacrados entre el 1 y 2 millones de armenios, algunos en el plaza turca Belsen en Deir ez Zor. T.E. Lawrence y los árabes, que se rebelaron contra los turcos, llegaron a Damasco conducidos por las fuerzas del emir Feisal, hijo de Hussein, el sheriff de La Meca en 1918.

En 1918 un gobierno parlamentario se estableció en Damasco y en 1920 el emir Feisal, fue declarado rey de Siria. Siria en este momento estaba geográficamente definida por las fronteras naturales, a partir de las montañas Taurus en Turquía al Sinaí en el Sur. Los árabes pensaban que Siria debería ser un una país que gobierne a sí mismo, o eso es lo que les explicaron los británicos. El acuerdo secreto de Sykes-Picot entre los británicos y franceses no obstante puso fin a este sueño. Este acuerdo que fue creado en 1916 se puso en marcha después de la reunión en San Remo. La Gran Siria se divide en 4 partes (*Jordania, Palestina, el Líbano, así como el área que hoy se conoce como Siria*), y se reparten entre Gran Bretaña y Francia. La actual Siria y el Líbano se las quedaron los franceses, mientras que Palestina y Jordania irían a los británicos. Los británicos nombraron al Emir Feisal como rey de Iraq y prometieron a los judíos la creación del estado de Israel en Palestina.

Siria fue después dividida por los franceses, en las provincias o estados de Alepo, Damasco, Latakia y **Hauran**. Alepo más fue incluido en el estado de Siria, cuya capital es Damasco. En 1925, la población drusa en el Hauran se rebeló y se marchó hacia la capital, lo cual condujo a los intensos bombardeos de Damasco por parte de los franceses. En 1939 el estado de Iskanderoun (*Antioquia*) fue dado a los turcos con el fin de mantener su neutralidad durante la segunda guerra mundial. En 1942 Hauran y Latakia se incorporaron en el estado sirio. En 1945 Siria accedió a la independencia y en 1946 se marcho el último de franceses del país.

Finalmente Siria obtuvo la plena independencia en 1946. Tres años más tarde el país cayó bajo el primero de una serie de dictaduras militares que han gobernado el país durante la mayor parte del período posterior. Al igual que en el resto de Oriente Medio, el nacionalismo árabe se convirtió en una importante fuerza política durante la década de 1950 y, de hecho, la influencia de la revolución de Nasser en Egipto por los sirios fue tan fuerte que, en 1958, Siria se sumó a Egipto en la formación de la República Árabe Unida. La alianza fue efímera, Siria rompió esta unión en 1961 para formar la República Árabe Siria. La más poderosa fuerza política en Siria, desde entonces, ha sido el Partido Ba'ath (*ó Baaz, del Renacimiento Árabe Socialista),* que tomó el control en el país desde 1963 hasta la actualidad.

En plena *Guerra Fría* (1947 – 1989), en Siria subió al poder **Háfez al-Ásad** hacia el año 1971; esto trajo numerosos problemas debido a la condición chií del presidente, pues la mayor parte de la población era constituida por musulmanes suníes, esto generó un profundo descontento entre la mayoría suní del país y un verdadero choque frontal con los objetivos de la Organización de los Hermanos Musulmanes, cuya ideología propugna la supremacía sunita en toda la región. La continua sensación de malestar y oposición al régimen culmina con el ascenso al poder de **Bashar al-Ásad** (*hijo de Háfez al-Ásad*) en el año 2000.

2 – El estallido de la Contienda:

En el año 2011, se producen las Primaveras Árabes para promulgar la idea de democratizar el territorio, lo cual supone una serie de violentos enfrentamientos y numerosas muertes, culminando con una *Guerra Civil* en Siria. En ese momento, el gobierno de al-Ásad se enfrenta a los suníes, dentro de los cuales se puede insertar a los llamados *islamistas*.

A su vez, parte de esta oposición está formada por los islamistas radicales –movidos por el sentimiento de opresión y la idea invasora de Occidente–conocidos como *Al-Nusra* e *ISIS* (*también denominado Estado Islámico, que adopta la identidad árabe*), que terminan controlando la mayor parte de Siria. Desde ese momento, el pueblo kurdo lanza continuos ataques para combatir a los radicales que se sitúan en el territorio sirio y que están en contra del gobierno de al-Ásad; sus fuerzas son apoyadas por países como Irán, China y Rusia, frente a la oposición de países como Francia, EEUU e Inglaterra.

El 20 de marzo, miles de personas salieron de nuevo en Deraa a protestar contra el gobierno con las consignas "Dios, Siria, libertad", "derrocar al régimen" ó "acabar con la corrupción". La pacifica protesta acabó convirtiéndose en una revuelta que acabo con el incendio del Palacio de Justicia, la sede del partido oficialista Baath en la ciudad y el edificio de la empresa telefónica Syriatel, propiedad de un primo del presidente al-Asad. El gobierno sirio decidió reaccionar con mano dura y ordenó a la policía usar fuego real, lo que ocasionó un muerto y varios heridos entre los manifestantes. La dura represión del gobierno se incrementó en los días siguientes, aumentando exponencialmente el número de muertos y detenidos, lo que exacerbó aún más los ánimos entre los opositores al régimen. A finales de abril, el gobierno tuvo que desplegar al ejército para tratar de sofocar la insurrección popular.

Finalmente, el 31 de julio de 2011, un grupo de militares desertores crea el Ejército Sirio Libre, también conocido como Movimiento de Oficiales Libres, comandado por el coronel Riyad Mousa al-Asaad y, con el supuesto objetivo de proteger a la población civil de la represión del régimen mediante el uso de las armas. Ese mismo día, había acontecido la Matanza del Ramadán, en la que fallecieron 142 personas.

A la formación del Ejército Sirio Libre, siguió la formación del Consejo Nacional Sirio, el 23 de agosto de 2011, un órgano encargado de representar políticamente a la oposición siria, y que permite que las diferentes facciones rebeldes puedan hablar con una sola voz ante la comunidad internacional. En septiembre, el Ejército Sirio Libre comenzó a avanzar hacia las provincias del norte, con objeto de asegurarse el dominio de la frontera con Turquía, un movimiento estratégico que les permitiría poder aprovisionarse de armas, municiones y suministros médicos. Convirtiéndose así en un duro hueso de roer para las fuerzas de Bashar al-Asad. La Guerra Civil era ya un hecho.

3 – La intervención Internacional

Estados Unidos y sus "aliados europeos" vieron las Primaveras Árabes como una gran oportunidad. Presuponían que la llegada de la democracia a estos países les permitiría abrir nuevos mercados económicos y además, obtener nuevos aliados con los que fortalecer su posición en una zona conflictiva, pero de suma importancia estratégica.

Por ello, apoyaron abiertamente a los rebeldes en la mayoría de países. Este apoyo fue principalmente político, pero en algunos casos llego a ser también militar: proporcionando armas, suministros y asesores militares a los rebeldes, con lo cual, se aseguraban una rápida victoria de éstos. En Libia la jugada salió bastante mal, convirtiéndose a raíz de las Primaveras Árabes en un Estado Fallido donde las diversas tribus luchan por el poder. En Egipto, las potencias occidentales, asustadas por el cariz que tomaba el gobierno democrático de los Hermanos Musulmanes, basado en el radicalismo islámico, hubieron de dar marcha atrás, apoyando, aunque no abiertamente, el golpe de estado de julio de 2013 con el que los militares retomaban el poder sobre el país (*aunque bajo la apariencia de reinstaurar la democracia*).

Pero lo que realmente está sucediendo en Siria, no obedece al clima mediático que nos están imponiendo los medios de comunicación, los rebeldes son mercenarios, los buques de guerra norteamericanos, no están para defender las libertades y la democracia en Siria, están para pertrechar y armar a esos mercenarios que ya actuaron el Libia y que están ejecutando atentados terroristas a la población civil que posteriormente son imputados al presidente de Siria, Bashar al-Assad.

El Modelo Libio se repite, y como allí funcionó perfectamente, intentan exportarlo a Siria, pero los Rusos y Chinos son conocedores de la realidad y un ataque a Siria por parte de la OTAN supondría una guerra de proporciones apocalípticas, es por ello que financian a estos Terroristas y mercenarios profesionales desde Turquía, quién aplaude cualquier intervención contra Sira, ya que Turquía sueña con anexionarse Siria quién ya en un pasado lejano formaba parte de su territorio.

Asimismo, Israel También aplaude cualquier esfuerzo armado por derrocar al presidente Sirio e instaurar un nuevo orden que beneficie los intereses de aquellos que están dominando el Mundo.

Pero, ¿**Qué tiene Siria que EE.UU., Israel y sus aliados quieran?**

Siria y Líbano tienen salida al mar y tienen fronteras con Irak, el país que está muy cerca de Irán (*el objetivo real y principal de esta guerra, mayor aliado de Siria y abastecedor de Hezbollah*) por lo tanto al derrotar a Siria estratégicamente acercaba a la República Islámica de Irán. Si se analiza la posición geográfica de Siria se podrá ver que tiene salida al mar Mediterráneo, y esto ¿**Qué significa?** Muy simple. El gobierno de al-Assad es el principal aliado de Rusia en Oriente Medio, y además alberga, en la localidad de Tartús, la única base naval rusa en el Mediterráneo. Por ello el establecimiento de un régimen democrático y pro occidental en Siria sería el fin para la presencia rusa en la zona. Por otro lado, una Siria suní podría formar un bloque, junto a Irak y Arabia Saudí, que detuviera la expansión de los chiítas, que tienen su principal bastión en el vecino Irán, por la región. Además de servir para frenar a Irán, una Siria pro occidental dejaría de ser una amenaza para el principal aliado de EE.UU. en la región: Israel. Pudiendo ponerse así fin al contencioso entre Siria e Israel por los Altos del Golán y a la alianza antiisraelí entre Siria, Irán y Hezbollah. Por último, un nuevo gobierno en Siria podría significar el fin de las intromisiones sirias en la política interna del Líbano.

Por cierto el gobierno de Barak Obama estuvo tentado de intervenir militarmente en Siria, con la excusa de que el gobierno de al-Assad poseía armas de destrucción masiva. Sin embargo, el apoyo de Rusia a Bashar al-Assad, la decisión final de éste de librarse de su arsenal de armas químicas, y el miedo a convertir Siria en un nuevo Irak, es decir en la tumba de varios miles de soldados norteamericanos, echaron por traste este proyecto de invasión.

Otra forma de apoyar a los rebeldes sirios son las Operaciones Especiales Encubiertas (*las míticas Black Ops*) que grupos de fuerzas especiales de Estados Unidos y Gran Bretaña realizan contra el régimen sirio. El diario londinense, "Sunday Express", desveló que miembros del SAS (*Special Air Service*), las fuerzas especiales británicas, destacadas en Siria para combatir al Estado Islámico (*ISIS por sus siglas en inglés, en árabe:* , □□ □□□□□ □□□□ □□□□□□□ *al-Dawla al-Islāmīya*), se suelen disfrazar de yihadistas para realizar ataques encubiertos contra el ISIS. Unos ataques que según otros medios, como "syrian free press" se realizan también contra las fuerzas de al-Assad. Dada la naturaleza secreta de estas operaciones, es obvio que hasta varios años después de finalizado el conflicto no sabremos algo con certeza sobre ellas. (Fuente: https://syrianfreepress.wordpress.com).

4 – Intervención de grupos regionales: Hezbollah y el Estado Islámico:

El riesgo de que la Guerra de Siria se extienda a más países de la región, como el Líbano o Iraq, parece hoy contenido, pero sigue estando latente. En especial, dada la intervención de fuerzas foráneas en Siria como Hezbollah o el Estado Islámico.

4.1 – La ayuda de Hezbollah al gobierno sirio

Hezbollah (*Ḥizbu'llāh*) o "el Partido de Allah", es una organización paramilitar libanesa, que en un principio surgió para combatir la intervención israelí en el Líbano, en 1982. Este grupo se nutre principalmente de militantes chiitas del sur del país, y su creación es en parte también obra de Irán, que desde un principio los entrenó, financió y proveyó de armas. Otro de sus principales aliados en la lucha contra Israel en el Líbano fue precisamente Siria, cuyos soldados llevaban intervenido en la guerra civil de éste país desde 1976.

En octubre de 2012, Hezbollah decidió intervenir militarmente en la guerra para apoyar el gobierno de al-Assad, enviando al país entre 3.000 y 7.000 combatientes, según las diversas fuentes. Los milicianos de Hezbollah han estado combatiendo desde entonces contra el Ejercito Libre Sirio en la zona fronteriza con el Líbano, en los alrededores de la ciudad de Al-Qusayr. Precisamente, la ayuda de Hezbollah permitió al ejército sirio retomar esta localidad, de vital importancia estratégica, en junio de 2013, tras una durísima batalla contra los rebeldes. La posesión de esta ciudad permite al ejército sirio reabrir las vías de comunicación entre Homs y Damasco, accediendo así al Mediterráneo y a los suministros de la base rusa en el puerto de Tartous. Sin duda alguna, la intervención de los fervientes milicianos de Hezbollah ha sido, y es, de gran ayuda para el gobierno sirio.

4.2 – La llegada del terrorismo: el Estado Islámico

La invasión de los radicales islámicos del autodenominado Estado Islámico (*ISIS*). Este movimiento radical, aliado de la organización terrorista Al Qaeda, surge en Irak, en 2006. En un principio se nutre de combatientes extranjeros que acuden al país para combatir la invasión estadounidense y de antiguos militantes de la organización terrorista Ansar al Islam, conformada principalmente por salafistas (*ultraconservadores suníes*) provenientes del Kurdistán iraquí. Tras una violenta e infructuosa lucha contra EE.UU. y las autoridades iraquíes, el grupo perderá importancia progresivamente. Sin embargo, la llegada, en 2010, de un nuevo y carismático líder: Abu Bakr al-Baghdadi, cambiará todo.

En Siria, el Estado Islámico ocupa una gran parte del norte del país y sus tropas combaten contra el resto de fuerzas locales, atacando por igual al régimen de al-Assad y a los rebeldes moderados del Ejercito Libre Sirio. Su objetivo es expandir las fronteras de su estado hasta lograr el dominio total del Irak y Siria, para luego extenderse a más países de la región. En las zonas que controla, el Estado Islámico impone su versión extremista de la Sharía, la ley islámica, castigando durísimamente a cualquiera que la vulnere. Además, persigue a las minorías religiosas y disfruta publicando en internet sangrientos videos de ejecuciones masivas de soldados prisioneros. A todas luces, el Estado Islámico es un retorno a la versión más sangrienta y oscura del Medievo.

Por otro lado, el congresista **Patrick Daniel Welch**, apunta a que el Estado Islámico fue creado por EE.UU. para combatir al régimen de Bashar al-Assad y que su financiación y armamento provienen de EE.UU., Reino Unido e Israel.

5 – Balance hasta el presente:

Hasta la fecha, y según cifras de Amnistía Internacional, la Guerra de Siria ha ocasionado cerca de 250.000 muertos y 11,6 millones de desplazados, de los que cerca de 4 millones son refugiados que buscan asilo en otros países.

Además, muchas zonas de Siria sufren hambrunas y graves epidemias, ante la falta de recursos médicos o de una mínima infraestructura. La ausencia de seguridad ha generado además una verdadera oleada de robos, secuestros y agresiones sexuales (*miles de mujeres y muchachos jóvenes han sufrido violaciones*), que afecta a todo el país.

Aparte de estos delitos, ambos bandos han cometido graves crímenes de guerra contra prisioneros y población civil. El régimen de al-Assad es acusado de torturar y matar a cerca de 11.000 rebeldes presos, de asesinar a cerca de 600 personas encargadas de la asistencia médica y sanitaria en zonas rebeldes, y de bombardear a sabiendas zonas ocupadas por civiles con objeto de causar terror entre los simpatizantes de los rebeldes, causando cerca de 9.000 muertos.

Los rebeldes por su parte también han torturado y ejecutado a centenares de soldados, policías y simpatizantes del régimen. Siendo mundialmente famoso el caso del comandante rebelde Abu Sakkar, que se grabó en video mientras arrancaba y devoraba el corazón de un soldado enemigo. Además, se acusa al bando rebelde de reclutar niños como soldados.

"El 2 de agosto de 2016 a las 19.05 fue propagado en la parte oriental de la ciudad de Alepo, que está controlada por el grupo terrorista Harakat Nour al-Din al-Zenki, un gas venenoso en una zona residencial ubicada cerca de Salah al Din", ha explicado el jefe del Centro ruso para la Reconciliación de las partes en conflicto en Siria, el general Sergéi Chvarkov.

"Los terroristas han usado armas que contienen sustancias que causan asfixia y provocan daños en el sistema nervioso", señala el comunicado.

El Ministerio de Defensa Ruso ha revelado que el grupo terrorista Harakat Nour al-Din al-Zenki ha sido el responsable del ataque con armas químicas en una zona residencial de la provincia siria de Alepo este martes, informa RIA Novosti.

El director de Salud de la provincia, Muhamad Hazuri, citado por la agencia SANA, señaló que ocho personas más resultaron asfixiadas como consecuencia del efecto tóxico de los proyectiles y fueron trasladas a centros de salud cercanos.
Los primeros informes apuntan a que los artefactos explotaron cerca de los barrios de Bab al Faraj y Bustan Kel Ab y posiblemente fueron lanzados por militantes del Estado Islámico, que en ocasiones anteriores han hecho uso de este tipo de explosivos para atacar a combatientes kurdos y a los Ejércitos sirio e iraquí. Se presume que los laboratorios de producción de las bombas, basadas en la utilización de cloro, se encuentran en la ciudad de Mosul, en Irak.

Mártires en el Siglo XXI

Cristianos crucificados, enterrados vivos y lapidados no es un testimonio del pasado, sino la actualidad que viven numerosas personas en Alepo, Siria. Si no se convierten al Islam son sometidos a los más variados tormentos por parte de ISIS.

Figura 46. Cristianos Perseguidos.

La religión, como fuente espiritual y de valores, da una fortaleza a la persona que la profesa que representa una protección ante las mafias. Por ello, los grupos extremistas y las mafias lo primero que hacen es perseguir a las religiones, en este caso en particular, al cristianismo.

En ese contexto, numerosos movimientos religiosos están empleando las redes sociales para pedir ayuda y contar la dolorosa experiencia que están viviendo por estas horas. Cientos de familias desmembradas, personas que han quedado solas, niños y jóvenes a la deriva es el cruento relato que podemos recopilar a través de numerosos *tuits, fan pages*, o sitios web.

El Terrorismo y el Crimen Organizado Transnacional, lejos de ver mermado su poder, siguen creciendo y afianzándose en todo aquel Estado fallido o país en guerra que encuentren para desplegar sus redes. Por eso, es no menos que preocupante ver las burocracias a su más alto nivel seguir debatiendo si reciben o no a refugiados, si los llaman así o los denominan migrantes o el debate *in eternum*. Mientras tanto miles de niños y mujeres son sometidos a las mafias y el tráfico de personas. Mientras tanto miles de personas esperan poder regresar algún día a su tierra. Mientras tanto el tiempo sigue su curso y las decisiones políticas que deben tomarse nunca se toman.

Como muchos recordarán, **Samuel Huntington**, en su célebre libro "El Choque de las Civilizaciones", adelantó la perspectiva de la realidad mundial post guerra fría, que de cierta forma está ocurriendo. La cultura se ha visto transformada por el fenómeno de la globalización y el conflicto entre lo heterogéneo y lo homogéneo se ha acelerado de una manera vertiginosa.

La mayoría de los países beligerantes en la guerra en Siria son países exportadores de gas con intereses en uno u otro gasoducto que compiten por cruzar el territorio sirio para librar el gas o bien catarí o iraní a Europa", sintetiza el experto norteamericano **Mitchell A. Orenstein** en un análisis publicado en la revista Foreign Affairs.

A pesar de disponer en vísperas de las revueltas de marzo de 2011 de unas reservas de 2.500 millones de barriles de crudo y de 0,3 trillones de metros cúbicos de gas, la batalla por la energía no representa una de recursos propios para Siria, sino que se debe más bien a su estratégica posición geográfica a orillas del Mediterráneo y su consiguiente potencial como corredor hacia Europa.

Mientras que Qatar (*que controla dos tercios del yacimiento*) e Irán comparten la mayor reserva de gas natural mundial, con 51 trillones de metros cúbicos de gas enterrados a 3.000 metros bajo el Golfo Pérsico, ambos aspiran a trazar unos recorridos alternativos.

Acuerdo en Daraya

El conflicto sirio continúa, aunque en las últimas horas hubo un acuerdo que busca apaciguar los ánimos en una de las regiones con más combates en los últimos tiempos: Daraya, ubicada a las afueras de Damasco. Allí, el Gobierno sirio acordó ayer con las facciones rebeldes que entreguen las armas a cambio de que los combatientes puedan "regularizar" su situación, informó el Observatorio Sirio de Derechos Humanos.

El acuerdo incluye la entrega de armas pesadas y medianas de los rebeldes que se encuentran en esa localidad, sitiada por el gobierno de Bashar al Asad desde 2012.

Además, miles de civiles se quedarán en la ciudad con el compromiso del Gobierno sirio de que no tomará represalias contra ellos. El acuerdo facilita a los combatientes salir de la ciudad junto a sus familias a un lugar que todavía no se ha determinado.

Por otra parte, la agencia oficial de noticias, SANA, informó de que este pacto permitirá la salida de 4.000 hombres y mujeres hacia centros de refugios.

Según el Observatorio de Derechos Humanos, Daraya ha sido bombardeada desde junio de este año por las fuerzas gubernamentales sirias para alejar a los rebeldes del aeropuerto militar de Al Maza. La ONU ha afirmado que en Daraya hay unas 4.000 personas atrapadas, pero el Consejo Local de la ciudad asegura que el número asciende a 8.300. De acuerdo a datos de Naciones Unidas, casi 600.000 personas viven en poblaciones sitiadas de Siria, la mayor parte en zonas bloqueadas por el Gobierno, aunque algunas otras están blindadas por grupos terroristas.

Turquía intensifica su ofensiva en Siria contra el Estado Islámico

Las Fuerzas Armadas turcas intensificaron ayer, tras cosechar los primeros éxitos el miércoles, su ofensiva militar en Siria, avanzando en suelo del país árabe con el fin de desalojar de la ribera occidental del río Éufrates a los yihadistas del Estado Islámico (*EI o Dáesh*) y a las milicias kurdosirias del YPG.

Una decena de tanques turcos y maquinaria pesada pasaron la frontera a la mañana para sumarse a la operación bautizada "Escudo del Éufrates", después de que ayer entraran en territorio vecino una veintena de carros de combate, informó la televisión CNNTürk.

La operación terrestre lanzada este miércoles está coordinada con la coalición internacional contra el Dáesh liderada por Estados Unidos y con facciones rebeldes sirias.
Según los medios turcos, entre 300 y 500 soldados turcos participan en la operación, la más ambiciosa lanzada por Turquía en suelo sirio desde el inicio del conflicto en el país árabe en 2011.

Pero el peso de los avances lo han llevado unidades del Ejército Libre Sirio (*ELS*), que sufrieron una baja aunque los turcos les brindaran cobertura con fuego aéreo y de artillería.

Así, han logrado arrebatarles a los yihadistas la ciudad de Yarábulus, el último núcleo importante del que disponía el EI cerca de la frontera turca.

Según la agencia estatal turca Anadolu, en esa ciudad siria, que solía tener unos 30.000 habitantes, quedan solo unas 5.000 personas.

66 GEOPOLÍTICA INTERNACIONAL: GASODUCTO, ¿CAUSA DE LA GUERRA EN SIRIA? 50.000 MUERTOS Y 11 MILLONES DE DESPLAZADOS SIRIOS

Enrique Montánchez en el portal http://www.mil21.es/ indica: no se ha llegado a construir y ha causado la devastadora guerra de Siria con 250.000 muertos y 11 millones de desplazados. Es el gasoducto que Qatar, a iniciativa de Estados Unidos, propuso construir en 2009 para suministrar gas a Europa a través de Arabia Saudí, Jordania, Siria y Turquía, con objeto de romper la mayor fuente de ingresos de Rusia junto con el petróleo. El presidente sirio, Bashar al-Asad, rechazó el proyecto porque iba contra los intereses de su aliado Vladimir Putin. Obama se puso al frente de la coalición para derrocar al dictador sirio y dio luz verde para que príncipes saudíes y qataríes inundasen de dinero al Estado Islámico. Este es el relato de la tubería más sangrienta de la historia. Todo empezó en 2009 cuando el Emirato de Qatar propuso, impulsado por Estados Unidos con objeto de reducir el control de Rusia sobre la energía de Europa, la construcción de un gran gasoducto de casi 5.000 kilómetros para enviar el gas natural qatarí a Europa a través de Arabia Saudí, Jordania, Siria y Turquía.

Figura 47. El presidente sirio, Bashar al-Asad

El presidente sirio, Bashar al-Asad, rechazó el proyecto al entender que perjudicaba los intereses gasistas de su aliado ruso, el mayor proveedor de gas natural al viejo continente. Apenas un año después, Al-Asad comenzó a negociar con Irán la construcción de un gasoducto alternativo que llevaría el gas iraní del campo de South Pars a Europa a través de Irak, Siria y Turquía. Qatar, apoyado por Estados Unidos, propuso construir un gasoducto de 5.000 kilómetros hasta Europa para dar un golpe mortal a la mayor fuente de ingresos de la economía rusa. Putin dio su visto bueno al proyecto, ya que tenía un mayor control tanto sobre su aliado sirio como sobre el régimen iraní. En esa época los medios de comunicación especializados publicaron que Damasco y Moscú trabajaban juntos para bloquear el gasoducto qatarí. Los expertos afirman que esa fue la "semilla" de la Tercera Guerra Mundial en la que nos encontramos inmersos.

Derrocar al régimen de Damasco

Obama entró en escena y vio que la única forma de seguir adelante con el gasoducto qatarí y de acabar con la principal fuente de financiación de la economía rusa, junto con las exportaciones de petróleo, era derrocar al gobierno de Al-Asad. La operación permitía, de paso, neutralizar el gasoducto iraní.

De ahí que uno de los objetivos de las negociaciones entre Washington y Teherán sobre el programa nuclear iraní, acuerdo que incluía el levantamiento de las sanciones económicas contra Irán, era convencer a los líderes iraníes de que desistieran del proyectado gasoducto. Para mantener su control sobre el mercado de la energía en Europa, Putin debe atender a dos frentes: Ucrania, con el Gobierno de Kiev apoyado por Estados Unidos y la OTAN, y Siria con el Estado Islámico o Daesh y una miríada de grupos de oposición luchando para acabar con el régimen de Damasco.

Europa, la guerra en casa

Por su parte, Europa se marcó como prioridad limitar la dependencia de Rusia y veía en el gasoducto qatarí la solución, confiada en que Estados Unidos resolvería sobre la marcha los problemas que surgieran.

Los dirigentes de Bruselas nunca llegaron a pensar que buscar un suministro de gas alternativo nos traería la guerra a casa de la mano del yihadismo. Estados Unidos decidió derrocar al dictador sirio para posibilitar el gasoducto, pero no contó con el apoyo incondicional del Kremlin a Al-Asad. Para terminar con la dictadura de Bashar al-Asad, a Estados Unidos no se le ocurrió mejor estrategia que apoyar al Estado Islámico, al Frente *al-Nusra* (*la franquicia de Al-Qaeda en Siria*) y a otras organizaciones afines. Un apoyo que, a juicio de analistas y expertos, se les ha ido de las manos.

Príncipes saudíes y qataríes financian el Daesh

Príncipes saudíes y qataríes han financiado generosamente desde el principio a los yihadistas salafistas del Daesh que, en paralelo, han ido engrasando sus propios mecanismos de autofinanciación, como la venta al clan Erdogan del petróleo que extraen y refinan en los territorios de Irak y Siria bajo su control. Putin ha destapado la venta a Occidente de miles de barriles de petróleo diarios con los que el Estado Islámico se financia. Occidente hacía oídos sordos hasta que Rusia ha destapado mediante contundentes pruebas fotográficas el contrabando de cientos de miles de barriles diarios cuya venta, por debajo del precio del mercado, ha llenado en los tres últimos años las arcas del Daesh.

Tras año y medio de teóricos bombardeos contra los islamistas por parte de la coalición internacional liderada por Estados Unidos, la opinión pública mundial descubre el pasado verano que mayoritariamente se bombardeaba al Ejército de al-Asad y que los terroristas, bien pertrechados de armamento, campaban por sus respetos controlando cada vez mayor territorio sirio e iraquí.

Moscú dinamita el Estado Islámico

El pasado 30 de septiembre de 2015 Vladimir Putin decide intervenir y envía sus aviones de combate más modernos. En apenas ocho semanas liquida la mayoría de los puestos de mando y las infraestructuras del Daesh y terroristas afines. Obviamente, sus bombarderos protegen al Ejército de al-Asad, que comienza a recuperar y asegurar zonas del oeste de Siria, el territorio más poblado y feraz del país frente a un este desértico. Comportamiento que desata el nerviosismo de Estados Unidos, que ve cómo el escenario cambia de signo a favor de Rusia, Irán y China. Asimismo es evidente, según coinciden la mayoría de analistas, que la presencia rusa en Siria -al margen de las importantes facilidades militares que al-Asad otorga a Putin con la base naval de Tartus y la aérea de Jmeimim-, está dirigida a defender los intereses económicos de Moscú, impidiendo la construcción del gasoducto qatarí.

Una descripción ilustrativa del papel determinante del gas en la guerra civil siria la aporta el analista ruso **Dmitry Minin**, quien escribía en mayo de 2013: **"En cualquiera de las dos rutas que tome el gasoducto, Siria termina siendo un eslabón clave en esta cadena que ahora se inclina a favor de Irán y Rusia, por eso las capitales occidentales decidieron que era necesario derrocar al régimen de Damasco"**.

Explicación del mapa

- La línea morada es el trazado del gasoducto Qatar-Turquía.
- Los países resaltados en rojo integran la coalición que se formó cuando al-Asad se negó a apoyar el gasoducto qatarí. Turquía contó con el apoyo de la OTAN.
- Siria es el único país a lo largo de la línea morada que no está resaltado en rojo.
- Tras rechazar la propuesta comenzó la "guerra civil" en Siria. Arabia Saudí y Qatar comenzaron a financiar al Estado Islámico.

Un informe de la Rand aconsejaba en 2008 instigar guerras entre suníes y chíes para mantener el predominio sobre el petróleo del Golfo Pérsico.

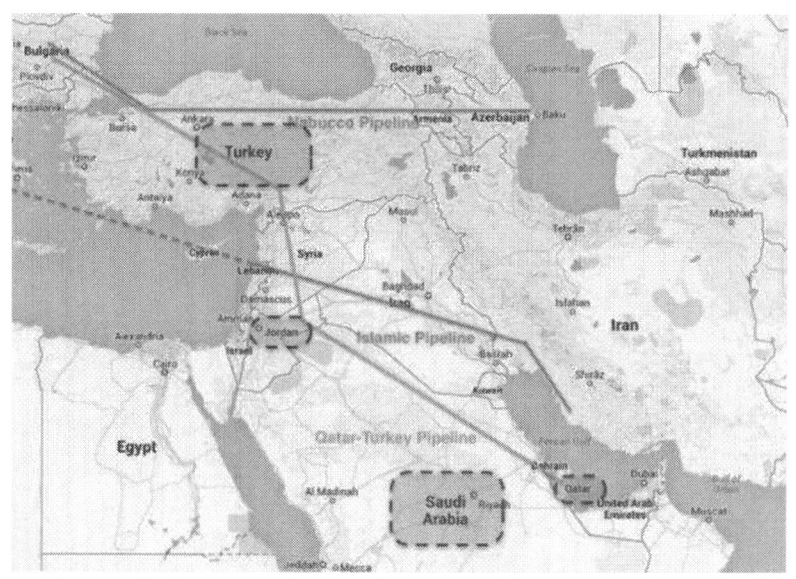

Figura 48. Proyecto de gasoducto que debería pasar por el territorio sirio.

Gran parte de lo que está ocurriendo fue adelantado por un informe de la Rand Corporation encargado en 2008 por el Ejército de Estados Unidos, titulado "**Desvelando el futuro de la guerra prolongada**" en el que se afirmaba que: "*la zona geográfica de las reservas probadas de petróleo coincide con la base del poder de gran parte de la red salafista yihadista. En el futuro previsible la producción mundial de petróleo estará dominada por los recursos del Golfo Pérsico. La región seguirá siendo, por tanto, una prioridad estratégica que interactuará con una guerra de larga duración*". El documento aconsejaba "seguir la estrategia de divide y vencerás entre suníes y chiíes para debilitar sus energías en conflictos internos y de esta manera mantener el predominio del Golfo Pérsico sobre los mercados del petróleo".

Figura 49. Wesley Kanne Clark es un general retirado del Ejército de los Estados Unidos. Fue Comandante Supremo de la OTAN durante la Guerra de Kosovo.

Guerra no convencional

Proponía al Ejército de Estados Unidos que la estrategia se basase, en gran medida, en "acciones encubiertas, operaciones de inteligencia y guerra no convencional". Concluía el documento de la Rand que el eje sobre el que tenía que girar toda la estrategia debía estar formado por: Estados Unidos, Reino Unido, Turquía, Qatar, Arabia Saudí y Francia, en contra de Siria, Rusia e Irán. El tiempo ha demostrado que los "consejos" de la Rand han funcionado a modo de profecía autocumplida.

El desconocido papel británico

Un testimonio revelador de cómo comenzó a prepararse la guerra de Siria fue el del ex ministro francés de Asuntos Exteriores Roland Dumas, quien afirmó en la televisión gala que Gran Bretaña había planeado acciones encubiertas en Siria ya en 2009. "Yo estaba en Inglaterra dos años antes de que estallase la violencia en Siria, y me reuní con altos funcionarios británicos que me confesaron que estaban preparando algo en Siria. Gran Bretaña preparaba pistoleros para invadir Siria", concluía tajante el político francés.

Figura 50. Devastación criminal de Siria.

El general Clark reveló después del 11-S los planes del Pentágono para "atacar y destruir Irak, Siria, Líbano, Libia, Somalia, Sudán a Irán en cinco años". Según el comandante supremo de la OTAN durante la guerra de Kosovo, el general retirado Wesley Clark, un memorándum de la Oficina del Secretario de Defensa de Estados Unidos reveló, unas semanas después del 11-S, la existencia de planes para "atacar y destruir los gobiernos de siete países en cinco años", empezando con Irak y siguiendo con "Siria, Líbano, Libia, Somalia, Sudán e Irán". En una entrevista posterior, Clark sostuvo que esta estrategia era fundamental para controlar los enormes recursos de petróleo y gas de Oriente Medio.

OTROS TESTIMONIOS: TODO POR UN GASODUCTO: UN MIEMBRO DEL CLAN KENNEDY REVELA LA VERDADERA CAUSA DE LA GUERRA EN SIRIA

Robert F. Kennedy Jr. -sobrino de **John F. Kennedy**-, analiza las causas del estado de situación actual en Siria en un artículo que tituló *«Why the Arabs don't want US in Syria»* en *Político.eu*. Kennedy sostiene que la Primavera Árabe en 2011 no sería la gesta de la guerra civil en Siria, sino el ofrecimiento de Qatar de construir un gasoducto hacia Europa en el año 2000. La obra costaría 10 mil millones de dólares y tendría una longitud de 1,500 kilómetros (*atravesando Arabia Saudita, Jordania, Siria y Turquía*). Cabe recordar que Qatar comparte con Irán el mayor reservorio de gas natural del mundo. El embargo realizado a Irán le impide venderlo. Mientras tanto, Qatar a través de ese gasoducto podría vender el gas natural a Europa alcanzando un posicionamiento estratégico mediante el dominio del gas mundial y convirtiéndose en un potente actor en Medio Oriente. A su vez, Qatar es un aliado de Estados Unidos en la región, ya que permitió la instalación en su territorio de dos bases militares estadounidenses.

En el artículo, Kennedy señala que en 2009 el presidente sirio, Bashar al-Assad, anunció que no permitiría la construcción de ese gasoducto, el cual afectaría a su aliado ruso. Debe destacarse que Rusia vería en jaque su economía ya que es el principal abastecedor de gas natural de la Unión Europea, al exportar el 70% de su gas al viejo continente. Paralelamente comenzó a gestarse el proyecto del gasoducto islámico entre Irán y Líbano, que convertiría a Irán en el proveedor más importante de Europa, hecho que también fue mirado con recelo desde Israel. Kennedy señala que cables secretos de los Servicios de Inteligencia revelarían maniobras para hacer crecer la oposición en Siria y derrocar el gobierno autoritario de Bashar al-Assad. El sobrino de **John Kennedy** analiza, a su vez, el gobierno de al-Assad recordando una entrevista del periodista Seymour Hersh, en la cual señala que **Bashar al-Assad** nunca pensó en llegar a ser presidente, tuvo su formación en ciencias médicas y llegó a realizar un gobierno secular moderado en comparación con otros gobiernos de la región. **Bob Parry**, otro periodista, recuerda que las manifestaciones que se produjeron en la Primavera Árabe en Siria, fueron pacíficas y ordenadas. Nada hacía prever la situación a la que llegaría el país. Sin duda, la hipótesis económica de Kennedy no puede descartarse, pero tampoco afirmarse. El fomento a la rivalidad existente entre sunitas y chiitas; grupos fundamentalistas y terroristas y la historia reciente, son eslabones de una cadena que siempre fue frágil en su existencia. Si esta es una de las tantas causas de este nudo gordiano, el tiempo lo dirá.

CONTINUARÁ

Made in the USA
Columbia, SC
13 October 2023